KB145087

유니티 5.x
게임 개발의 시작

Korean edition copyright © 2017 by acorn publishing Co. All rights reserved.

Copyright © Packt Publishing 2016.
First published in the English language under the title
'Unity 5.x Game Development Blueprints - (9781785883118)'

이 책은 Packt Publishing과 에이콘출판㈜가 정식 계약하여 번역한 책이므로
이 책의 일부나 전체 내용을 무단으로 복사, 복제, 전재하는 것은 저작권법에 저촉됩니다.

유니티 5.x
게임 개발의 시작

인기 장르 프로젝트를 통해 배우는
유니티 5.x 게임 개발

존 도란 지음
이진오 옮김

지은이 소개

존 도란John P. Doran

10년 이상 게임을 제작해온 테크니컬 게임 디자이너technical game designer다. 1인 개발은 물론 70명 규모의 학생 팀과도 함께 작업했고, 게임 디자이너부터 리드 UI 프로그래머까지 다양한 역할을 수행하면서 모드mod 및 상업용 프로젝트들을 개발해왔다. 루카스아츠LucasArts의 〈스타워즈: 1313〉에는 게임 디자이너로 참여했다. 이후에는 미국 워싱턴주 레드몬드 시에 위치한 디지펜 인스티튜드 오브 테크놀러지DigiPen Institute of Technology에서 게임 디자인 석사 과정을 마쳤다.

현재는 싱가포르에 위치한 디지펜의 연구 개발 부서에 소속돼 있으며 동시에 디지펜 게임 스튜디오의 일원이다. 디지펜-유비소프트 캠퍼스의 게임 프로그래밍 과정 수석 강사도 겸하고 있으며, 대학원 수준의 강도 높은 게임 프로그래밍 교과 과정을 가르치고 있다. C#, C++, 언리얼, 유니티, 게임 디자인 등 여러 가지 주제에 대한 강연과 개인 교습도 병행 중이다.

팩트출판사가 펴낸 『Unreal Engine Game Development Cookbook』, 『Building an FPS Game in Unity』, 『Unity Game Development Blueprints』, 『Getting Started with UDK, UDK Game Development』, 『언리얼 UDK 게임 개발』(에이콘, 2014)을 저술했으며, 『UDK iOS Game Development Beginner's Guide』의 공동 저자다. 추가적인 정보는 http://johnpdoran.com에서 확인할 수 있다.

감사의 말

이 책을 펴내기 위해 주말을 비롯한 여가 시간을 모조리 쏟아부은 나를 이해하고 지원해준 내 형제 크리스와 아내 하이엔에게 진심으로 감사한다.

지원과 격려를 아끼지 않았던 사미어 아부 삼라와 엘리 호스리, 그리고 모든 디지펜 싱가포르 직원들에게도 깊은 감사를 표한다.

내 저서 중 가장 아끼는 책의 업데이트 버전을 작업할 수 있다는 것은 매우 즐거운 경험이었다. 이 작업을 제안한 나딤 배그밴, 항상 스케줄을 신경 써준 조엘 울라하나와 프라샨스 G, 언제나 도와줄 준비가 돼 있었던 팩트출판사의 모든 구성원들에게도 감사를 전한다.

마지막으로 게임 개발을 직업으로 삼고 싶다고 말했을 때 진지하게 받아들여준 부모님 조셉과 샌드라 도란께도 감사드린다.

기술 감수자 소개

세바스찬 코닝 Sebastian T. Koenig

뉴질랜드 캔터버리 대학에서 휴먼 인터페이스 테크놀로지 분야에 속하는 개인화 가상 현실에서의 인지 재활 프레임워크를 연구해 박사 학위를 취득했다. 그 전에는 독일의 레겐스버그 대학에서 임상 신경 심리학과 가상 현실을 이용한 재활 치료 관련 분야를 공부해 정신과 학위를 받았다.

카타나 시뮬레이션의 창업자이자 CEO며, 인지에 대한 검토 및 훈련 시뮬레이션의 디자인, 개발, 평가를 감독하고 있다. 임상 중심적인 인지 재활 치료와 가상 현실의 연구, 개발, 실험 관련 분야에서 이미 10년 이상의 경험을 쌓았다. 전 세계 학회를 돌며 강연하고 있을 뿐 아니라 동시에 재활 치료, 인지 심리학, 신경 심리학, 소프트웨어 엔지니어링, 게임 개발, 게임 이용자 연구, 가상 현실 분야의 감수자로서 활발히 활동하고 있다.

인지에 대한 검토 및 훈련을 위한 소프트웨어들도 개발했다. 버추얼 메모리 태스크Virtual Memory Task는 권위 있는 라발 버추얼 어워드Laval Virtual Award의 2011년도 시상식에서 의학과 건강 부문 상을 받기도 했다. 다른 소프트웨어들로는 미국 뉴저지의 캐슬러 파운데이션Kessler Foundation과 공동 진행하는 가상 현실 집행 기능 평가 프로그램, 그리고 미국 캘리포니아의 USC 인스티튜드 포 크리에이티브 테크놀로지USC Institute for Creative Technologies에 소속돼 있는 쥬얼마인/미스틱 아일JewelMine/Mystic Isle 사와 함께 특허 출원 중인 마이크로소프트 키넥트를 이용한 운동과 인지 훈련 프로그램이 있다.

http://www.virtualgamelab.com에서 지금껏 수행해온 연구와 소프트웨어 프로젝트들에 대한 정보를 확인할 수 있으며, 유니티 게임 엔진 관련 다수의 튜토리얼들도 제공하고 있다.

옮긴이 소개

이진오(jino.gamedev@gmail.com)

게임에 미쳐 부모님의 잔소리만 듣던 아이였다가 정신을 차려보니 게임 업계에 어느덧 16년째 몸담고 있다. 프로듀서, 프로젝트 매니저 등 개발을 관리하는 역할로 〈킹덤 언더 파이어: 더 크루세이더스〉, 〈샤이닝로어〉, 〈APB〉, 〈Firefall〉 등의 프로젝트에 참여해왔으며 현재는 리로디드 스튜디오에 몸담고 있다. 최대한 많이 새로운 것을 시도해보고자 노력하며 살고 있다.

옮긴이의 말

게임 개발을 업으로 삼고 있는 사람이라면 유니티 엔진이 현존하는 최고의 엔진 중 하나라는 사실에 대부분 동의할 것이다. 유니티는 초보자들도 어렵지 않게 배울 수 있으면서, 사용하기에 따라 AAA급의 게임까지 만들어낼 수 있는 엔진이다. 또한 PC와 모바일은 물론이고, 플레이스테이션과 Xbox 등의 콘솔로도 게임을 배포할 수 있다. 유니티 엔진이 5.x로 업그레이드되면서 완성도는 더욱 높아졌으며, 여러 가지 기능을 더하면서 강력함까지 갖췄다.

이 책은 유니티로 게임을 만들고자 하는 개발자에게 예제를 통해 튼튼한 기반을 마련해준다. 이 책을 읽고 나면 본인이 만들고자 하는 장르에 상관없이 필요한 지식들을 끌어올 수 있는 바탕이 마련될 것이다.

누구나 쉽게 익히고 즐길 수 있는 2D 트윈 스틱 슈터 게임을 사용해 게임 개발에 필요한 여러 부분들을 하나로 엮어 이해할 수 있도록 가볍게 다루면서 이 책은 시작한다. 그런 후 UI^User Interface를 붙이고, 배운 UI 지식을 사용해 새로운 클릭커 게임을 개발한다. 클릭커 게임이 끝나면 조금 더 난이도를 높여 무한 스크롤 게임과 슈팅 갤러리 게임을 통해 고급 기능들을 배운다. 이렇게 순차적으로 난이도를 높여가며 따라가다 보면 어느 순간 3D 일인칭 액션 게임이 손에 들려 있을 것이다.

본인이 만들고 싶은 게임에 맞춰 필요한 엔진 기능을 찾아 적용하는 방법으로 게임을 개발할 수도 있지만, 엔진 능력을 충분히 숙지한다면 더욱 완성도 높은 게임을 만들 수 있다. 이 책이야말로 그런 역할을 하는 책이다. 예제로 나오는 각 프로젝트의 깊이나 완성도가 높지는 않지만, 다양한 장르와 기능을 다룸으로써 실제 본인의 게임을 만들 때 '아, 이렇게 하면 되겠구나!', '아, 이 부분을 더 파보면 되겠구나!' 하는 순간을 경험하게 해준다.

유니티를 통해 게임을 개발하길 원하고 새로운 5.x 버전의 기능들도 숙지하면서 초중급에 맞는 책을 찾는다면, 지금 손에 들고 있는 이 책이 그 목마름을 해결해 줄 것이다. 게임을 만들어 세상에 내놓는 일은 절대 쉽지 않지만, 이 책이 그곳으로 가는 돌계단 중 하나가 되길 바란다.

차례

8장 일인칭 슈터 파트 2: 내부 환경 만들기 321

9장 일인칭 슈터 파트 3: 게임플레이와 AI 적용하기 355

10장 게임 내장 레벨 에디터 만들기   **403**

들어가며

무료 버전과 프로 버전으로 제공되는 유니티^{Unity}는 가장 인기 있는 서드파티 게임 엔진 중 하나다. 게임 개발이 마무리되면 PC, 콘솔, 웹 등 다양한 플랫폼으로 출시 가능한 크로스 플랫폼^{cross-platform} 엔진으로서, 인디 개발자는 물론 AAA 개발사에게도 매우 좋은 선택이다.

이 책은 유니티를 최대한 활용할 수 있게 해준다. 3D 및 2D 게임을 만들면서 GUI를 만드는 방법을 배우고, 전 세계가 즐길 수 있는 모습으로 게임을 공개하는 방법을 알려준다. 책을 새롭게 업데이트하면서 유니티의 신기능들을 십분 활용할 수 있도록 기존에 수록돼 있던 프로젝트들을 수정했고, 세 개의 새로운 프로젝트를 추가했다.

이 책을 통해 2D 트윈 스틱 슈터, 클릭커 게임, 엔드리스^{endless} 게임, 슈팅 갤러리, 게임 속에 레벨 에디터가 포함된 횡 스크롤 플랫폼 게임, 일인칭 호러 서바이벌 슈터, 그리고 당신이 앞으로 제작할 게임들에 두루 쓰일 수 있는 GUI 메뉴 시스템을 만들어볼 것이다. 또한 설치 프로그램을 게임에 포함시켜 게임의 수준을 높이면서 더욱 차별화된 게임을 출시하는 방법을 배운다.

각 장은 새로운 유니티 기술을 가르쳐주거나 이미 알고 있는 기술을 최대한 활용할 수 있게 구성됐다.

이 책에서 다루는 내용

1장. 2D 트윈 스틱 슈터 2D 다방향 슈터 게임을 제작하는 방법을 다룬다. 플레이어는 방향키를 사용해서 화면 속 우주선을 움직이고 마우스가 가리키는 방향으로 발사체를 쏜다. 생성된 적과 방해물은 플레이어를 향해 움직이고, 플레이어는 이를 피하거나 파괴해야 한다. 이 장은 유니티를 다루기 위해 필요한 여러 가지 개념들을 다시 환기시킴과 동시에 유니티에 내장된 2D 툴을 훑어보는 데 목적을 둔다.

2장. GUI 만들기 트윈 스틱 슈터 게임에 UI를 적용한다. 메인 메뉴, 멈춤 메뉴, 옵션 메뉴와 게임을 다시 시작할 수 있는 기능을 추가한다.

3장. GUI 파트 2: 클릭커 게임 클릭커 게임을 만들어보면서 우리가 알고 있는 GUI 관련 지식 이상의 것들을 배운다. 버튼을 만들고 애니메이션하는 방법, 액세서(get/set 기능)를 다루는 방법, 그리고 게임에서 사용할 간단한 샵^{shop} 기능을 만들면서 스크롤뷰^{Scrollview}와 마스크^{Mask} 등의 UI 애셋을 짚어본다.

4장. 모바일 엔드리스 게임: 절차적 콘텐츠 인기 게임 〈플래피 버드^{Flappy Bird}〉와 게임 플레이가 유사한 게임을 만들면서 실시간으로 콘텐츠를 만들어 끝없는 레벨을 생성하는 방법을 설명한다. 추가적으로 소팅 레이어^{sorting layer}를 사용해 반복되는 백그라운드를 만드는 방법도 살펴본다.

5장. 슈팅 갤러리: 애니메이션과 트윈 다루기 플레이어가 시간이 끝나기 전에 타깃들을 쏘아 맞추는 간단한 슈팅 게임을 만든다. 유니티에 내장된 애니메이션 기능이나 아이트윈^{iTween}과 같은 트위닝 라이브러리를 사용해서 애니메이션을 만드는 다양한 방법을 살펴보고, 마지막으로 PlayerPrefs를 사용해 최고 스코어를 갱신하는 법을 다룬다.

6장. 횡 스크롤 플랫폼 게임 횡 스크롤 플랫폼 게임을 만드는 방법을 다룬다. 2D 게임과 3D 게임을 만들 때 어떤 점이 비슷하고 다른지 살펴보고, 특히 물리에 관련된 부분에 초점을 맞춘다.

7장. 일인칭 슈터 파트 1: 야외 환경 만들기   야외 환경을 제작하는 환경 아티스트가 하는 일을 다루면서 메시^{mesh} 배치를 살펴본다. 또한 기초 수준의 레벨 디자인 방법을 알아본다.

8장. 일인칭 슈터 파트 2: 실내 환경 만들기   환경 아티스트가 제작해준 애셋들을 가지고 실내 환경을 제작하며, 레벨 디자이너의 작업을 살펴본다.

9장. 일인칭 슈터 파트 3: 게임플레이와 AI 적용하기   적, 슈팅 행동 패턴, 게임플레이를 적용하는 방법을 배워 진정한 게임의 모습이 드러나게 한다. 또한 게임에서 Xbox 360 컨트롤러를 지원하는 방법을 알아본다.

10장. 게임 내장 레벨 에디터 만들기   이전 장에서 만든 횡 스크롤 플랫폼 게임은 물론, 향후 게임에 쓰일 수 있는 레벨 에디터 기능을 만들어 게임의 기능성을 높이는 방법을 살펴본다. 또한 IMGUI^{Immediate Mode GUI System}를 사용해 코드에서 직접 GUI를 생성하는 기능을 알아본다.

11장. 후반 작업   유니티에서 게임을 내보내는^{export} 방법과 친구, 가족, 고객들에게 게임을 편리하게 전달하도록 설치 프로그램을 포함시키는 방법을 다룬다.

준비 사항

이 책은 유니티 3D 게임 엔진을 다루며, 이 게임 엔진은 http://unity3d.com/unity/download/에서 다운로드할 수 있다. 책에서 사용된 버전은 5.3.4f1이지만, 이후에 나온 버전도 큰 변경 사항 없이 사용할 수 있을 것이다.

책의 내용을 간결하게 설명하고자 독자가 윈도우 기반의 컴퓨터를 사용한다고 가정했다. 유니티는 C#, Boo, 유니티스크립트^{UnityScript}로 코딩 가능하지만 이 책에서는 C#을 사용한다.

이 책의 대상 독자

이 책은 유니티 게임 개발 플랫폼에 대한 기본적인 지식을 갖춘 C# 개발자에게 최적화돼 있다. 유니티의 주요 기능들을 활용할 수 있는 실무적 이해를 바탕으로 흥미진진한 게임을 만들고 싶다면, 이 책 한 권에서 모든 해법을 찾을 수 있을 것이다.

편집 규약

이 책에서는 독자의 이해를 돕고자 다루는 정보에 따라 글꼴 스타일을 다르게 적용했다. 이러한 스타일의 예와 의미는 다음과 같다.

텍스트에서 코드 단어는 다음과 같이 표기한다. "Update 함수에서는 CashPerSecond의 현재 값에 따라 Cash 값을 변경시킨다."

코드 블록은 다음과 같이 표기한다.

```
public void ButtonClicked()
{
  controller.Cash -= cost;
  switch (itemType)
  {
    case ItemType.ClickPower:
      controller.cashPerClick += increaseAmount;
      break;
    case ItemType.PerSecondIncrease:
      controller.CashPerSecond += increaseAmount;
      break;
  }

  qty++;
  qtyText.text = qty.ToString();
}
```

코드 블록에서 유의해야 할 부분이 있다면 다음과 같이 굵은 글꼴로 표기한다.

```
public void ButtonClicked()
{
  controller.Cash -= cost;
  switch (itemType)
  {
    case ItemType.ClickPower:
      controller.cashPerClick += increaseAmount;
    break;
    case ItemType.PerSecondIncrease:
      controller.CashPerSecond += increaseAmount;
      break;
  }

  qty++;
  qtyText.text = qty.ToString();
}
```

화면상에 표시되는 메뉴나 버튼은 다음과 같이 표기한다. "유니티 실행 후 런처에서 New를 선택한다."

 경고나 중요한 노트는 이와 같이 나타낸다.

 팁과 요령은 이와 같이 나타낸다.

독자 의견

독자로부터의 피드백은 항상 환영이다. 이 책에 대해 무엇이 좋았는지 또는 좋지 않았는지 소감을 알려주길 바란다. 독자 피드백은 앞으로 더 좋은 책을 발행하는 데 큰 도움이 된다. 일반적인 피드백을 우리에게 보낼 때는 간단하게 feedback@

packtpub.com으로 이메일을 보내면 되고, 메시지의 제목에 책 이름을 적으면 된다.

여러분이 전문 지식을 가진 주제가 있고, 책을 내거나 책을 만드는 데 기여하고 싶다면 www.packtpub.com/authors에서 저자 가이드를 참조하길 바란다.

고객 지원

팩트출판사의 구매자가 된 독자에게 도움이 되는 몇 가지를 제공하고자 한다.

예제 코드 다운로드

이 책에 사용된 예제 코드는 http://www.packtpub.com의 계정을 통해 다운로드할 수 있다. 다른 곳에서 구매한 경우에는 http://www.packtpub.com/support를 방문해 등록하면 파일을 이메일로 직접 받을 수 있다.

코드를 다운로드하려면 다음과 같이 한다.

1. 팩트출판사 웹사이트(http://www.packtpub.com)에서 이메일 주소와 암호를 이용해 로그인하거나 계정을 등록한다.

2. 맨 위에 있는 SUPPORT 탭으로 마우스 포인터를 이동한다.

3. Code Downloads & Errata 항목을 클릭한다.

4. Search 입력란에 책 이름을 입력한다.

5. 코드 파일을 다운로드하려는 책을 선택한다.

6. 드롭다운 메뉴에서 이 책을 구매한 위치를 선택한다.

7. Code Download 항목을 클릭한다.

파일을 다운로드한 후에는 다음과 같은 압축 프로그램을 이용해 파일의 압축을 해제한다.

- 윈도우: WinRAR, 7-Zip
- 맥: Zipeg, iZip, UnRarX
- 리눅스: 7-Zip, PeaZip

코드 묶음은 깃허브(https://github.com/PacktPublishing/Unity-5.x-Game-Development-Blueprints)에도 마련돼 있다. 팩트출판사가 펴낸 다른 책들과 비디오에 관한 코드 묶음도 https://github.com/PacktPublishing/에서 찾아볼 수 있으니 둘러보길 바란다. 또한 에이콘출판사의 도서 정보 페이지인 http://www.acornpub.co.kr/book/unity5-game-blueprints에서도 예제 코드를 다운로드할 수 있다.

컬러 이미지 다운로드

이 책에서 사용된 스크린샷/다이어그램의 컬러 이미지를 PDF 파일로 제공한다. 컬러 이미지는 출력 결과의 변화를 이해하는 데 큰 도움이 될 것이다. https://www.packtpub.com/sites/default/files/downloads/Unity5xGameDevelopmentBlueprints_ColorImages.pdf와 에이콘출판사의 도서정보 페이지인 http://www.acornpub.co.kr/book/unity5-game-blueprints에서 컬러 이미지를 다운로드할 수 있다.

정오표

내용을 정확하게 전달하기 위해 최선을 다했지만, 실수가 있을 수 있다. 팩트출판사의 도서에서 문장이든 코드든 간에 문제를 발견해서 알려준다면 매우 감사하게 생각할 것이다. 그런 참여를 통해 그 밖의 독자에게 도움을 주고, 다음 버전의 도서를 더 완성도 높게 만들 수 있다. 오탈자를 발견한다면 http://www.packtpub.com/submit-errata를 방문해 책을 선택하고, 구체적인 내용을 입력해주길 바란다. 보내준 오류 내용이 확인되면 웹사이트에 그 내용이 올라가거나 해당 서적의 정오표 부분에 그 내용이 추가될 것이다. http://www.packtpub.com/support에서 해당 도서명을 선택하면 기존 정오표를 확인할 수 있다. 한국어판은 에이콘출판사 도서정보 페이지 http://www.acornpub.co.kr/book/unity5-game-blueprints에서 찾아볼 수 있다.

저작권 침해

인터넷에서의 저작권 침해는 모든 매체에서 벌어지고 있는 심각한 문제다. 팩트출판사에서는 저작권과 사용권 문제를 아주 심각하게 인식한다. 어떤 형태로든 팩트출판사 서적의 불법 복제물을 인터넷에서 발견한다면 적절한 조치를 취할 수 있도록 해당 주소나 사이트명을 알려주길 부탁한다.

의심되는 불법 복제물의 링크는 copyright@packtpub.com으로 보내주길 바란다. 저자와 더 좋은 책을 위한 팩트출판사의 노력을 배려하는 마음에 깊은 감사의 뜻을 전한다.

질문

이 책과 관련해 질문이 있다면 questions@packtpub.com으로 문의하길 바란다. 최선을 다해 질문에 답하겠다. 한국어판에 관한 질문은 이 책의 옮긴이나 에이콘출판사 편집 팀(editor@acornpub.co.kr)으로 문의해주길 바란다.

2D 트윈 스틱 슈터

숫 뎀 업^{shoot 'em up} 슈팅 게임은 컴퓨터 게임의 시초부터 존재했던 장르다. 흔한 슛 뎀 업 슈팅 게임의 구도는 플레이어 혼자서 다수의 적과 맞서 싸우는 것이다. 2D 에 가장 적합한 시점인 위에서 내려다보는 톱다운^{top-down}이나 횡 스크롤 시점이 가장 많이 쓰인다. 게임의 디자인에 따라 슈팅 게임의 요소가 다른 스타일의 게 임에 포함돼 있는 경우도 많다.

숫 뎀 업 슈팅 게임의 개념은 1961년 출시된 〈스페이스워^{Spacewar!}〉에서 가장 먼 저 선보였으나, 1978년 〈스페이스 인베이더스^{Space Invaders}〉가 출시되면서 본격적 으로 인기를 얻기 시작했다. 1980년대와 1990년대에 걸쳐 꾸준한 인기를 누리면 서 동방 프로젝트라 불리는 탄막 슈팅^{bullet hell} 게임 장르 등 다양한 방향으로 발전 해나가기도 했다. 최근에는 같은 장르의 게임들이 몇몇 출시되면서 인기를 얻어 다시 붐이 일기 시작했는데, 비자 크리에이션스^{Bizarre Creations}의 트윈 스틱 슈터인 〈지오메트리 워: 레트로 이볼브드^{Geometry Wars: Retro Evolved}〉도 그중 하나다.

프로젝트 개요

이 장에서는 〈지오메트리 워〉와 유사한 2D 다방향 슈터 게임을 제작할 것이다.

플레이어는 방향키를 사용해서 화면 속 우주선을 움직이고, 마우스가 가리키는 방향으로 발사체를 쏜다. 생성된 적과 방해물은 플레이어를 향해 움직이고, 플레이어는 이들을 피하거나 파괴해야 한다. 이 장은 유니티를 다루는 데 필요한 갖가지 개념들을 다시 환기시킴과 동시에 유니티에 내장된 2D 툴을 훑어보는 데 목적을 둔다.

목표

이 프로젝트는 여러 개의 작업으로 나뉘어 있으며, 처음부터 마지막까지 한 단계씩 밟아나가면서 진행하면 된다. 해야 할 작업은 다음과 같다.

- 프로젝트 설정하기
- 신^{scene} 만들기
- 플레이어 움직임 만들기
- 발사 기능 만들기
- 적 만들기
- 적 웨이브를 생성하는 GameController 만들기
- 파티클 시스템
- 오디오 만들기
- 점수, 스코어, 웨이브 숫자 만들기
- 게임 출시하기

시작 전 필수 사항

프로젝트를 시작하기 전에 먼저 유니티 최신 버전을 받아보자. http://unity3d.com/unity/download/에서 최신 버전을 다운로드할 수 있다.

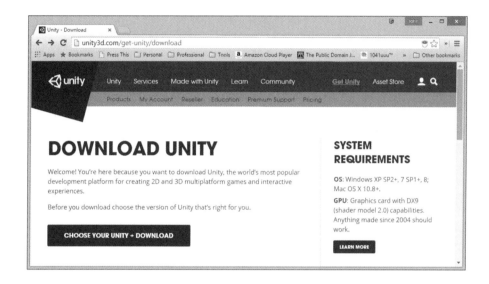

Choose your Unity + Download 버튼을 누르고 그 뒤에 나오는 선택지에서 필요한 유니티 에디션을 선택한 후 런처를 다운로드한다.

별도의 언급이 없는 이상 이 책에서 다루는 모든 작업은 Personal Edition으로 가능하다. 책이 만들어질 때의 최신 버전은 5.3.4지만, 이후 나올 버전에서도 큰 문제 없이 작동될 것이다.

프로젝트에서 사용할 그래픽 애셋도 필요하다. 팩트출판사 홈페이지(http://www.PacktPub.com)에서 이 책을 위해 제공되는 예제 코드와 함께 다운로드할 수 있다.

위 주소로 가서 Chapter1.zip 패키지를 받은 후 압축을 푼다. Chapter1 폴더 안에 보면 모든 아트를 포함하고 있는 Art Assets 폴더, 프로젝트에 필요한 폰트 파일, 완성된 프로젝트가 들어있는 Twinstick Shooter 폴더가 있는 것을 확인할 수 있다.

프로젝트 설정하기

유니티의 설치를 모두 마친 후 처음 실행한다고 가정하겠다.

1. 유니티가 실행되고 런처가 화면에 나왔으면 New를 선택한다. Name을 입력하고 원하는 하드디스크 위치를 Project Location에 설정한다. 2D가 선택돼 있는지 꼭 확인한다. 모든 설정이 끝나면 Create Project를 누른다. 모든 것을 새로이 만들어나갈 것이기 때문에 지금은 다른 패키지를 가져올 필요가 없다. 다음 스크린샷을 보자.

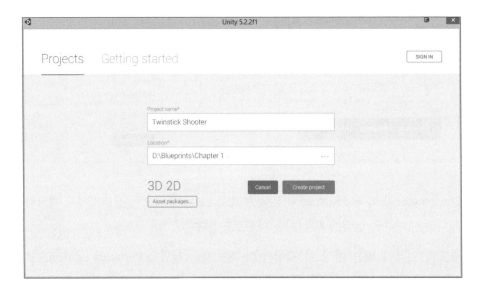

2. 지금은 필요 없으므로 Welcome to Unity 팝업이 나타나면 닫아버리자. 여기까지 왔다면 다음과 같은 유니티 기본 레이아웃 화면이 보일 것이다.

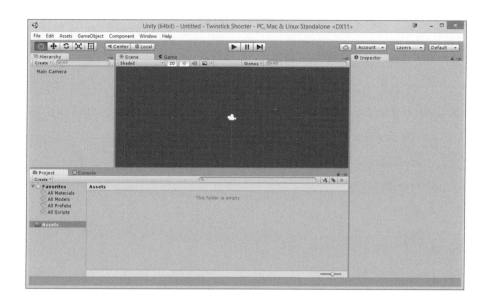

 다시 한 번 언급하지만, 이 책은 독자가 유니티에 어느 정도 익숙하다고 가정한다. 만일 유니티 인터페이스에 대해 좀 더 알고 싶다면 http://docs.unity3d.com/ Documentation/Manual/LearningtheInterface.html을 둘러보길 바란다.

유니티를 사용해 제작하는 프로젝트들은 개발하면서 정리를 게을리하지 않는 것이 매우 중요하다. 작은 프로토타입에서 온전한 게임으로 커가면서 더 많은 파일이 프로젝트에 더해지게 된다. 처음부터 정리해나가지 않고 나중에 한꺼번에 정리하는 경우, 개발 완료 시점에 다가갈수록 프로젝트가 혼란에 빠지게 된다.

팀에 소속돼 있다면 정리는 더욱 중요해진다. 멀리 떨어져서 일하는 경우라면 말할 것도 없다. 프로그래머, 아티스트, 디자이너가 각각 다른 프로젝트 구조를 가지고 일하는 상황은 지옥이나 다름없다.

처음 시작할 때 몇 초만 들여서 프로젝트 구조를 설정하고 지속적으로 유지하면 프로젝트를 진행하는 동안 수많은 시간을 절약할 수 있다. 다음 단계를 진행해보자.

1. 화면 좌측 하단에 있는 **Project** 탭 바로 밑의 **Create** 드롭다운 메뉴를 클릭한다.

2. **Folder**를 클릭한다. Assets 폴더 안에 새로운 폴더가 만들어진 것이 보일 것이다.

3. 폴더가 생성되면 폴더의 이름을 입력할 수 있다. 입력이 끝나면 엔터 키를 눌러 폴더 생성을 완료한다. 다음과 같은 폴더들을 만들자.
   - Prefabs
   - Scenes
   - Scripts
   - Sprites

 폴더 안에 폴더를 만드는 경우 왼쪽 옆에 있는 툴바에서 간단하게 끌어놓을 수도 있다. 폴더의 이름을 변경하고 싶을 때는 한 번 클릭한 후 기다리면 이름을 다시 입력할 수 있다.

폴더가 선택돼 있다면 Ctrl + D를 눌러 폴더를 복제할 수 있다.

4. 위 단계를 모두 마쳤으면 다음과 같은 모습일 것이다.

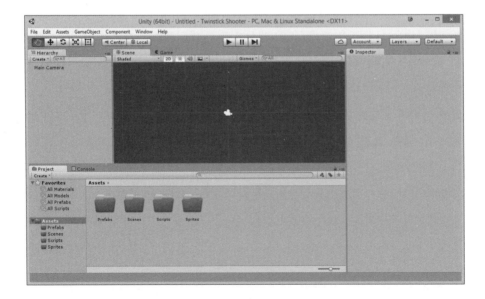

신 만들기

프로젝트의 설정이 끝났으니 이제는 우리가 조종할 플레이어를 만들어보자.

1. Project 탭에서 Sprites 폴더를 더블 클릭한다. 폴더 안으로 들어가면 우클릭
   한 후 Import New Asset을 선택한다. 예제 코드에 포함돼 있는 Chapter 1/Art
   폴더 안에서 playerShip.png를 선택한다. 추가되고 나면 Inspector 탭에서 텍
   스처 타입은 Sprite, Texture Type 속성은 Sprite (2D and UI)로 돼 있는지 확인한
   다. 그렇지 않다면 맞게 변경한 후 Apply 버튼을 클릭한다. 다음 스크린샷을
   보자.

 파일을 끌어다 놓는(drag and drop) 방법이 마음에 들지 않으면 좌측 하단에 위치한
Project Browser의 Sprites 폴더 안을 우클릭한 후 Import New Asset을 선택하고,
Chapter 1/Art Assets 폴더에서 파일을 선택해도 된다.

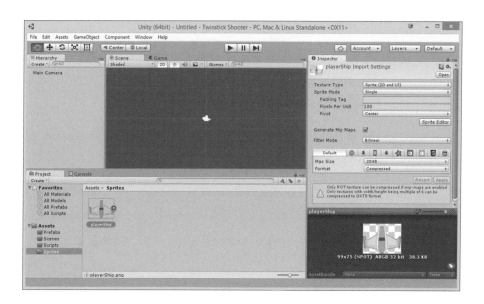

 이 튜토리얼에서 사용하는 애셋들은 케니(Kenney)로부터 지원받은 것들이다. 케니의
작품들이 더 보고 싶다면 www.kenney.nl을 방문해보길 바란다.

2. 우주선을 신^{scene}(화면 가운데 있는 짙은 회색 영역)에 끌어다 놓는다. 오른쪽에 있는 Transform 컴포넌트에 우클릭한 후 Reset Position을 선택해 스프라이트의 포지션을 화면 정중앙 (0,0)에 위치시킨다. 다음 스크린샷을 보자.

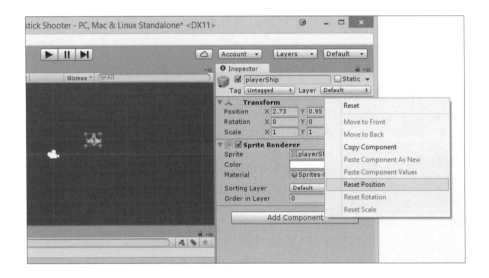

이제 플레이어를 만들었으니 배경을 추가해보자. 한 장의 거대한 이미지를 만들거나 같은 이미지를 반복해서 복사하는 것보다, 머티리얼^{material}을 사용해서 반복되는 텍스처를 이용하는 방법을 알아보자.

3. Project 탭에서 백그라운드 스프라이트를 프로젝트로 가져온 후 Inspector 탭에 있는 Texture Type을 Texture로 변경하고 Apply를 클릭한다.

4. 이번에는 3D 정육면체^{cube}를 만들어보자. 화면 상단 툴바에서 Game Object ➤ Create Other ➤ Cube를 선택한다. 오브젝트의 이름을 Cube에서 Background로 변경한다. Transform 컴포넌트에서 Position을 (0, 0, 1)로, Scale을 (100, 100, 1)로 변경한다.

카메라는 0, 0, -10에 있고 플레이어는 0, 0, 0에 있기 때문에 오브젝트를 0, 0, 1에 두면 모든 스프라이트의 뒤쪽에 위치하게 된다. 3D 오브젝트를 만든 후 스케일을 크게 만듦으로써 오브젝트의 크기가 플레이어의 모니터보다 엄

청나게 커진다. 만일 스프라이트의 스케일을 크게 만들었다면 픽셀화가 심해져서 매우 보기 싫은 모습이 됐을 것이다. 하지만 3D 오브젝트를 사용함으로써, 3D 오브젝트에 적용된 텍스처는 반복 가능하고 텍스처 이미지는 타일화 가능하기 때문에 매우 거대한 연결된 이미지처럼 보이게 된다.

5. 우리가 만들 게임은 2D이므로 Inspector 탭의 BoxCollider 컴포넌트에 우클릭한 후 Remove Component를 선택해서 사용하지 않을 컴포넌트를 제거하자.

6. 그다음에는 배경에 사용할 머티리얼을 만들어보자. Project 탭에서 Create > Material을 선택한 후 `BackgroundMaterial`이라고 이름을 입력한다. Materials 라는 새로운 폴더를 생성해서 그 속에 저장할 수도 있지만, 이번 프로젝트에서는 한 개의 머티리얼만 사용할 것이기 때문에 Sprites에 저장해도 좋다. Shader 속성의 드롭다운 메뉴를 클릭해서 Unlit > Texture를 선택한다. 오른편에 있는 Texture 박스를 클릭해서 배경 텍스처를 선택한다. 다 됐으면 Tiling 속성의 x와 y를 25로 설정한다. 다음 스크린샷을 보자.

 메뉴에서 선택하는 방법 외에 배경 텍스처를 Texture 박스에 직접 끌어다 놓으면 자동으로 속성이 설정되는 방법도 있다.

Tiling은 이미지가 x와 y의 포지션에서 얼마나 많이 반복돼야 하는지 유니티에 알려주는 수치다.

7. 마지막으로 Hierarchy의 배경 오브젝트로 돌아가보자. Mesh Renderer 컴포넌트 아래의 Materials를 옆 화살표를 클릭해서 연 후, Element 0를 우리가 만든 Background Material로 변경한다. 다음 스크린샷을 보자.

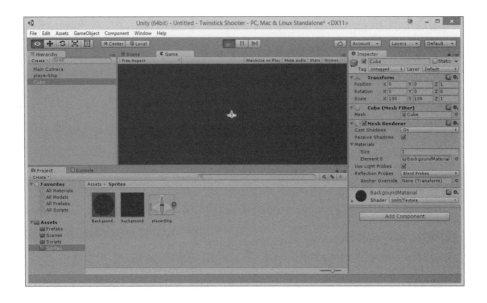

Scene 탭 안에 있는 오브젝트에 직접 머티리얼을 끌어다 놓아서 머티리얼을 추가하는 방법도 있다.

이제 색깔은 해결됐지만 반복되고 있는 이미지에 별이 없다. 이는 Wrap Mode 의 설정 때문인데, 유니티 5.2의 기본 모드는 이미지의 가장자리가 반복되는 것이 아니라 늘어나게 만드는 Clamp다. 이를 수정해보자.

8. Project 탭에서 background 텍스처 오브젝트를 선택한다. 선택했으면 Inspector 탭으로 가서 Wrap Mode를 Repeat로 변경한 후 Apply를 클릭한다. 마지막으로, Hierarchy에서 cube 오브젝트를 선택한 후 Inspector 탭의 상단에서 오브젝트 의 이름을 Background로 변경한다.

이제 게임을 실행해보면 타일이 올바르게 적용된 배경을 볼 수 있다.

스크립팅의 소개

유니티에서 게임 오브젝트의 비헤이비어^{behavior}는 콤포지션이라 불리는 방식으로 연결된 컴포넌트들을 통해 이뤄진다. 컴포넌트는 좀 더 복잡한 오브젝트를 구성하기 위해 추가와 제거가 가능하다. 만일 원하는 비헤이비어를 처리할 수 있는 컴포넌트가 없다면 직접 만들어야 하는데, 이 과정을 스크립팅^{Scripting}이라 부른다. 정말 간단하기 그지없는 게임을 제외하고 스크립팅은 모든 게임에서 매우 중요한 부분이다.

유니티는 C#과 Boo, 그리고 자바스크립트^{JavaScript}와 유사하게 만들어진 유니티 스크립트^{UnityScript}로 코딩할 수 있으나, 이 책에서는 C#을 사용한다.

C#은 자바^{Java}나 C++와 같이 업계 표준으로 여겨지는 객체지향적^{Object-oriented} 프로그래밍 언어다. 유니티 애셋 스토어에 등록돼 있는 대부분의 플러그인들이 C#으로 작성됐으며, C#으로 쓰여진 코드는 모바일이나 다른 플랫폼에 별다른 코드 변경 없이 적용시킬 수 있다. C#은 강력한 타입의^{strongly typed} 언어이므로 코드에 문

제가 발생할 경우 유니티 내부에서 감지한 후, 수정될 때까지 게임의 실행을 막는다. 이런 점이 불편하다고 느낄 수 있겠지만 코드의 입장에서 보면, 문제없는 코드를 작성하면서 눈앞의 문제를 해결하는 것이 추후에 더 큰 문제가 생기는 것보다 낫다.

플레이어 움직임 만들기

지금까지 구현한 것들은 겉보기에는 그럴듯할지 몰라도 사실은 아무것도 일어나지 않는다. 이번에는 플레이어를 움직이게 해보자. 다음 단계를 진행해보자.

1. Scripts 폴더에 우클릭한 후 **Create**를 클릭하고 **C# Scripts**를 선택한다. 클릭하자 마자 Scripts 폴더에 스크립트가 생성되고, 이름을 입력할 수 있을 것이다. `PlayerBehaviour`라고 이름을 입력한다.

> Behavior가 아닌 Behaviour로 표기한 부분을 눈여겨보자. 두 가지 모두 프로젝트를 진행하는 동안 통일해서 사용한다면 큰 문제는 없다. 유니티의 기반이 되는 스크립트를 MonoBehaviour라 부르기 때문에 혼돈을 피하기 위해 같은 스펠링을 쓴 것이다.

2. 스크립트에 더블 클릭하면 유니티를 설치할 때 선택한 설정에 따라 모노디벨롭^{MonoDevelop} 혹은 비주얼 스튜디오 커뮤니티 2015^{Visual Studio Community 2015}가 실행될 것이다.

> 코드 작성은 노트패드(Notepad)와 같이 텍스트 작성을 지원하는 모든 프로그램에서 가능하지만, 위에서 언급한 프로그램들은 통합 개발 환경(IDE)이라 불리는 소프트웨어로서 개발을 쉽고 편리하게 만들 뿐 아니라 사용자에게 좀 더 많은 기능을 제공하고 있다. 모노디벨롭은 오픈소스임과 동시에 다양한 플랫폼을 지원하며, 유니티 설치 파일에 포함돼 있다. 비주얼 스튜디오(Visual Studio)는 매우 매력적이고 고유한 기능들을 지원하며 많은 프로그래머들이 즐겨 쓰는 툴이다. 하지만 개인 개발자와 교육 목적으로 사용할 때만 무료로 제공된다. 이 책에서는 특정 IDE가 요구되는 부분은 다루지 않기 때문에 마음에 드는 것을 사용하면 된다.

유니티에서 스크립트를 열 때 사용하는 소프트웨어를 변경하고 싶다면 Edit 〉 Preferences 메뉴로 가서 External Tools로 간다. External Script Editor 밑의 드롭 다운 메뉴를 클릭한 후 원하는 것을 선택하면 된다.

IDE가 실행되면 C# 스크립트를 생성하면서 유니티가 자동으로 채워 넣은 C# 코드가 보일 것이다.

무엇으로 채워져 있는지 직접 코딩을 시작하기 전에 하나씩 짚고 넘어가보자. 가장 위에는 다음과 같은 두 라인이 보일 것이다.

```
using UnityEngine;
using System.Collections;
```

 책에 나오는 코드들을 다운로드할 수 있는 방법은 이 책의 '들어가며'에서 확인할 수 있다. 그리고 깃허브(https://github.com/PacktPublishing/Unity-5.x-Game-Development-Blueprints)에서도 다운로드할 수 있다. https://github.com/PacktPublishing/에 가면 다른 책과 비디오들에 관련된 코드 번들이 마련돼 있으니 방문해보길 바란다.

같은 파일에 들어있지 않은 클래스를 참조하는 경우, 엔진은 에러를 출력하기 전에 상단에 명시돼 있는 네임스페이스^{namespace} 안에 들어있는 클래스들을 먼저 체크한다. 현재는 두 개의 네임스페이스를 사용하고 있다.

UnityEngine 네임스페이스는 유니티에 속해 있는 모든 오브젝트들을 모노디벨롭을 통해 다룰 수 있는 인터페이스와 클래스 정의들을 담고 있다.

System.Collections 네임스페이스는 리스트, 큐^{queue}, 비트 배열$^{bit\ array}$, 해시테이블^{hashtable}, 사전 등 오브젝트의 묶음을 다룰 수 있는 인터페이스와 클래스를 담고 있다. 하지만 이 파일에서는 해당 기능을 사용하지 않을 것이므로 이 라인은 지워도 된다.

다음 라인은 아래와 같다.

```
public class PlayerBehaviour : MonoBehaviour {
```

클래스란 Transform만 붙어서 생성되는 GameObjects에 추가적으로 붙일 수 있는 컴포넌트 타입의 설계도라는 개념으로 이해하면 된다. 유니티가 C# 코드를 자동으로 생성할 때 이 과정을 알아서 해준다. 그 결과 파일 이름인 PlayerBehaviour와 똑같이 클래스 이름도 PlayerBehaviour로 정해진다. 스크립트 컴포넌트가 게임 오브젝트에 성공적으로 추가되려면 .cs 파일의 이름과 클래스의 이름이 같아야 한다. 다음은 : MonoBehaviour라 돼 있는 부분이다. : 심볼은 특정 클래스에서 상속받음을 의미하며, 이 경우는 MonoBehaviour를 의미한다. 비헤이비어에 관련된 모든 스크립트는 직간접적으로 MonoBehaviour로부터 상속받아 확장돼야 한다. 이와 같이 클래스를 상속받는 개념을 상속inheritance이라 한다.

상속이란 같은 곳에서 사용되는 상황에서, 오브젝트가 다른 오브젝트나 클래스를 기반으로 존재하는 개념을 말한다. 따라서 MonoBehaviour 클래스 안에 존재하는 모든 함수와 변수가 PlayerBehaviour 클래스에도 존재한다. PlayerBehaviour는 사실 MonoBehaviour에 추가 가능하게 만든 클래스이기 때문이다.

 유니티에서 무엇이 제공되는지 알고 싶다면 유니티 스크립트 레퍼런스는 매우 유용한 자원이다. MonoBehaviour 클래스와 모든 함수들 및 속성들을 더 알고 싶다면 http://docs.unity3d.com/ScriptReference/MonoBehaviour.html을 방문해보길 바란다.

바로 뒤 라인에는 프로젝트에 사용할 변수들을 추가할 것이다. 변수란 여러 가지 목적으로 값을 저장하고 변경하고 싶을 때 사용하는 데이터로서 변수의 값에 따라 다른 일들을 처리하게 된다.

클래스 정의 아래에 다음과 같은 코드를 추가한다.

```
// 방향성 움직임에 적용되는 움직임 변경자
public float playerSpeed = 4.0f;
```

```
// 플레이어의 현재 속도
private float currentSpeed = 0.0f;
// 마지막으로 행한 움직임
private Vector3 lastMovement = new Vector3();
```

변수 정의 바로 위에는 각 변수의 의미와 사용법이 적힌 주석들이 있다. 주석을
쓰고 싶으면 줄 앞에 //를 넣으면 되고, 컴파일러는 그 줄에 있는 모든 내용을 무
시한다. 한 줄이 넘어가는 주석을 쓰고 싶다면 /*로 주석을 시작하면 되고, */로
주석을 끝낼 때까지 중간에 있는 모든 내용이 주석으로 간주된다. 코드 중에 보
자 마자 이해되지 않는 부분이 있다면 모두 주석을 달아두는 것이 좋다.

 팀을 꾸려서 프로젝트를 진행하는 경우 개발이 좀 더 편해지도록 하기 위해, 유니티가
지원하는 다른 하나의 방식인 XML 주석을 이용하면 좋다. 이 방식은 우리가 사용하는
주석 방식보다는 자리를 더 많이 차지하지만 코드 자체를 문서화할 수 있다. 튜토리얼
을 보고 싶다면 http://bit.ly/xmlComments를 방문해보길 바란다.

눈길을 끄는 또 한 가지 부분은 변수 타입 앞에 있는 public과 private 키워드
다. 이들은 누가 이 변수들에 접근할 수 있는지 없는지를 결정하는 접근 제어자
access modifier다. public은 다른 모든 클래스가 해당 속성에 접근할 수 있다는 뜻이
며, private은 변수가 속해 있는 클래스만 접근 가능하다는 뜻이다. currentSpeed
가 private인 이유는 다른 곳에서 현재 속도를 설정하거나 수정하는 것을 원하
지 않기 때문이다. 유니티 프로젝트로 돌아가기 전에 PlayerBehaviour 스크립트
를 저장하는 것을 잊지 말자. 처음 코딩을 시작하는 사람들이 저지르는 가장 흔
한 실수가 저장하는 것을 잊어버리는 일이다. 위에서 생성한 public 변수의 경
우 매우 흥미로운 부분이 있는데, 저장이 끝났으면 유니티 프로젝트로 돌아가서
PlayerBehaviour 스크립트를 playerShip 오브젝트에 끌어다 놓자. 다음 스크린샷
을 보자.

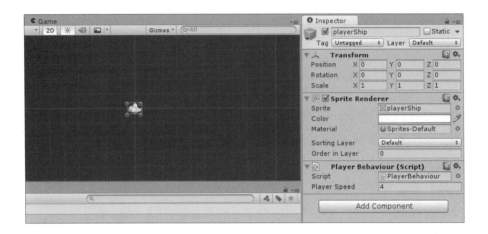

Inspector 안을 보면 public으로 지정한 변수가 컴포넌트로 나와 있는 것을 볼 수 있다. 이는 코드를 수정하지 않고도 매우 쉽게 Inspector 안에서 변수를 조절할 수 있다는 뜻이며, 게임 디자이너의 입장에서는 하늘이 선물한 기능이다. 변수 이름도 Player Speed로 좀 더 읽기 쉽게 바뀐 것을 볼 수 있다. 각 단어를 대문자로 시작하는 네이밍naming 규칙 때문인데, 이러한 규칙을 카멜 표기법CamelCase(더 정확하게 얘기하면 headlessCamelCase)이라 한다.

이제 변수들을 설정했으니 모노디벨롭으로 돌아가서 스크립트를 좀 더 작성해보자.

다음 라인에 있는 메소드를 위한 함수 정의는 Start;라 한다. 이 메소드는 사용자가 만든 것이 아니라 MonoBehaviour에 종속돼 있다. 변수는 데이터며, 함수는 데이터를 수정하고 사용할 수 있다. 함수는 특정한 작업을 하기 위해 독립적으로 존재하는({} 괄호로 묶여 있는) 코드 묶음이다. 함수의 장점은 한 번 만들어지고 나면 다시 재사용할 수 있다는 것이다. 함수는 다른 함수에서 부르는 것이 가능하다.

```
void Start () {

}
```

Start는 비헤이비어의 수명이 다하기 전, 게임이 시작될 때 단 한 번만 실행되며 일반적으로 데이터를 초기화하기 위해 사용한다.

다른 프로그래밍 언어에 익숙한 사용자라면 오브젝트의 초기화를 생성자 (constructor)를 통해 하지 않는 것에 놀랐을 수도 있다. 유니티 오브젝트의 초기화는 에디터가 담당하며, 예상과 다르게 게임플레이가 시작될 때 이뤄지지 않는다. 만일 스크립트를 위해 생성자를 따로 정의하려고 할 경우 유니티의 작동을 방해하고 프로젝트에 큰 문제를 일으킬 수 있다.

하지만 이번 비헤이비어는 Start 함수가 필요 없다. 다음 단계를 진행해보자.

1. Start 함수와 안에 들어있는 모든 것을 지운다.

   그다음은 Update 함수다. 이 함수 또한 MonoBehaviour에 속한 것으로서 해당 컴포넌트가 붙어있는 오브젝트가 존재하는 한 매 프레임마다 호출된다. 우리는 매 순간마다 플레이어의 회전과 움직임을 업데이트시켜야 한다.

2. Update 함수 안({와 } 사이)에 다음과 같은 코드를 입력한다.

```
// 마우스를 바라보게 플레이어를 회전시킨다
Rotation();
// 플레이어를 움직인다
Movement();
```

   두 개의 함수를 호출했지만 이 함수들은 아직 만들어지지 않았기에 존재하지 않는다(아마 IDE에 빨간색으로 표시될 것이다). 그러므로 지금 만들어보자!

3. Update 함수가 끝난 이후, 그리고 클래스 전체를 닫는 } 괄호 전에 다음 함수를 입력한다.

```
// 우주선이 마우스를 바라보도록 회전시킨다
void Rotation()
{
  // 플레이어를 기준으로 마우스의 위치를 구함
  Vector3 worldPos = Input.mousePosition;
  worldPos = Camera.main.ScreenToWorldPoint(worldPos);

  /*
   * 각 축을 기준으로 거리 차이를 구함
   * dx는 deltaX의 약자,  dy는 deltaY의 약자
```

```
*/
float dx = this.transform.position.x - worldPos.x;
float dy = this.transform.position.y - worldPos.y;

// 두 오브젝트 사이의 각도를 구함
float angle = Mathf.Atan2(dy, dx) * Mathf.Rad2Deg;

/*
 * Transform의 회전 속성은 4원수(quaternion)를 사용한다
 * 따라서 각도를 벡터로 변환할 필요가 있음
 * (Z축은 2D의 회전에 사용)
 */

Quaternion rot = Quaternion.Euler(new Vector3(0, 0, angle +90));

// 우주선의 회전을 지정
this.transform.rotation = rot;
}
```

위 코드는 현재 스크립트가 첨부된 오브젝트(플레이어)를 플레이어가 움직이는 마우스를 기준으로 회전시킨다. Movement 라인을 주석 처리(앞에 //를 넣어)한 후 게임을 실행시키면 마우스의 위치에 따라 우주선이 움직이는 것을 확인할 수 있다. 다음 스크린샷을 보자.

만일 주석 처리를 했다면 다음을 진행하기 전에 //를 삭제하길 바란다.

4. 이제는 Rotation 함수 밑에 다음의 코드를 입력해 Movement 함수를 추가해보자.

```
// 눌린 키에 따라 플레이어를 움직인다
void Movement()
{
```

```
// 현재 프레임에 일어나야 할 움직임
Vector3 movement = new Vector3();

// 입력 체크
movement.x += Input.GetAxis ("Horizontal");
movement.y += Input.GetAxis ("Vertical");

/*
 * 여러 개의 버튼이 눌려도
 * 같은 거리를 움직이게 한다
 */
movement.Normalize ();

// 무엇이든지 눌렀는지 여부 확인
if(movement.magnitude > 0)
{
  // 눌렀으면 그 방향으로 움직인다
  currentSpeed = playerSpeed;
  this.transform.Translate(movement * Time.deltaTime *
  playerSpeed, Space.World);
  lastMovement = movement;
}
else
{
  // 그렇지 않다면 가던 방향으로 움직인다
  this.transform.Translate(lastMovement * Time.deltaTime
*currentSpeed, Space.World);
  // 시간이 지날수록 느려진다
  currentSpeed *= .9f;
  }
}
```

이 함수 안에는 이동 벡터의 x와 y 값을 설정하기 위해 유니티에 내장돼 있
는 입력 속성을 사용한 후 우주선을 그 방향으로 이동시켰다. **Edit** ➤ **Project**
Settings ➤ **Input**으로 가면 유니티의 Input Manager가 열리며, 입력에 사용할
수 있는 여러 가지 축의 값의 리스트를 확인할 수 있다.

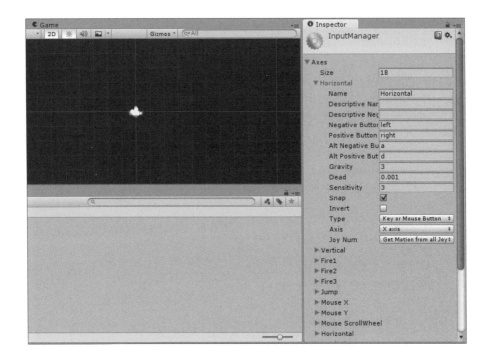

위에서 보는 바와 같이 left와 a는 Negative Button과 Alt Negative Button 속성에 각각 지정돼 있으며, 둘 중에 아무거나 누르면 -1과 0 사이의 값을 내보낸다. Positive의 경우에는 0과 1 사이의 값을 내보낸다.

 Input Manager를 좀 더 알고 싶다면 http://docs.unity3d.com/Manual/class-InputManager.html을 둘러보길 바란다.

5. 파일을 저장하고 유니티로 돌아가자. File ▶ Save Scene으로 가서 현재 신을 Chapter_1.unity로 저장한다. 이전에 만들어놓은 Scenes 폴더에 저장하자.

6. 상단 툴바의 플레이 버튼을 눌러 게임을 실행시킨다. 다음 스크린샷과 같은 모습을 볼 수 있을 것이다.

이제 우주선을 W, A, S, D 키나 방향키로 움직일 수 있고, 마우스가 있는 방향으로 회전하는 우주선을 볼 수 있을 것이다. 잘했다!

 만일 우주선을 좀 더 빠르게 혹은 느리게 움직이도록 만들고 싶다면 Inspector 탭의 PlayerBehavior 컴포넌트 안의 Player Speed 변수를 증가시키거나 감소시키면 된다.

슈팅 비헤이비어

다음에 작업할 부분은 플레이어에게 슈팅 기능을 만들어주는 것이다.

1. PlayerBehaviour 스크립트를 열자. 변수들이 지정돼 있는 상단 부분에 앞으로 사용할 변수를 몇 개 더 추가해야 한다.

   ```
   // 발사될 레이저
   public Transform laser;

   // 우주선의 중심과 레이저 간의 거리
   ```

```
public float laserDistance = .2f;

// 다시 발사할 때까지 기다려야 하는 시간(초)
public float timeBetweenFires = .3f;

// 값이 0보다 작거나 같으면 다시 발사할 수 있다
private float timeTilNextFire = 0.0f;
```

한 가지 주목할 점은 laser 변수의 타입이 Transform이라는 것이다. 이는 플레이어가 발사할 레이저를 의미하며, 곧 제작할 것이다.

플레이어는 레이저를 발사하고 싶을 때 클릭하거나 스페이스 바를 누르고 싶어 할 수도 있고, 다른 버튼을 사용하고 싶을 수도 있다. 따라서 하나의 버튼, 혹은 이전에 사용해본 하나의 축axis으로 제한시키는 것보다는 발사가 가능한 모든 방법을 하나로 묶을 예정이다. 그러기 위해 여러 개의 오브젝트를 담아 놓고 게임이 실행되는 동안 추가와 제거가 가능한 리스트list를 사용할 것이다. 하지만 리스트를 사용하기 위해서는 코드 최상단에 다음과 같은 라인을 추가해야 한다.

```
using System.Collections.Generic; // 리스트
```

 리스트에 대해 더 많은 정보가 필요하다면 http://msdn.microsoft.com/en-us/
library/6sh2ey19(v=vs.110).aspx를 방문해보길 바란다.

그런 후에 다음 코드를 다른 변수들 뒤에 추가한다.

```
// 레이저를 발사하기 위해 사용하는 버튼들
public List<KeyCode> shootButton;
```

2. Update 함수 안에 다음과 같은 코드를 추가한다.

```
// foreach 루프가 shootButton 안에 있는 아이템을 각각 돌면서
// element 변수 안에 있는 값을 이용해
// {} 안에 있는 명령을 수행한다
foreach (KeyCode element in shootButton)
```

```
{
  if(Input.GetKey(element) && timeTilNextFire < 0)
  {
    timeTilNextFire = timeBetweenFires;
    ShootLaser();
    break;
  }
}

timeTilNextFire -= Time.deltaTime;
```

이 코드는 발사 키(스페이스 바나 엔터 키 등)로 허용된 키들을 체크한다. 해당되는 키가 눌렸고 발사가 가능하면 타이머를 리셋하고 레이저를 발사한다. 하지만 아직 레이저를 발사하는 ShootLaser 함수를 만들지 않았다. 지금 만들어보자.

3. 함수들 하단에 다음과 같은 함수를 추가한다.

```
// 레이저를 생성하고 초기 위치를 우주선 앞으로 지정한다
void ShootLaser()
{
  // 레이저의 위치를 플레이어의 위치에 따라 지정한다
  Vector3 laserPos = this.transform.position;
  // 레이저의 각도를 가운데에서 밖으로 향하도록 한다
  float rotationAngle = transform.localEulerAngles.z - 90;
  // 우주선에서 laserDistance만큼 떨어진 우주선 바로 앞의 위치를 계산한다
  laserPos.x += (Mathf.Cos((rotationAngle) *
              Mathf.Deg2Rad) * -laserDistance);
  laserPos.y += (Mathf.Sin((rotationAngle) *
              Mathf.Deg2Rad) * -laserDistance);

  Instantiate(laser, laserPos, this.transform.rotation);
}
```

4. 파일을 저장하고 유니티로 돌아가자. 설정 가능한 변수들이 더 추가된 것을 확인할 수 있을 것이다.

혹시 알 수 없는 이유로 Inspector 윈도우가 업데이트되지 않는다면 프로젝트를 저장하고 유니티를 재시작하자. 정상적으로 업데이트돼 있을 것이다.

5. Shoot Button 변수의 Size를 2로 변경하고, Element 0의 값을 Mouse0으로 Element 1의 값을 Space로 설정한다. 모든 것이 끝나면 다음 스크린샷과 같은 모습이 될 것이다.

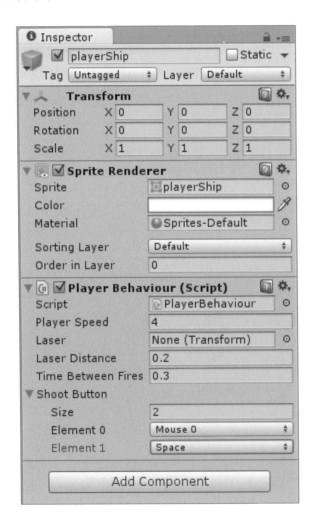

6. 다음은 Laser 변수를 채울 레이저를 만들 차례다. 예제 코드에 포함돼 있는 Assets 폴더로 가서 laser.png 파일을 Project 탭의 Sprites 폴더로 옮겨 놓는다.

7. 옮겨 놓은 파일을 Scene 탭에 끌어다 놓아 레벨에 배치시킨다.

8. 이전에 생성한 Scripts 폴더에 우클릭한 후, Create를 클릭하고 C# Script를 선택한다. LaserBehaviour라 이름을 변경한 후 IDE로 가서 다음과 같은 코드를 추가한다.

```csharp
using UnityEngine;
using System.Collections;

public class LaserBehaviour : MonoBehaviour
{
  // 레이저가 얼마 동안 존재할지
  public float lifetime = 2.0f;

  // 레이저가 얼마나 빠르게 움직이는지
  public float speed = 5.0f;


  // 레이저가 적과 충돌하면 얼마큼의 피해를 주는지
  public int damage = 1;

  // Use this for initialization
  void Start ()
  {
    // 이 컴포넌트를 담고 있는 게임 오브젝트는 lifetime 초가 지나면
    // 소멸한다
    Destroy(gameObject, lifetime);
  }

  // Update is called once per frame
  void Update ()
  {
```

```
    transform.Translate(Vector3.up * Time.deltaTime * speed);
  }
}
```

9. LaserBehaviour를 레이저 오브젝트에 첨부한다. 레이저 오브젝트를 선택한 후 Component > Physics 2D > Box Collider 2D로 가서 Box Collider 2D 컴포넌트를 추가한다. 충돌 박스의 기본 크기는 이미지와 같게 설정되지만 이 경우에는 안에 있는 레이저에 맞추면 좋다. Size 속성의 X 값을 .09로, Y 값을 .5로 변경한다. 무엇을 변경하고 있는지 세밀히 보고 싶다면 Scene 탭에서 마우스 휠로 카메라를 줌인해서 확인할 수 있다.

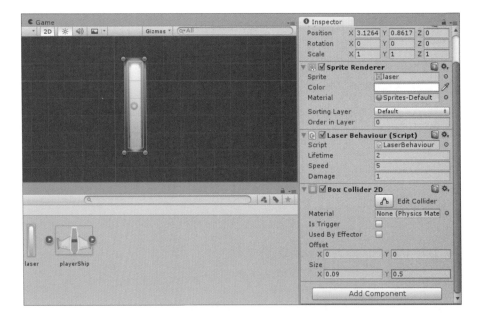

이제 레이저는 자신이 보고 있는 방향으로 움직이고, 2초 후에 소멸될 것이다. 다음에는 플레이어가 레이저를 발사할 수 있게 하자.

10. 지금 만든 오브젝트와 오브젝트 제작에 사용한 laser 스프라이트를 구분하기 위해 Hierarchy 탭에서 레이저 오브젝트를 선택한 후 Inspector 탭에서 이름을 Laser로 변경한다.

11. Project 탭 안의 Assets ➤ Prefabs 폴더로 간 후 Hierarchy 탭에 있는 `Laser` 오브 젝트를 Prefabs 폴더에 끌어다 놓는다. 프리팹임을 알리기 위해 Hierarchy에 있는 오브젝트가 파랗게 변한 것을 확인할 수 있다.

 프리팹(prefab)은 발사체나 월드 안에서 생성할 적과 같이 런타임에 필요한 만큼 복제 해서 사용할 수 있는 오브젝트를 말한다. 프리팹을 신 안에 추가하면 해당 오브젝트의 인스턴스(instance)를 만드는 것이다. 이렇게 만들어진 모든 오브젝트는 Assets 폴더 안에 있는 오브젝트의 클론들이다. Prefabs 폴더 안에 들어있는 프리팹에 수정을 가하 면 신 안에 있는 모든 클론 오브젝트들에도 적용된다. 예를 들어 프리팹에 컴포넌트를 추가하면 신 안에 있는 오브젝트들도 자동으로 컴포넌트가 추가된다. 추후에 해보겠지 만, 반대로 신에 있는 오브젝트가 다른 오브젝트들의 기반이 되게 할 수도 있다. 또한 연결은 그대로 유지하면서 인스턴스 한 개의 속성만 변경할 수도 있다. 신 안에 있는 프 리팹 인스턴스의 속성 중 아무거나 변경하면 변경된 값이 굵은 글씨로 바뀌면서 해당 값이 치환된 것을 알려주며, 이 경우 원래 프리팹은 영향을 받지 않는다. 이런 방법을 통해 프리팹 연결을 깨지 않으면서 각 프리팹 인스턴스들을 독특하게 만들 수 있다.

다음 스크린샷을 보자.

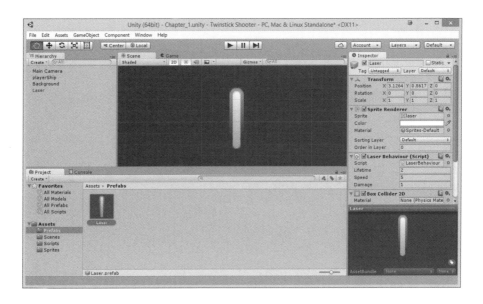

12. 이제 프리팹을 만들었고, 필요할 때마다 생성할 예정이므로 신에 있는 오브젝트는 필요가 없다. 신에 있는 Laser 오브젝트를 지우고 playerShip 오브젝트를 선택한다. 인지하기 쉽게 `Player Ship`으로 이름을 변경하고 Project 탭에 있는 `Laser` 프리팹을 PlayerBehavior 컴포넌트의 Laser 속성에 끌어다 놓는다.

13. 마지막으로, 플레이어도 충돌 영역이 있어야 하므로 Component > Physics 2D > Circle Collider2D로 가서 원형 충돌 영역을 추가한다. Radius 속성을 0.3으로 변경한다.

일반적으로 게임에서는 가장 효율적인 계산 방법을 추구해야 한다. 폴리곤을 기반으로 하는 충돌 체크가 가장 정확하지만 사각이나 원형보다 훨씬 느리다. 따라서 이 경우에는 원형을 사용한다. 더 효율적일 뿐만 아니라 피해를 받지 않고 적에게 최대한 가깝게 다가갈 수 있는 거리에 여유를 주기 때문이다. 플레이어는 간발의 차이로 피하면 자신의 스킬 때문이라고 생각하겠지만, 충돌 영역이 너무 넓으면 게임이 오작동하고 있다고 느낀다.

다음 스크린샷을 보자.

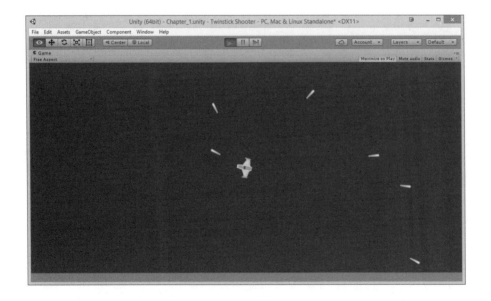

이제 우리의 우주선이 마우스의 방향으로 발사할 수 있게 됐다.

적 만들기

플레이어가 만들어진 것은 멋진 일이다. 하지만 암흑에 대고 레이저나 쏘면서 움직이는 것이 할 수 있는 일의 전부라면 금방 지루해질 것이다. 이제는 플레이어 방향으로 날아오는(추후에는 격추도 가능하게 만들) 적을 만들어보자. 다음 단계를 진행해보자.

1. Play 버튼을 눌러 게임에서 나온 후 예제 코드의 Assets 폴더에 있는 encmy. png 파일을 Sprites 폴더로 끌어다 놓는다.

2. 그런 직후 Scene 탭에 끌어다 놓아 레벨에 배치한다.

3. Scripts 폴더에 우클릭한 후 Create를 클릭하고 C# Script를 선택한다. 새로운 스크립트의 이름은 MoveTowardsPlayer로 한다. 모노디벨롭으로 가서 다음 코드를 추가한다.

```
using UnityEngine;
using System.Collections;

public class MoveTowardsPlayer : MonoBehaviour
{
  private Transform player;
  public float speed = 2.0f;

  // Use this for initialization
  void Start ()
  {
    player = GameObject.Find("playerShip").transform;
  }

  // Update is called once per frame
  void Update ()
  {
```

```
    Vector3 delta = player.position - transform.position;
    delta.Normalize();
    float moveSpeed = speed * Time.deltaTime;
    transform.position = transform.position + (delta * moveSpeed);
  }
}
```

게임이 시작되면 플레이어의 우주선을 찾아 Transform 컴포넌트를 얻어낸다.
그 후 매 프레임마다 적의 현재 위치에서 플레이어의 위치로 움직인다.
GameObject.Find 함수는 언제나 다른 오브젝트에 접근할 수 있게 해주는 유
용한 함수지만 계산 비용이 매우 높다. 따라서 선택권이 있다면 자주 호출되
는 함수(update 같은)에 넣는 것을 피하고, 참조 후 저장해서 사용하는 것이
좋다. 또한 파라미터에 들어가는 스펠링과 Hierarchy에 있는 오브젝트의 이름
이 정확히 일치해야 하므로 반드시 두 번 이상 체크하길 바란다.

 만일 오브젝트가 플레이어로부터 멀어지게 만들고 싶다면 음수의 속도를 사용하면
된다.

4. 새로 만들어진 행동을 적 오브젝트에 끌어다 놓고 Enemy라 이름을 변경한다.

5. 그다음에는 Component ➤ Physics2D ➤ Circle Collider 2D로 가서 원형 충돌 영
역을 추가한다. Radius 속성을 .455로 변경하고 게임을 실행시킨다. 다음 스
크린샷을 보자.

이제 적이 항상 플레이어 방향으로 움직이는 것을 볼 수 있다! 하지만 쏴도 아무 일도 일어나지 않는다. 이 부분을 만들어보자.

1. **Scripts** 폴더에 우클릭한 후 **Create**를 클릭하고 **C# Script**를 선택한다. 새로 생성된 스크립트의 이름은 EnemyBehaviour로 한다. 모노디벨롭(혹은 사용하는 IDE)으로 가서 다음 코드를 추가한다.

```
using UnityEngine; // MonoBehaviour

public class EnemyBehaviour : MonoBehaviour
{

  // 파괴되기까지 얼마나 많이 맞아야 하는가
  public int health = 2;

  void OnCollisionEnter2D(Collision2D theCollision)
  {
    // 충돌 체크를 하고 싶다면 다음 라인 주석 처리를 해제한다
    // Debug.Log("Hit"+ theCollision.gameObject.name);

    // 충돌한 모든 것들 중 이름이 "laser"인 것을 찾는다
```

```
        if(theCollision.gameObject.name.Contains("laser"))
        {
          LaserBehaviour laser =
          theCollision.gameObject.GetComponent
          ("LaserBehaviour") as LaserBehaviour;
          health -= laser.damage;
          Destroy (theCollision.gameObject);
        }

        if (health <= 0)
        {
          Destroy (this.gameObject);
        }
      }
    }
```

Debug.Log 함수를 호출하는 코드의 라인을 주석 처리한 것을 볼 수 있다. 이 함수는 추후 코드 디버깅을 돕기 위한 것으로서 호출될 때마다 콘솔에 값을 출력한다(이 경우는 충돌한 오브젝트의 이름).

또 하나 주의 깊게 봐야 할 부분은 Laser와 이름이 같은 것을 찾지 않고 Laser가 포함돼 있는 이름을 찾은 것이다. Instantiate를 사용해 오브젝트를 생성하면 기본적으로 오브젝트 이름 뒤에 "(Clone)"을 붙이기 때문이다.

2. 오브젝트들이 충돌 이벤트에 반응하길 원하므로 Rigidbody 2D 물리를 추가해야 한다. OnCollisionEnter2D를 호출하려면 둘 중 하나의 오브젝트는 Rigidbody 2D를 가져야만 한다.

3. Enemy 오브젝트를 선택하고 Component ➤ 2D Physics ➤ Rigidbody 2D를 선택한다. 중력의 영향을 받아 아래로 떨어지는 것을 막기 위해 GravityScale 값을 0으로 변경한다.

4. 스크립트를 저장하고 유니티로 돌아간다. EnemyBehaviour 행동을 적 오브젝트에 첨부한 후 저장하고 게임을 실행시킨다. 모든 것이 순조롭게 진행됐다면 다음 스크린샷과 같은 모습일 것이다.

이제 적을 두 번 명중시키면 사라질 것이다. 잘했다!

적 웨이브를 생성하는 GameController 만들기

게임에 필요한 모든 메커니즘이 완성됐다. 이제 진정한 게임의 모습을 만들기 위해 게임에서 일어나는 일을 관리해야 한다. 게임 컨트롤러는 게임을 운영하고, 점수를 관리 및 표시하며, 플레이어가 죽으면 게임을 끝낸다. 추후에는 대형 프로젝트 제작을 위해 다수의 상태를 가지는 스테이트 매니저[state manager]를 다루겠지만, 현재 프로젝트는 단순하기 때문에 간단한 게임 컨트롤러를 만들 것이다. 다음 단계를 진행해보자.

1. 제일 먼저 Game Object > Create Empty로 가서 빈 게임 오브젝트를 생성한다. 오브젝트가 선택된 상태에서 Inspector 탭으로 가서 이름을 `Game Controller`로 변경한다. 정리 차원에서 Position을 (0, 0, 0)으로 변경한다. 주요한 게임 오브젝트이므로 Hierarchy 탭의 최상단으로 끌어다 놓는다.

2. 이름 밑에 Tag 속성이 보일 것이다. Untagged에서 GameController로 변경한다.

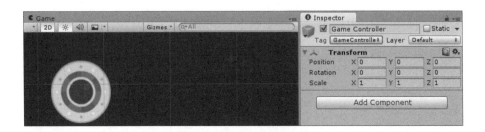

 Tag는 하나 혹은 그 이상의 게임 오브젝트를 그룹으로 연결하는 방법 중 하나다. 예를 들어 플레이어와 적에게 Player와 Enemy라 붙일 수 있고, 화면에 배치된 파워업이나 동전 같은 것들을 Collectable이라 붙일 수 있다. EnemyBehaviour에서 오브젝트가 총알인지 아닌지 체크할 수도 있다. GameObject는 단 한 개의 태그만 가질 수 있다. 신에는 전혀 영향을 미치지 않으며 스크립트에서 게임 오브젝트를 구분하려 할 때 사용된다.

3. 이어서 스크립트를 빠르게 생성하는 다른 방법을 알아보자. Inspector 탭에서 Add Component > New Script를 선택한 후 다음 메뉴가 나오면 언어를 C#으로 변경한다. 이름은 `GameController`로 붙인다.

4. 새로 생성된 스크립트를 Assets\Scripts 폴더로 옮긴다. 스크립트에 더블 클릭해서 IDE를 연다.
게임은 여러 가지 일을 하지만 그중 적을 생성하는 것이 가장 중요하므로 이것을 가장 먼저 만들 것이다. 적들을 저장할 변수를 만들어보자.

5. 클래스 정의 안에 다음과 같은 변수를 추가한다.

```
// 생성될 적
public Transform enemy;
```

6. 현재 신 안에 있는 적으로 설정할 수도 있지만 적을 프리팹^{prefab}으로 만들고 사용하는 것이 옳다. 적을 Hierarchy에서 Assets\Prefabs 폴더로 끌어다 놓는다. 프리팹을 만들고 나면 신 안에 있는 적 오브젝트는 삭제해도 된다.

7. 그다음에는 적 프리팹을 GameController 컴포넌트의 안의 **Enemy** 변수에 끌어
다 놓는다.

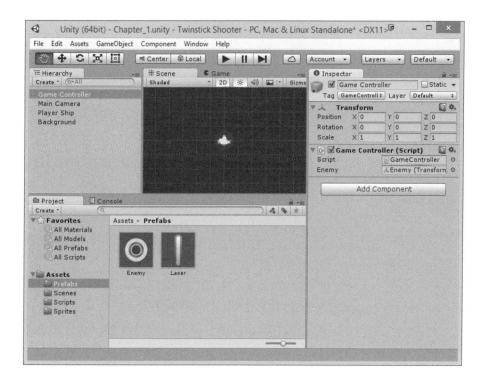

8. 이후 `GameController` 스크립트에 더블 클릭해 모노디벨롭으로 돌아간다. 다
음 변수들을 추가한다.

```
[Header("Wave Properties")]
// 특정 시기에는 코드를 지연시키고 싶다
public float timeBeforeSpawning = 1.5f;
public float timeBetweenEnemies = .25f;
public float timeBeforeWaves = 2.0f;

public int enemiesPerWave = 10;
private int currentNumberOfEnemies = 0;
```

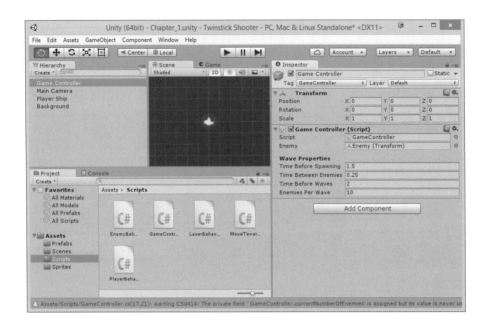

스크립트를 저장하고 에디터로 돌아가면 몇 가지 흥미로운 부분이 보일 것이다. 제일 먼저 스크립트에서 헤더^{Header}를 사용한 덕분에 코드의 구분이 좀 더 쉽도록 스크립트가 섹션으로 나뉘어 있다. 추가적으로 스크린 좌측 하단에 아직 변수를 사용하지 않았다는 경고도 있다. 경고에서 클릭해 콘솔을 열고 확인할 수도 있지만 지금은 염두에 두기만 하고, 변수를 사용할 수 있게 만들어보자.

먼저 적을 생성할 함수가 필요하다. 이를 SpawnEnemies라 부르자. 모든 적을 한꺼번에 생성하고 싶은 것이 아니라, 게임이 진행되는 동안 꾸준한 흐름으로 생성돼 플레이어에게 다가오길 원한다. 하지만 C#상에서 게임 전체를 멈추지 않으면서 함수를 멈추게 하려면, 지금까지 봐온 코드와는 조금 다른 모습을 가진 코루틴^{coroutine}을 사용해야 한다.

9. Start 메소드에 다음을 추가한다.

```
StartCoroutine(SpawnEnemies());
```

코루틴(coroutine)은 잠시 멈추고 시간이 지난 후 멈춘 곳에서부터 다시 시작할 수 있는 기능을 가진 함수다. 기본적으로 코루틴은 yield 직후 다음 프레임에 재개되지만 WaitForSeconds 함수를 사용해 다시 호출할 때까지 얼마나 기다릴지를 지정할 수도 있다.

10. SpawnEnemies 함수에 다음을 추가하자.

```
// 적 생성에 사용할 코루틴
IEnumerator SpawnEnemies()
{
  // 게임 시작 전에 플레이어에게 시간을 준다
  yield return new WaitForSeconds(timeBeforeSpawning);

  // timeBeforeSpawning이 지나면 이 루프에 들어간다
  while(true)
  {
    // 이전 웨이브의 적이 모두 죽기 전에는 새로운 적을
    // 생성하지 않는다
    if(currentNumberOfEnemies <= 0)
    {

      // 10개의 적을 무작위 위치에 생성한다
      for (int i = 0; i < enemiesPerWave; i++)
      {
        // 화면 밖에 생성하길 원한다
        // Random.Range는 첫 번째와 두 번째 파라미터 사이의
        // 숫자를 내보낸다
        float randDistance = Random.Range(10, 25);

        // 적은 어느 방향에서도 올 수 있다
        Vector2 randDirection =
          Random.insideUnitCircle;
        Vector3 enemyPos =
          this.transform.position;

        // 거리와 방향을 사용해서 위치를 설정한다
```

```
        enemyPos.x += randDirection.x * randDistance;
        enemyPos.y += randDirection.y * randDistance;

        // 적을 생성하고 생성된 적의 숫자를 증가시킨다
        // Instantiate는 첫 번째 파라미터의 복제를 만들고
        // 두 번째 파라미터의 위치에 세 번째 파라미터의 방향으로
        // 생성한다
        Instantiate(enemy, enemyPos, this.transform.rotation);
        currentNumberOfEnemies++;
        yield return new
        WaitForSeconds(timeBetweenEnemies);
      }
    }
    // 다음 웨이브의 적을 생성할 때까지 어느 정도의 시간을
    // 기다려야 하는가
    yield return new WaitForSeconds(timeBeforeWaves);
  }
}
```

++ 연산자는 현재 숫자의 값에 1을 증가시킨다.

11. 적을 파괴하면 currentNumberOfEnemies의 숫자를 감소시켜야 한다. 하지만
   이 변수는 private이며, GameController 클래스나 클래스 안에 있는 함수를
   통해서만 변경할 수 있다는 의미다. 그렇다면 GameController 클래스 안에 새
   로운 함수를 추가해보자.

```
// 적을 죽였을 때 GameController 외부에 있는 클래스가
// 호출할 수 있는 함수
public void KilledEnemy()
{
  currentNumberOfEnemies--;
}
```

12. EnemyBehaviour 클래스로 돌아가자. OnCollisionEnter2D 함수 안의 Destroy
   함수를 호출하는 곳 바로 밑에 다음 코드를 추가하자.

```
GameController controller = GameObject.FindGameObjectWithTag("Game
Controller").GetComponent<GameController>();
controller.KilledEnemy();
```

위 코드는 GameController 태그를 가진 게임 오브젝트에서 스크립트를 가져
온다.

그리고 두 번째 단계에서 GameController 태그를 지정한 GameController로부
터 KilledEnemy 함수를 호출한다.

13. 모든 수정이 끝났으면 스크립트를 저장하고 게임을 실행하자. 다음 스크린샷
을 보자.

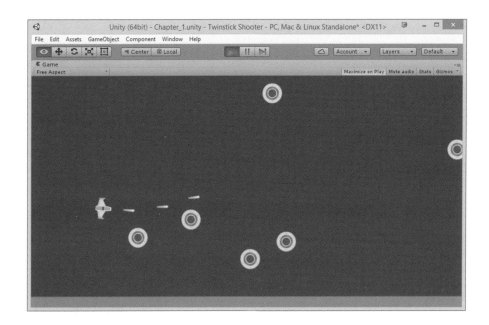

이제 웨이브로 생성되는 적이 플레이어를 향해 움직일 것이다! 해당 웨이브의 모
든 적을 처치하고 나면 다음 웨이브가 시작된다. 만드는 시간이 얼마 들지는 않
았지만 정말 많은 일들이 일어나고 있다!

적 파괴를 위한 파티클 시스템

이제 게임의 기본을 다 만들었으니 게임을 좀 더 멋지게 만들어보자. 개인적으로 파티클 시스템은 게임을 좀 더 돋보이게 만들고 다른 게임들과 차별화하기 위해 사용하는 것 중에 하나다. 파티클 시스템은 두 개의 부분으로 나뉜다. 파티클 자체와 파티클을 내뿜는 부분(보통 이미터emitter라고 함)이다. 파티클은 속성을 가지고 있는 작은 오브젝트로서 많은 숫자를 생성해야 하기 때문에 일반적으로 최대한 간단하게 만든다. 이미터의 일은 파티클들을 생성하고 해당 속성을 초기화하는 것이다. 다행스럽게도 유니티는 파티클 에디터를 엔진에 포함하고 있으며 이번에 사용해볼 것이다. 다음 단계를 따라 해보자.

1. GameObject > Particle System으로 가서 새로운 파티클 시스템을 만든다. 다음 스크린샷을 보자.

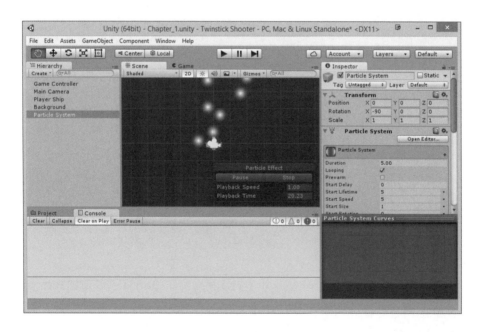

이렇게 하고 나면 기본 파티클 시스템이 보일 것이다. 파티클 시스템은 유니티가 활성화돼 있고 해당 오브젝트가 선택돼 있을 때만 애니메이션된다.

2. 오브젝트의 이름을 Explosion으로 변경한다. Particle System 탭으로 가서 Duration을 1.00으로 변경한다.

3. Start Lifetime 오른쪽에 있는 화살표를 클릭하고 Random Between Two Constants로 값을 변경한다. 해당 값을 0과 1로 변경한다. Start Speed도 똑같이 변경한다. Start Size는 0과 .5 사이의 무작위 값을 사용하게 한다.

4. 그다음에는 오브젝트의 Start Color 값을 UFO 우주선과 똑같이 맞춘다(스포이드 툴을 사용하거나 210, 224, 230으로 변경한다). Alpha 값을 125로 변경한다. 다음 스크린샷을 보자.

5. Emission 탭을 열고 Rate를 200으로 변경한다. 이 값은 한 번에 얼마나 많은 파티클이 생성되는지를 말한다.

6. Shape 탭을 열고 Shape 속성을 Sphere로 변경한 후 Radius를 .35로 변경해 우주선의 테두리와 크기를 맞춘다. Random Direction 옵션을 활성화한다.

7. Explosion 섹션으로 돌아가서 Simulation Space를 World로 변경한다. 이렇게 하면 오브젝트가 움직여도 이미 생성된 파티클은 같이 움직이지 않는다. Looping의 체크를 해제한다.

8. 이쯤 되면 Stop을 클릭하고 Simulate 버튼을 눌러 수정하는 동안 속성이 달라지는 것을 확인하자.

9. 이제는 오브젝트를 Prefabs 폴더로 끌어다 놓아 프리팹으로 만든다. Hierarchy에 있는 Explosion 오브젝트를 삭제한다.

10. EnemyBehaviour 스크립트 파일로 간다. 지금까지 만든 폭발 효과를 죽을 때 생성할 수 있도록 새로운 변수를 추가하자.

```
// 적이 죽을 때 폭발을 재생한다
public Transform explosion;
```

11. Project 탭에서, 새로 만든 Explosion 프리팹을 Enemy 프리팹의 폭발 변수 슬롯에 끌어다 놓는다.

12. 다시 EnemyBehaviour 스크립트로 돌아와서, 죽을 때 폭발을 생성하자. OnCollisionEnter2D의 if(health <= 0) 섹션 안에 다음을 추가한다.

```
// 폭발이 설정됐는지 체크한다
if(explosion)
{
  GameObject exploder = ((Transform)Instantiate(explosion, this.
transform.position, this.transform.rotation)).gameObject;
  Destroy(exploder, 2.0f);
}
```

여기서 Instantiate 함수를 사용해 폭발을 생성하고 Destroy 함수를 사용해서 자신을(첫 번째 파라미터) 2초 후에(두 번째 파라미터) 자동으로 삭제되게 만든 것을 볼 수 있다.

13. 스크립트와 신을 저장하고 프로젝트를 실행해보자! 다음 스크린샷을 보자.

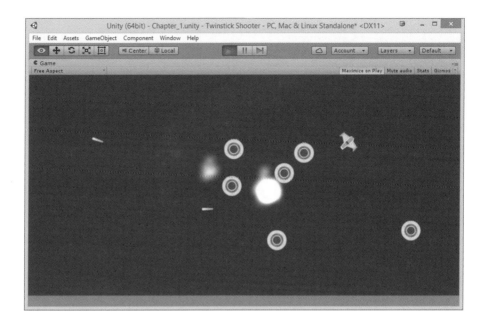

이제는 적이 죽을 때 폭발 효과가 생성될 것이다!

사운드 이펙트와 음악 추가하기

게임을 좀 더 빛나게 하기 위해 할 수 있는 것 중 하나는 사운드 이펙트와 배경 음악을 추가하는 것이다. 다음 단계를 진행해보자.

1. Enemy 프리팹을 선택한 후 Component > Audio > Audio Source로 가서 Audio Source 컴포넌트를 추가한다.

2. Inspector로 가서 Play On Awake 속성의 체크를 해제한다. 해제하지 않을 경우 첨부된 AudioClip이 있다면 자동으로 재생될 것이다. Audio source는 Main Camera 오브젝트에 첨부된 오디오 리스너^{audio listener}로 하여금 해당 오브젝트가 사운드를 재생할 수 있는 오브젝트임을 알려준다.

3. 여기까지 했으면 `EnemyBehaviour` 스크립트로 가자. 타격을 입을 때마다 재생될 사운드를 위해 새로운 변수를 추가하자.

```
// 타격을 입었을 때 재생할 사운드
public AudioClip hitSound;
```

4. 이어서 `CollisionEnter2D` 함수 안 `Destroy(theCollision.gameObject)` 라인 직후에 다음 코드를 추가한다.

```
// 현 오브젝트 AudioSource의 사운드를 재생한다
GetComponent<AudioSource>().PlayOneShot(hitSound);
```

이번 경우에는 스크립트가 첨부돼 있는 게임 오브젝트의 **AudioSource** 컴포넌트에 접근하기 위해 `GetComponent` 함수를 사용했지만, 이 함수는 계산이 많이 소요되는 함수다. 이 경우엔 한 번만 사용할 것이기 때문에 괜찮지만, 여러 번 사용할 예정이라면 다음 섹션처럼 AudioSource 변수를 만들고 Start 함수에서 설정하는 방법을 사용하길 권한다.

 PlayOneShot 함수에 대한 더 많은 정보가 필요하다면 http://docs.unity3d.com/ScriptReference/AudioSource.PlayOneShot.html을 방문하자. Audio Source 컴포넌트(오디오)에 대한 더 많은 정보가 필요하다면 http://docs.unity3d.com/ScriptReference/AudioSource.html을 방문해보길 바란다.

5. 이제는 재생할 사운드가 필요하다. Example Code 폴더 안에 사용할 만한 애셋을 넣어 놓았다. **Explorer**를 사용해 프로젝트 폴더를 열고 해당 폴더를 프로젝트의 Assets에 옮겨 놓은 후 유니티로 돌아온다.

6. 적의 **Inspector**로 와서 `EnemyBehaviour` 스크립트의 `Hit Sound` 변수에 좀 전에 가져온 사운드를 끌어다 놓아 설정한다. 이제 게임을 실행하고 적을 맞추면 사운드가 나올 것이다! 이제는 적을 파괴할 때 사운드를 재생해보자!

7. Explosion 프리팹으로 가서 단계 1에서 했던 것처럼 Audio Source를 추가한다. 하지만 Play On Awake 속성이 꼭 체크되도록 한다. 그 후에는 Audio Clip 속성을 explode 사운드로 설정한다.

   이제 게임을 실행하면 오브젝트를 맞출 때 한 가지 소리가 난다. 오브젝트가 부서질 때는 폭발음이 날 것이다. 지금은 사운드가 Audio Clip 속성에 지정돼 있기 때문에 Play On Awake를 체크하거나 Play 함수를 호출할 수 있다. 하지만 오브젝트가 다수의 사운드를 재생하게 하고 싶다면 EnemyBehaviour에서 했던 것처럼 별도의 AudioClip 변수를 만드는 것이 좋다.

8. 발사할 때마다 사운드가 나오길 원하므로, playerShip으로 가시 오디오 소스를 추가한다.

9. 그다음에는 PlayerBehaviour로 가서 다음과 같이 두 개의 변수를 추가한다.

```
// 발사할 때 재생되는 사운드
public AudioClip shootSound;

// AudioSource 컴포넌트의 레퍼런스
private AudioSource audioSource;
```

10. 그런 후 오디오 속성을 초기화해야 한다. Start 함수에 다음을 추가한다.

```
void Start()
{
  audioSource = GetComponent<AudioSource>();
}
```

11. 발사체를 쏠 때마다 새로운 사운드를 ShootLasers 함수 첫 부분에서 재생하자.

```
audioSource.PlayOneShot(shootSound);
```

12. Inspector로 돌아가서 PlayerBehaviour 컴포넌트에 있는 Shoot Sound 속성을 shoot 사운드 이펙트로 설정한다.

13. 마지막으로 배경 음악을 추가하자. Hierarchy에서 Main Camera로 가자. 이후 Audio Source 컴포넌트를 추가한다. Audio Clip을 bgm으로 변경하고 Loop 옵션을 체크한다. Volume을 .25로 설정한다.

 이 프로젝트를 위해 Stratkat(Kyle Smith)가 음악을 제공했다. 그의 음악에 대해 관심이 있다면 http://daydreamanatomy.bandcamp.com/을 방문해보길 바란다.

14. 모든 것을 저장하고 게임을 실행해보자!

게임을 계속 보고 있는 독자들은 큰 변화가 없다고 느낄 수도 있지만, 게임을 시작했을 때와 비교해본다면 상대적으로 큰 변화가 있음을 알아챌 수 있을 것이다. 이제 진짜 게임에 좀 더 가까워졌다.

점수, 스코어, 웨이브 숫자 만들기

게임에서 가장 중요한 부분의 하나는 플레이어에게 보상을 부여하고 성장의 경험을 주는 것이다. 플레이어에게 스코어를 통해 보상을 주고, 몇 번째 웨이브에 있는지 알려주자. 다음 단계를 진행해보자.

1. Hierarchy 탭에서 Create > UI > Text를 선택해 새로운 Text 오브젝트를 생성한다.

   한꺼번에 세 개의 오브젝트가 생성되는 것을 볼 수 있다(Canvas, Text, Event System). 현재로서는 Text만 신경 쓰면 되지만 유니티의 새로운 UI 시스템이 올바르게 작동하기 위해서는 세 개의 오브젝트 모두 필요하다. 이 부분은 이후 장에서 좀 더 다루겠다.

2. Text 오브젝트를 선택하면 가장 상단에 Transform이 아닌 Rect Transform 컴포넌트가 있는 것이 보일 것이다. 이것은 다른 UI 오브젝트들과 비교해서 상대적인 위치를 파악할 수 있게 하는 특별한 트랜스폼transform이다.

3. 좌측 상단에 텍스트를 배치하는 것이 목표지만 지금은 아무 텍스트도 보이지 않을 수 있다. 오브젝트에 더블 클릭해서 줌아웃하면 좀 더 명확히 볼 수 있다.

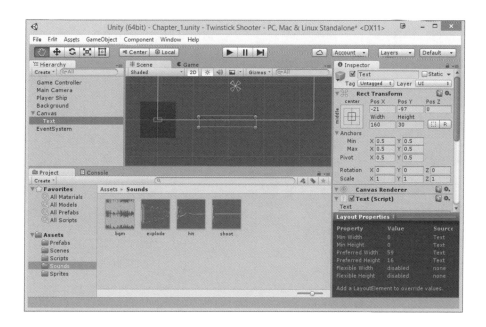

여기서 보면 텍스트가 플레이어보다 훨씬 크고, 하얀 박스가 오브젝트 주변에 둘러져 있다. 이것은 스크린(하얀 박스)을 기준으로 UI가 어떻게 보이게 될지 보여주는 것이다. **Rect Transform**은 현재 정중앙인 (0, 0) 포지션에 위치해 있고, 텍스트는 x축을 기준으로 -21픽셀 떨어져 있으며 y축으로는 -97픽셀 떨어져 있다. 만일 (0, 0)으로 바꾸면 텍스트는 정중앙에 위치할 것이다.

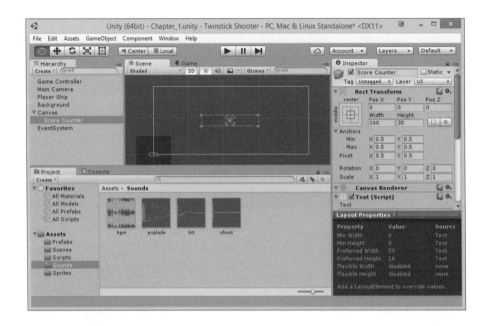

4. Text 오브젝트의 이름을 `Score Counter`로 변경하고 **Anchors Min Max**와 **Pivot** 속성을 (0, 1)로 변경한다. **Pos X**를 10으로, **Pos Y**를 -10으로 변경해 스크린의 가장자리에서 살짝 떨어지도록 한다. 마지막으로 **Color**를 하얀색으로 변경해서 좀 더 알아보기 쉽게 만든다.

5. 이제 텍스트가 구성됐으니 폰트를 설정하자. Font 폴더를 프로젝트로 가져온다. 그리고 **Font**를 OSP-DIN으로 설정하고 **Font Size**를 25로 변경한다.

 이 프로젝트에 사용된 폰트는 OSP Foundry에서 제작했다. 이 폰트에 대해 좀 더 관심이 있다면 http://ospublish.constantvzw.org/foundry/를 방문해보길 바란다.

6. 그다음에는 Score Counter 오브젝트에서 우클릭하고 Duplicate를 선택해 오브젝트를 복제한다. 복제 오브젝트의 이름을 `Waves Counter`로 변경하고 텍스트를 `Wave: 0`으로 설정한다.

7. Waves Counter 오브젝트의 Anchors Min Max와 Pivot 속성을 (1, 1)로 변경하고 Pos X를 -10으로, Pos Y를 -10으로 변경해 스크린의 가장자리에서 살짝 떨어지도록 한다. 그런 후 텍스트 컴포넌트의 Alignment를 수평 오른쪽 정렬로 변경한다.

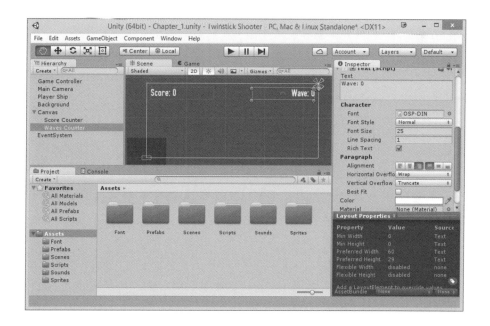

8. 이제 텍스트 파일들을 생성했으니 올바르게 작동하도록 만들자! `GameController` 클래스로 간다. 먼저 스크립트가 유니티의 새로운 UI 시스템을 사용할 수 있도록 해줘야 한다.

```
using UnityEngine.UI;
```

9. 다음과 같은 변수를 추가하자.

```
[Header("User Interface")]
// 표기할 값들
private int score = 0;
private int waveNumber = 0;

// 실제 GUI 텍스트 오브젝트들
public Text scoreText;
public Text waveText;
```

10. 그다음에는 스코어가 증가될 때마다 호출할 함수를 추가해야 한다.

```
public void IncreaseScore(int increase)
{
  score += increase;
  scoreText.text = "Score: " + score;
}
```

+= 연산자는 해당 변수의 현재 값에 추가 값을 더한다.

11. 위 함수를 EnemyBehaviour 컴포넌트에서 호출해야 한다. controller. KilledEnemy() 라인 후에 다음을 추가한다.

```
controller.IncreaseScore(10);
```

12. 마지막으로, 웨이브 번호를 증가시킬 때마다 텍스트도 바꿀 필요가 있다. GameController 클래스로 돌아가서 if(currentNumberOfEnemies <= 0)의 { 괄호 뒤에 다음을 추가한다.

```
waveNumber++;
waveText.text = "Wave: " + waveNumber;
```

13. 모든 스크립트 파일을 저장하고 Inspector로 돌아가서 올바른 Game Controller 오브젝트의 변수들에 Score Text와 Wave Text를 설정한다. 그 후에 프로젝트를 저장하고 게임을 실행한다. 다음 스크린샷을 보자.

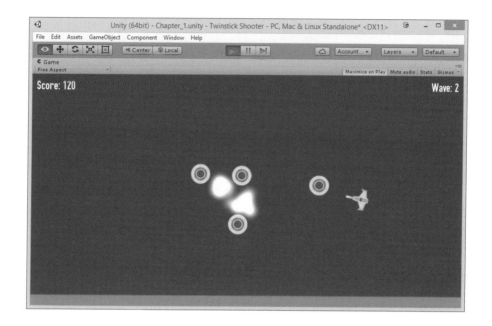

이제 모든 것이 정상적으로 돌아가는 것을 볼 수 있다! 적을 죽이면 플레이어 포인트가 올라가고, 모든 적을 죽이면 다음 웨이브가 시작될 것이다!

게임 출시하기

이 프로젝트의 마지막에 다룰 주제는 게임을 출시하는 것이다.

1. File ➤ Build Settings로 간다. 이곳에서 어떤 플랫폼으로 출시할지, 어떤 신들을 프로젝트에 포함시킬지 정할 수 있다.

2. 다음과 같이 Add Current… 버튼을 눌러 현재 신을 게임에 추가한다.

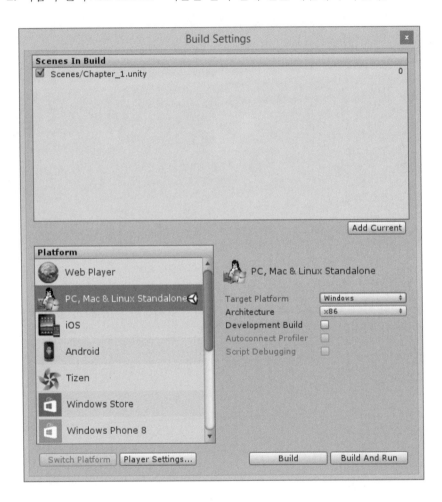

3. 현재 플랫폼으로 출시할 것이므로 설정이 올바르게 됐는지 확인하고 Build and Run 버튼을 클릭한다.

4. 버튼을 누르면 애플리케이션의 이름을 지정할 수 있는 메뉴가 나올 것이다. 이름을 설정하고 저장한 후 기다리자. 모든 것이 문제없이 진행되면 게임 시작 전에 다음과 같이 옵션들을 설정할 수 있는 창이 나온다.

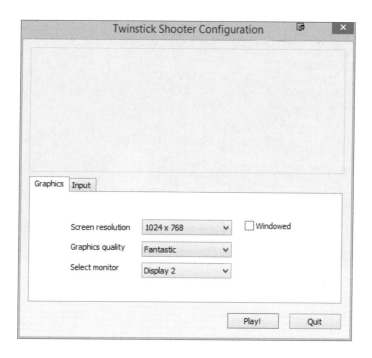

5. Play! 버튼을 누르면 완성된 프로젝트를 볼 수 있다! 다음 스크린샷을 보자.

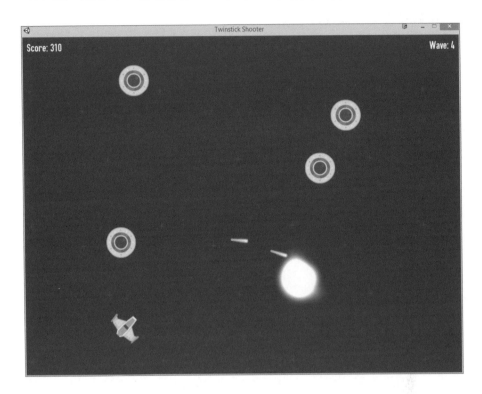

요약

이제 모든 것이 끝났다! 첫 번째 장에서 벌써 게임 프로젝트 전체를 끝내고 출시하는 법까지 배웠다. 다음 장에서는 좀 더 고급 게임 타입을 다루고, 유니티를 좀더 배우며, 유니티가 할 수 있는 것들을 활용해 좀 더 많은 것을 해본다.

도전 과제

이 프로젝트에 대해 추가적으로 작업하고 싶다면 할 수 있는 것들이 무궁무진하다. 특히 이 책을 모두 끝내고 난 후라면 더 많을 것이다. 다음은 생각해볼 수 있는 몇 가지 아이디어들이다.

- 적을 명중시킬 때 피드백을 추가한다.
- 플레이어 생명력을 추가한다. 적에게 타격을 입을 때마다 생명력 하나를 잃게 만들고, 생명력을 표시하는 텍스트를 추가한다.

유니티의 GUI 시스템을 좀 더 배우게 되면 UI를 사용해 메인 메뉴, 멈춤 화면, 재시작 버튼 등을 만들어도 좋다!

- Xbox 컨트롤러와 모바일 터치 컨트롤 지원을 추가하자!

2

GUI 만들기

그래픽 사용자 인터페이스^{GUI, Graphical User Interface}는 플레이어가 게임과 상호 작용할 수 있는 통로를 뜻한다. 1장에서도 이미 GUI를 사용하고 있으며, 사용하고 있는 운영체제에서도 GUI를 접하고 있다. DOS나 유닉스^{UNIX}의 커맨드 프롬프트(텍스트 기반 UI)를 포함해서 GUI가 없다면 기계에 그 어떤 명령도 내릴 수 없다.

GUI는 플레이어가 어떤 상황에 있더라도 시기 적절한 정보를 최대한 직관적인 모습으로 전달해야 한다. 대학에서 관련 지식을 전공하고 주 업무로 GUI를 디자인하고 프로그래밍하는 사람이 있을 정도로 심오한 분야다. 이 책에서 GUI에 대한 모든 부분을 다루지는 않겠지만, 추후 직접 프로젝트를 진행할 때 큰 도움이 될 만한 부분들은 짚고 넘어갈 예정이다.

프로젝트 개요

이 장에서는 이전 장에서 제작한 트윈 스틱 슈터에 UI를 새로이 추가하면서 메인 메뉴, 멈춤 메뉴, 옵션 메뉴, 재시작 기능을 추가시켜 확장할 예정이다. 한 가지 알아둘 점은 이 책의 초판 내용과 다르게 이 책의 2판에서는 유니티 4.6에서 공개된 새로운 UI 시스템을 사용한다는 것이다.

목표

이 프로젝트는 여러 개의 작업으로 나뉘어 있으며, 처음부터 마지막까지 한 단계씩 밟아나가면서 진행하면 된다. 해야 할 작업은 다음과 같다.

- 메인 메뉴 만들기
- GUI 커스터마이징하기
- 멈춤 메뉴 만들기
- 게임 재시작하기
- 옵션 스크린 만들기

시작 전 필수 사항

이 장은 독자가 이전 장의 프로젝트를 성공적으로 마쳤다고 가정한다. 만일 이전 장의 프로젝트를 완료하지 못했다면, 1장의 예제 코드에 있는 Twinstick Shooter 폴더의 내용을 유니티에서 열길 바란다.

프로젝트에서 사용할 그래픽 애셋도 필요하며, 팩트출판사 홈페이지에서 이 책을 위해 제공되는 예제 코드와 함께 다운로드할 수 있다.

코드 파일들을 둘러보자. Chapter 2 폴더에 보면 이 프로젝트에 필요한 아트, 사운드, 폰트 등이 들어있는 Art Assets 폴더와 완성된 프로젝트가 들어있는 Twinstick Shooter with GUI 폴더가 보일 것이다.

메인 메뉴 레벨 만들기

이전 장에서 만든 트윈 스틱 슈터 프로젝트가 열려 있다고 가정하며 시작하겠다. 이제는 초기 레벨, 다시 말해 플레이어에게 게임의 이름을 알리고 게임을 시작하거나 실행을 멈출 수 있는 기능을 가진 메인 메뉴를 만들 것이다.

1. 이전 프로젝트를 연다. 먼저 File ﹥ New Scene으로 가서 새로운 신^{scene}을 만든다. 새로운 신이 만들어지면 File ﹥ Save Scene으로 가서 저장한다. Main_Menu·unity로 이름을 변경하고 Scenes 폴더에 넣는다.

2. 배경을 다시 만들 필요가 없도록 이전 레벨의 배경을 가져오자. 이전 장에서 만든 신에 더블 클릭을 한다. Hierarchy 뷰에 있는 Background 오브젝트를 클릭하고 메뉴에서 Edit ﹥ Copy를 선택한다. Main_Menu 신으로 돌아가 Edit ﹥ Paste를 선택해 월드에 붙여넣는다.

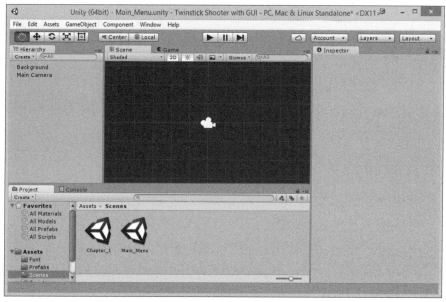

이 시점에는 Hierarchy와 Scene 뷰에 background 오브젝트가 보일 것이다.

레벨에 배경이 생겼다! 이제 메인 메뉴를 만들기 시작하자.

헤더 텍스트 오브젝트 만들기

게임을 시작하는 가장 좋은 방법은 타이틀 스크린이며, 타이틀 스크린에서 게임 이름을 표시한다. 유니티 UI 시스템을 배워가면서 타이틀 스크린을 만들어보자.

1. 이전 장에서 했던 것처럼 게임의 이름을 담고 있는 텍스트 오브젝트를 만든
다. GameObject ➤ UI ➤ Text로 간다.

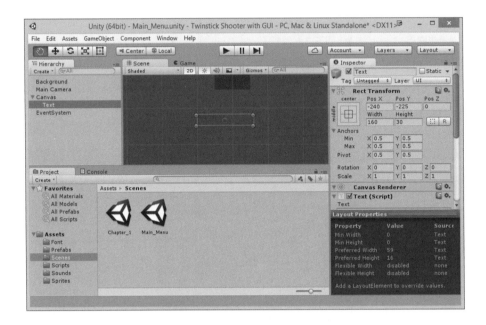

이전 장에서도 봤듯이 세 개의 오브젝트가 동시에 만들어진다. 이 현상에 대
해 좀 더 자세히 얘기해보자.

○ 캔버스^{Canvas}: 모든 UI 요소들이 배치될 영역이며, 캔버스 없이 UI 요소를
생성하려고 하면 유니티가 자동으로 만들 것이다. Scenes 뷰에서 보면
얼마나 큰지를 나타내기 위해 하얀 직사각형으로 둘러싸여 있다. 이 게
임 오브젝트는 이미지가 어떻게 렌더^{render}될지를 결정하는 Canvas 컴포
넌트, 게임이 실행되는 기기의 해상도에 따라 아트를 스케일하는 Canvas
Scaler, 캔버스에 있는 오브젝트에 충돌이 일어나는지 체크하는 Graphic
Raycaster 컴포넌트를 포함하고 있다.

 Canvas 오브젝트에 대한 더 많은 정보가 필요하다면 http://docs.unity3d.com/
Manual/UICanvas.html을 둘러보길 바란다.

○ 텍스트Text: 진정한 텍스트 오브젝트로서 Canvas 안의 오브젝트의 위치, 텍스트의 컬러, 크기 등의 속성을 변경할 수 있다.

○ 이벤트 시스템EventSystem: 게임에서 키보드나 터치 이벤트, 게임 패드와 같은 다양한 입력 타입을 사용해 사용자로 하여금 오브젝트들에게 신호를 보낼 수 있게 해준다. 사용자가 UI와 어떻게 상호 작용하는지 설정할 수 있는 속성들을 가지고 있다. 이벤트 시스템 없이 UI 요소를 만들려고 하면 유니티가 자동으로 만들 것이다.

 이벤트 시스템에 대한 더 많은 정보가 필요하다면 http://docs.unity3d.com/Manual/EventSystem.html을 둘러보길 바란다.

2. 텍스트 오브젝트를 좀 더 알아보기 쉽게 하려면 Hierarchy 탭에서 Text 오브젝트에 더블 클릭한다. 그래도 보기 어려울 수 있으니 Inspector 탭에서 Text 컴포넌트까지 스크롤을 내린 후 Color 속성을 하얀색으로 변경한다.

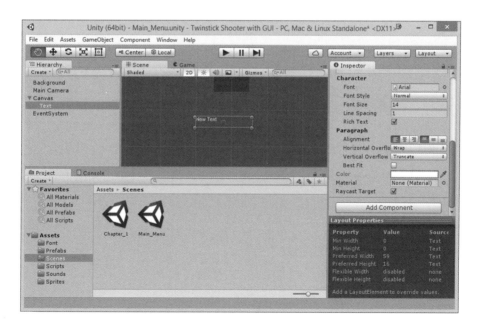

여기까지 진행했어도 텍스트가 안 보이는 경우 컬러의 A 값이 255인지 확인해본다(색깔을 얘기할 때 A는 알파(alpha) 채널을 뜻하며 0은 완전한 투명, 1은 비교적 투명함을 의미한다).

3. 그다음은 이 오브젝트를 쉽게 인지할 수 있도록 만드는 것이다. Inspector 탭에서 Text 오브젝트를 선택한 후 이름을 Game Title로 변경한다.

   이제는 이 오브젝트를 제대로 된 위치에 배치할 것이다. 이전 장에서 본 것처럼 일반적으로 오브젝트가 가진 Transform 컴포넌트 대신에 텍스트 오브젝트는 Rect Transform을 가지고 있다. UI 시스템에서 Rect Transform은 지금까지 봐오던 것 중에서 가장 독특하기 때문에 특별히 짚고 넘어가야 한다.

   Rect Transform과 Transform의 가장 큰 차이점은 다음과 같다. Transform은 하나의 점 혹은 오브젝트의 정중앙을 의미하지만 Rect Transform은 해당 UI가 들어있는 직사각형을 의미한다. 만일 Rect Transform을 가진 오브젝트가 다른 Rect Transform을 가진 부모 오브젝트에 속해 있다면 자식 오브젝트는 부모 오브젝트를 기준으로 어디에 위치하는지에 대한 정보를 가진다.

 오브젝트의 배치와 Rect Transform에 대한 더 많은 정보가 필요하다면 http://docs.unity3d.com/Manual/UIBasicLayout.html을 둘러보길 바란다.

4. Rect Transform이 가진 속성을 좀 더 이해하기 위해 Pos X와 Pos Y의 값을 0으로 변경한다. 오브젝트의 앵커anchor를 기준으로 오브젝트를 중앙에 위치시킬 것이다.

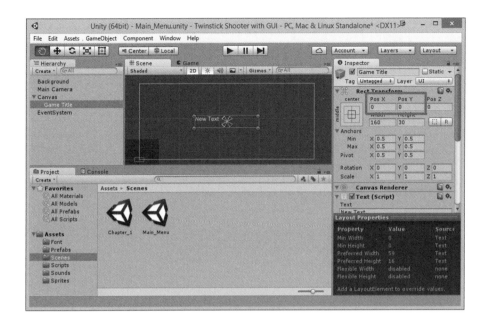

Scene 탭을 보면 Scene 탭 중간에 있는 Game Title 오브젝트를 선택했을 때 네 개의 작은 사각형이 중간에 X 모양을 만들고 있으며, 앵커들은 눈으로 확인할 수 있을 것이다(스크린에 있는 오브젝트에서 더블 클릭하면 화면 중앙에 위치시킬 수 있다).

 Canvas 위에 그려진 하얀 박스는 Game 탭에서 설정한 Aspect Ratio에 따라 달라 보일 수 있다(위 경우는 Free Aspect로 설정돼 있다).

Anchors는 오브젝트의 코너, 혹은 캔버스의 일부를 잡을 수 있게 해줘서 캔버스가 움직이거나 변경돼도 UI가 올바른 곳에 위치할 수 있게 해준다. 이는 아트 애셋을 스케일링하지 않으면서 다중 해상도를 지원하고 싶을 때 유용하게 사용되며, 우리의 경우에는 타이틀이 레벨의 위쪽에 위치하게 한다.

5. Rect Transform 컴포넌트의 좌측 상단에 있는 Anchor Presets 메뉴를 클릭한다. 그러면 게임에서 가장 많이 쓰이는 앵커 위치를 보여주는데, 우리는 중간 상단에 있는 것을 선택한다.

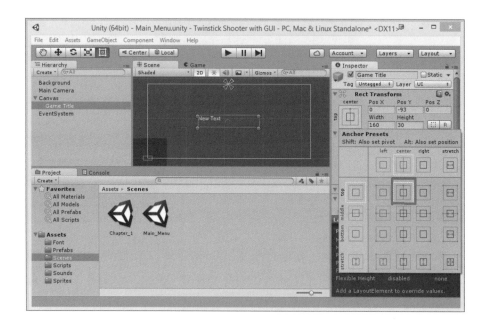

Pos Y 값이 -93으로 변경된 것을 눈여겨보자. 이는 오브젝트가 앵커의 y 포지션에서 93 유닛 아래에 위치한다는 의미다. 만일 Pos Y의 값을 0으로 바꾸면 오브젝트는 y축 앵커의 정중앙에 위치하게 되며, 오브젝트가 스크린 바깥으로 넘어가버리므로 좋지 않은 결과를 낳는다.

Game Title 오브젝트의 Pos Y 값을 -15(Height 값의 반)로 변경하면 올바른 곳에 위치하겠지만, 추후에 Height가 변경되면 이 값을 수정하는 것을 잊지 말아야 한다. 높이를 맞춰 Pos Y가 맵의 가장자리에서 0이 되도록 하면 가장 효과적인데, 이를 위해 Pivot 기능이 있다.

6. 이어서 Pivot Y의 속성을 1로, Pos Y를 0으로 변경한다.

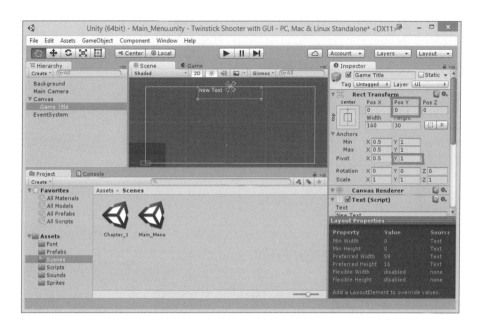

Pivots란 오브젝트의 위치와 연관된 Rect Transform 컴포넌트의 다른 값들이 어떤 영향을 미칠지 알려주는 마커다. 다르게 말하면 이 점을 기준으로 이동, 회전, 스케일이 된다는 뜻이다. 값을 변경할 때 어떤 영향을 미치는지 알고 싶다면 Pivot Y 값을 0으로 설정하고, Rotation Z의 속성을 0, 0.5, 1로 바꾸면서 어떻게 회전이 변하는지 본다.

 Anchors Preset 메뉴를 통해 오브젝트의 Pivot, Postion, Anchors 값을 한꺼번에 설정할 수 있다. 클릭할 때 Alt 키와 Shift 키를 같이 누르면 된다. 이렇게 하면 위에서 언급한 것들이 한꺼번에 진행되지만, 이런 방식을 사용하기 전에 각각의 요소들이 무엇을 의미하는지 알고 넘어가는 것이 중요하다.

7. 오브젝트가 올바른 곳에 배치됐으니 비주얼을 업그레이드해보자. Hierarchy 탭에서 Game Title 오브젝트를 선택하고 Inspector 탭의 Text 컴포넌트로 이동하자. Text 속성을 `Twinstick Shooter`로 변경하고 **Alignment**를 수직 중간과 수평으로 변경한다. 그런 후 Font를 지난 장에서 쓰였던 OSP-DIN으로 바꾸고 Font Size를 35로, Color를 하얀색으로 변경한다. 지금 당장은 글자가 보이지 않을 텐데, 현재 설정된 Rect Transform에 비해 텍스트가 너무 크기 때문이다.

8. Rect Transform 컴포넌트로 가서 Height를 200으로, Width를 50으로 변경한다. 가장자리에서 어느 정도 떨어져 있어야 하므로 Pos Y의 값을 -30으로 변경한다.

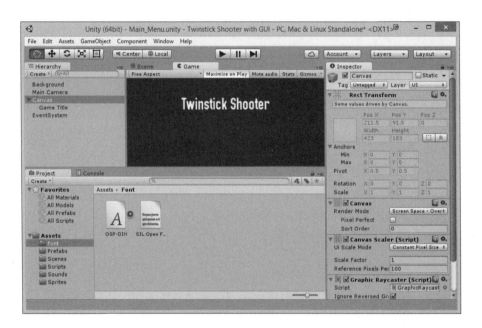

지금 해상도에서는 멋들어지게 보이겠지만 해상도를 높이면 다음과 같은 모습이 될 것이다.

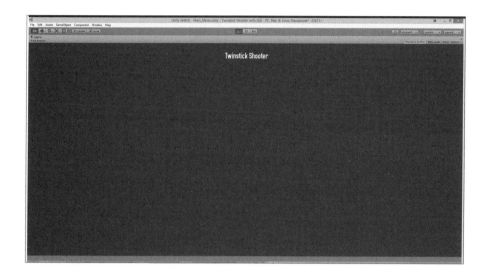

게임 HUD[Heads Up Display]를 만든다면 좋은 상황이지만, 타이틀 스크린이라면 요소들을 크게 만드는 것이 좋다. Canvas Scaler 컴포넌트를 사용해서 오브젝트의 사이즈를 자동으로 조절되게 해보자.

9. Hierarchy에서 Canvas 오브젝트를 선택한 후 Inspector의 Canvas Scaler에서 Ui Scale Mode를 Scale with Screen Size로 변경한다. 그리고 Reference Resolution을 800×600으로 변경한다.

10. 그다음에는 텍스트를 좀 더 크게 만들어보자. Rect Transform에서 Width를 400으로, Height를 100으로 변경하고 Text 컴포넌트의 Font Size를 70으로 변경한다.

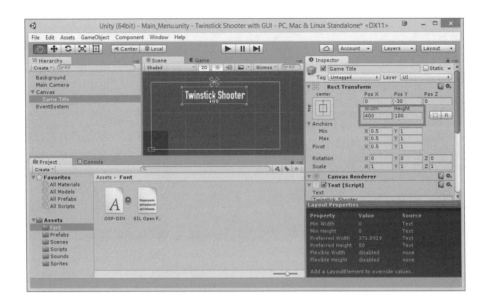

이제 높은 해상도에서 게임을 실행해도 타이틀이 멋지게 나올 것이다.

타이틀이 멋지게 출력되고 있다!

 Canvas Scaler에 대한 더 많은 정보가 필요하다면 http://docs.unity3d.com/
Manual/script-CanvasScaler.html을 둘러보길 바란다.

메인 메뉴 버튼 만들기

텍스트가 제대로 보이게 만들었으니 이제는 메인 메뉴에서 게임으로 가는 기능
과 게임을 끝내고 종료할 수 있는 기능을 만들어보자.

1. 상단 메뉴 바에서 GameObject ➤ UI ➤ Button을 선택한다. Canvas의 자식[child] 오
   브젝트로 Button이라는 새로운 오브젝트가 생긴 것을 확인할 수 있다. 이 오
   브젝트를 펼치면 Text 오브젝트를 볼 수 있다.

2. 오브젝트를 배치하는 또 다른 방법을 배워보자. Hierarchy 탭에서 Button 오브
   젝트를 선택하고 Anchors Preset 메뉴를 열어 bottom-stretch 옵션을 선택한다.

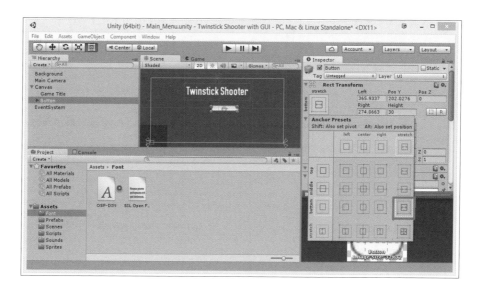

Pos X와 Width가 Left와 Right로 변경된 것을 눈여겨보자. 늘리는^{stretch} 옵션을 사용하면 선택에 따라 오브젝트를 가로나 세로 방향으로 늘릴 수 있다. Left와 Right 값은 오브젝트의 중심에서 왼쪽이나 오른쪽으로 얼마나(픽셀 단위) 떨어져 있는지를 의미한다.

3. Left와 Right의 값을 300으로 변경해 오브젝트 중심에서 양쪽으로 300픽셀이 되도록 한다. Pivot Y를 0으로 변경해 상단의 위치에 여유를 주고, Pos Y 값을 100으로 설정해 화면 하단에서 100픽셀이 떨어지도록 한다.

4. Hierarchy 탭에서 Button 오브젝트를 펼쳐 버튼 자식 텍스트^{text child}의 텍스트 값을 Start Game으로 변경한다.

5. 이제 버튼의 위치가 정해졌으니 모양을 변경해보자. Font를 OSP-DIN으로 바꾸고 Font Size를 25로 설정한다.

6. 모양을 손봤으니 이제는 눈에 더 잘 띄게 해보자. Hierarchy에서 Button 오브젝트를 선택하고 Inspector에서 Button 컴포넌트로 이동한다. 마우스를 올려놓거나 버튼을 클릭할 때 바뀔 색깔이나 그래픽을 볼 수 있을 것이다(게임을 실행시키고 버튼을 가지고 놀면서 어떤 변화가 생기는지 실험해보자).

7. 이번 경우는 색깔을 이용하는 것 대신에 이미지를 사용해 변화시킬 것이다. 그러기 위해 Example Code 폴더로 가서 2장을 위한 Art Asset 폴더의 내용을 Project 탭의 Sprites 폴더 안으로 가져온다.

8. 그런 후 Transition을 Sprite Swap으로 변경하고 Highlighted Sprite를 buttonYellow로, Pressed Sprite를 buttonGreen으로, Disabled Sprite를 buttonDisabled로 변경한다.

9. 마지막으로, Source Image의 Image 컴포넌트에 buttonBlue를 넣는다. Image Type을 Sliced로 변경한다. 가장자리^{border}가 없다는 에러가 나올 텐데, 일단은 맞는 말이다.

10. Project 탭에서 Sprites 폴더를 열고 buttonBlue 스프라이트^{sprite}를 선택한다. Inspector에 Sprite 속성과 Sprite Editor라는 버튼이 보일 것이다. 버튼을 클릭하면 스프라이트가 그려지는 속성들을 확인할 수 있다. 이들은 애니메이션을 위해 사용하기도 하지만 지금은 가장자리를 지정하기 위해 사용할 것이다. L(왼쪽), R(오른쪽), T(위), B(아래)에 각각 10을 입력하고 Apply 버튼을 클릭한다.

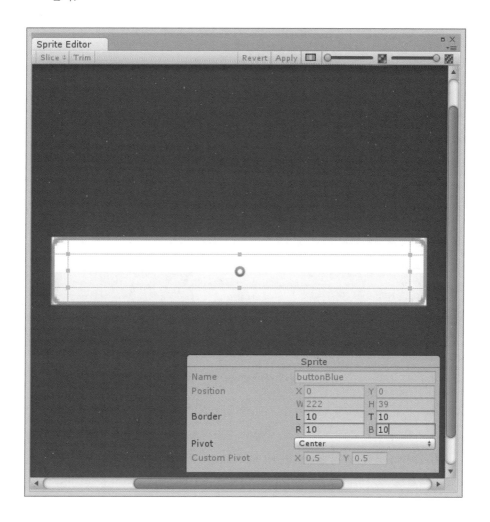

이렇게 하면 Sliced Type 스프라이트를 생성하고 높이와 너비를 변경할 때마다 네 개의 주요 코너들은 스케일되지 않고 다른 것들이 스케일돼 원하는 사이즈의 박스를 마음대로 만들 수 있다.

11. 다른 버튼 스프라이트들도 똑같이 가장자리를 만들어준다.

12. 이제는 Exit Game 버튼을 만들어보자. Hierarchy 탭에서 Button 오브젝트를 선택하고 Ctrl + D를 누른다. 오브젝트의 이름을 `Exit Game`으로 변경하고 Pos Y를 50으로 바꾼다. 다시 Hierarchy로 가서 Exit Game 오브젝트를 열고 Text의 텍스트를 `Exit Game`으로 변경한다.

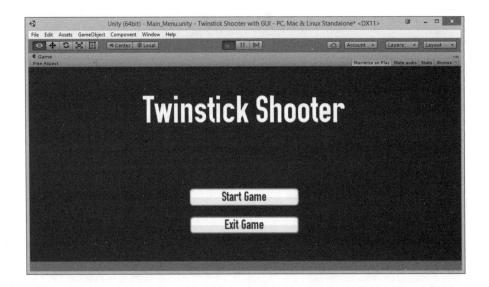

이제 멋진 두 개의 버튼이 생겼지만 아직 기능이 없다. 기능을 만들어보자.

13. 버튼을 클릭했을 때 발동되는 기능을 만들려면 호출할 수 있는 메소드[method]가 필요하고, Inspector를 통해 구성하려면 메소드가 붙어있을 게임 오브젝트가 있어야 한다. 먼저 GameObject ≻ Create ≻ Empty로 가서 새로운 빈 게임 오브젝트를 생성한다. 이 오브젝트의 이름을 `MainMenuBehaviour`로 변경하고 좀 더 쉽게 인식할 수 있도록 Hierarchy 맨 위로 위치를 변경한다.

14. 오브젝트가 생겼으니 기능을 담을 스크립트를 만들어보자. Main Menu Behaviour 오브젝트를 선택하고 Inspector에서 Add Component 버튼을 클릭한다. 이름을 `MainMenuBehaviour`라 하고 언어가 C#으로 돼 있는지 확인한 후 Create, 그리고 Add를 선택한다. 이렇게 하면 첨부된 스크립트가 자동으로 생성된다. 이 스크립트는 Assets 폴더에 생성되므로 Project 탭으로 가서 스크립트를 Scripts 폴더에 옮기고 더블 클릭해 IDE를 실행한다.

15. IDE가 실행됐으면 다음 코드를 입력한다.

```
using UnityEngine;
using UnityEngine.SceneManagement;

public class MainMenuBehaviour : MonoBehaviour
{

  public void LoadLevel(string levelName)
  {
    SceneManager.LoadScene(levelName);
  }

  public void QuitGame()
  {
    #if UNITY_EDITOR
      UnityEditor.EditorApplication.isPlaying=false;
    #else
      Application.Quit();
    #endif
  }
}
```

`LoadScene` 함수는 받아들인 이름에 따라 해당하는 레벨을 불러들이며, `QuitGame` 함수는 유니티 에디터 안에서 게임을 실행하고 있다면 플레이를 종료시키고 독립적으로 실행하고 있다면 게임을 종료시킨다.

16. 스크립트를 저장하고 유니티 에디터로 돌아간다. 현재 게임플레이 레벨의 이름은 Chapter_1이지만 직관적이지 않다. Project 탭에서 Scenes 폴더를 열고 이름을 클릭한 후 Gameplay로 변경한다.

17. Start Game 버튼을 선택하고 Inspector 탭의 Button 컴포넌트로 간다. On Click () 섹션에서 +를 눌러 버튼이 할 수 있는 기능을 추가해보자.

18. Hierarchy 탭에서 Main Menu Behaviour 오브젝트를 끌어다 현재 None (Object) 라고 돼 있는 영역에 놓는다.

19. No Function이라 돼 있는 드롭다운을 클릭해 MainMenuBehaviour ➤ LoadLevel 을 선택한다. 그런 후 아래에 나타나는 텍스트 박스에 Gameplay를 입력한다.

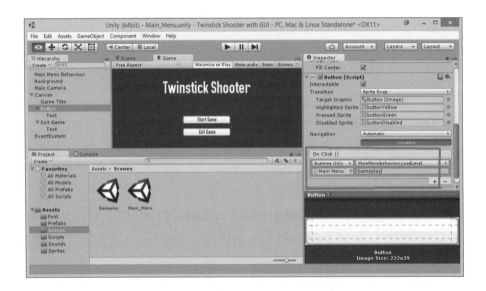

20. Exit Game 오브젝트를 선택하고 이전에 한 것처럼 OnClick 액션을 추가한 후 MainMenuBehaviour ➤ Quit Game을 호출한다.

21. 마지막으로 File ➤ Build ➤ Settings로 가서 Build Settings를 열고 Add Open Scenes를 선택한 후 Main_Menu 레벨을 최상단으로 옮겨 Main_Menu가 인덱스 0에 위치하게 한다. 이렇게 하면 게임을 시작할 때 이 레벨부터 시작하게 된다.

22. 프로젝트와 신을 저장하고 Play 버튼을 누른다.

23. 메인 메뉴가 정상적으로 작동할 것이다!

게임 멈추기

이제 메인 메뉴가 완성됐으니 GUI 기능들을 좀 더 추가해 게임을 멈추거나 다시 시작할 수 있게 만들자. 하지만 작업을 시작하기 전에 개발을 좀 더 쉽게 만들어 줄 방법을 짚고 넘어가보자.

1. 앞으로 만들 버튼들도 이전에 만들었던 버튼들과 같은 모습으로 생성할 것이다. 따라서 프리팹을 만들어 이후에 진행할 버튼 생성을 수월하게 해보자. Start Game 버튼을 선택하고 Ctrl + D를 눌러 복제한 후 이름을 Start Game으로 변경한다.

2. 모든 버튼이 게임플레이 레벨을 불러들이는 기능을 가질 필요는 없으니 On Click () 속성의 바깥쪽을 클릭하고 – 버튼을 눌러 삭제한다.

3. Base Button으로 이름을 변경하고 Project 탭에서 Prefabs 폴더를 열어 Base Button 오브젝트를 폴더에 끌어다 놓는다.

4. 프리팹이 생성됐으면 Hierarchy에서 Base Button을 삭제한다.

5. Project 탭으로 가서 Base Button 오브젝트를 선택하고 Anchor 프리셋을 중앙-중간으로 변경한 후 Width를 150으로 바꾼다.

6. 이제 Scenes 폴더로 가서 Gameplay 신을 연다. Main_Menu 신은 저장한다.

7. GameObject ➤ UI ➤ Panel로 간다. 패널이 화면을 꽉 채울 텐데, 우리가 원하는 모습이 아니다. Anchor 프리셋을 중앙-중간으로 바꾸고 Width를 450으로, Height를 150으로 변경한다.

8. 이전과 마찬가지로 Canvas Scaler가 필요하다. Hierarchy에서 Canvas 오브젝트를 선택하고 Inspector의 Canvas Scaler 부분에서 Ui Scale Mode를 Scale with Screen Size로 변경한다. 이미 적용돼 있지 않다면 Reference Resolution을 800×600으로 변경한다.

9. 그다음에는 Panel 오브젝트를 선택하고 Vertical Layout Group 컴포넌트를 추가한다(Add Component를 클릭하고 컴포넌트 이름을 입력한 후 엔터 키를 누르면 된다). 모든 방향의 Padding을 10으로 하고, Spacing에 10을 입력한다.

10. Base Button 오브젝트를 Hierarchy의 Panel 이름 위에 끌어다 놓아 자식[child] 오브젝트로 만든다. 그런 후 두 번 복제한다.

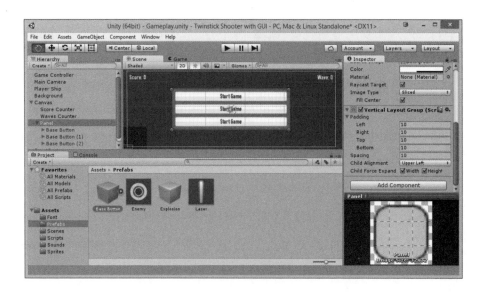

11. 이전에 설정한 간격^{spacing}과 패딩^{padding}이 적용된 버튼이 패널의 크기에 맞춰 사이즈가 변한 것을 볼 수 있다.

12. 세 개 버튼의 텍스트와 이름을 각각 Resume, Main Menu, Quit Game으로 변경한다.

13. 이제 세 개 버튼의 기능을 만듦과 동시에 상황에 따라 나타났다가 사라지게 만들어야 한다. 빈^{empty} 게임 오브젝트를 만들어 Pause Menu Behaviour로 이름 짓고, PauseMenuBehaviour 스크립트를 첨부한다.

다음 코드를 입력한다.

```
using UnityEngine;

public class PauseMenuBehaviour : MainMenuBehaviour
{
  public static bool isPaused;
  public GameObject pauseMenu;
  public void Start()
  {
    isPaused = false;
    pauseMenu.SetActive(false);
  }
  public void Update()
  {
    if (Input.GetKeyUp("escape"))
    {
      // false가 true가 되거나 그 반대이거나
      isPaused = !isPaused;
      // isPaused가 true라면 0, 아니면 1
      Time.timeScale = (isPaused) ? 0 : 1;
      pauseMenu.SetActive(isPaused);
    }
  }
  public void ResumeGame()
  {
    isPaused = false;
    pauseMenu.SetActive(false);
```

```
      Time.timeScale = 1;
    }
}
```

PauseMenuBehaviour가 MainMenuBehaviour로부터 상속받는 것을 눈여겨보자. 이는 메인 메뉴에 담겨 있는 것들이 다 포함된다는 뜻이다.

14. 스크립트를 저장하고 유니티 에디터로 돌아가자. **Pause Menu**의 Panel 오브젝트를 pause menu 변수에 설정한다. 그런 후 **Resume** 버튼의 `OnClick`이 **Pause Menu Behaviour**의 `Resume` 함수를 호출하도록 한다. 그리고 **Main Menu** 버튼이 `Main_Menu` 파라미터로 `LoadLevel`을 호출하게 하며, **Quit Game**은 `QuiteGame`으로 설정한다.

15. 좀 더 쉽게 인지할 수 있도록 Panel 오브젝트의 이름을 **Pause Menu**로 변경한다. 그런 후 **Inspector**에서 이름 옆에 있는 체크박스를 클릭해 비활성화시켜 사라지게 만든다. 추후 **Pause Menu Behaviour**를 통해 조절할 수 있으므로 걱정할 필요는 없다.

16. 이제 게임은 정상적으로 돌아가겠지만, 게임을 멈춰도 플레이어는 계속 돌아다니며 슈팅 가능할 것이다. 이 부분을 수정해보자. `PlayerBehaviour` 스크립트를 열어 `Update` 함수를 수정해 어떤 행동을 하기 전에 게임이 멈춰 있는지 여부를 체크하자.

```
// Update is called once per frame
void Update ()
{
  if (!PauseMenuBehaviour.isPaused)
  {
    // 마우스를 바라보게 플레이어를 회전시킨다
    Rotation();
    // 플레이어를 움직인다
    Movement();

// foreach 루프가 shootButton 안에 있는 아이템을 각각 돌면서
// element 변수 안에 있는 값을 이용해
// {} 안에 있는 명령을 수행한다
```

```
        foreach (KeyCode element in shootButton)
        {
          if (Input.GetKey(element) && timeTilNextFire < 0)
          {
            timeTilNextFire = timeBetweenFires;
            ShootLaser();
            break;
          }
        }

        timeTilNextFire -= Time.deltaTime;
    }

  }
```

17. 신과 레벨을 저장하고 게임을 실행해보자!

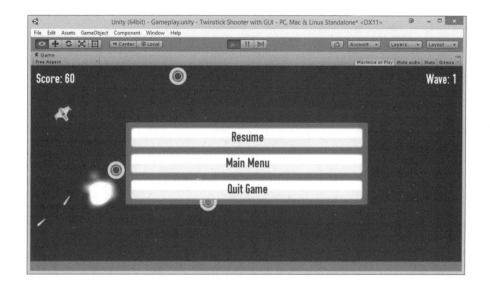

이제 **Esc** 키를 누르면 모든 기능을 갖춘 멈춤 메뉴가 나오고 게임에서 손을 뗄 수 있게 됐다. 또한 같은 스타일의 버튼을 다른 곳에서도 손쉽게 생성할 수 있는 구조도 구성했다.

게임 재시작하기

게임을 하다 보면 플레이어는 실수를 저지르기 마련이고 이로 인해 게임을 다시 시작하고 싶을 때가 생긴다. 게임 개발 전에 계획을 미리 세워둔 경우라면 이런 기능을 적용하는 것은 그다지 어렵지 않다. 그럼 재시작 기능을 만들어보자.

1. Panel 오브젝트를 선택하고 빈 자식 오브젝트를 만들어 Hierarchy에서 최상단의 자식 오브젝트가 되게 만든다. 빈 오브젝트의 이름을 `Top Row`로 변경하고 **Horizontal Layout Group** 컴포넌트를 추가한다.

2. Resume 오브젝트를 끌어다 자식으로 만들고 **Ctrl + D**를 눌러 복제한다.

3. 다음에서 볼 수 있듯이 이제 같은 열에 두 개의 버튼이 존재한다.

4. 두 번째 Resume 버튼의 이름을 Restart로 바꾸고 텍스트도 그에 맞게 변경한다.

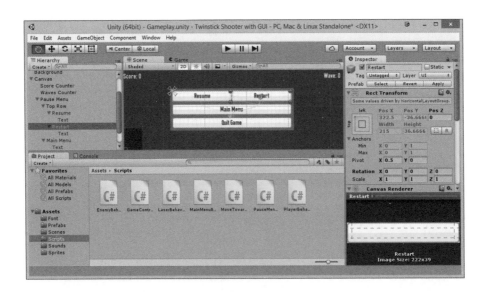

5. PauseMenuBehaviour 스크립트를 열고 맨 위에 다음과 같은 코드를 추가한다.

```
using UnityEngine.SceneManagement; // LoadScene
using UnityEngine;
```

6. 그리고 다음과 같은 새로운 함수를 추가한다.

```
public void RestartGame()
{
    SceneManager.LoadScene(SceneManager.GetActiveScene().name);
}
```

7. Restart 버튼이 새로 만든 `RestartGame` 함수를 호출하게 만든다.

8. 모든 과정이 끝났으면 파일을 저장하고 유니티로 돌아가 게임을 실행해보자!
다음 스크린샷과 같은 화면을 확인할 수 있다.

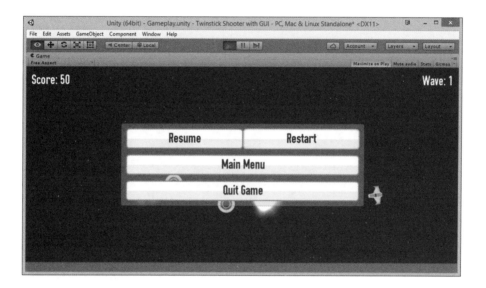

그다지 어렵지 않다! 메뉴에 새로운 버튼을 달았고, 클릭하면 현재 불러온 레벨
을 다시 불러온다.

 만일 다른 프로젝트에 이런 방식을 도입할 때 모든 플레이 세션이 똑같은 것을 원하지
않는다면 Start 함수에 있는 모든 정적(static) 변수의 초기화를 잊지 않길 바란다.

옵션 메뉴 만들기

많은 게임들이 필요로 하는 메뉴 중 하나는 옵션^{option} 메뉴다. 다음 과정을 따라 만들어보자.

1. 제일 먼저 Pause Menu가 Options 화면을 지원할 수 있게 준비하자. Pause Menu 오브젝트를 선택하고 `Bottom Row`라는 빈 자식 오브젝트를 만든 후 Horizontal Group Layout 컴포넌트를 추가하자.

2. Main Menu 버튼을 복제한 후 원래 Main Menu와 Quit Game을 맨 아래 줄에 끌어다 놓는다. 복제된 Main Menu의 이름을 Options로 바꾸고 텍스트도 그에 맞춰 변경한다.

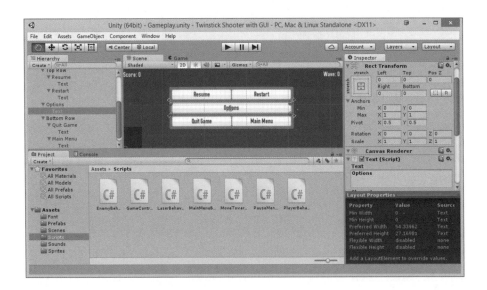

3. 이제는 Options 메뉴를 만들 차례다. Pause Menu 오브젝트를 복제한 후 이름을 Options Menu로 변경한다.

4. Options 버튼을 하단으로 옮기고 이름을 Back으로 변경한다. Quit과 Main Menu의 이름을 Decrease와 Increase Quality로 변경한다.

5. 그다음에는 볼륨을 조절할 수 있도록 슬라이더^{slider}를 추가하자. GameObject ▶ UI ▶ Slider를 선택한 후 Options Menu 위에 끌어다 놓아 메뉴에 추가한다.

6. Options Menu 오브젝트를 선택하고 새로운 부분을 추가할 수 있게 Height를 200으로 설정한다. Text 오브젝트를 Slider와 Quality 마커 위에 놓고 Master Volume, Quality Level로 설정한다.

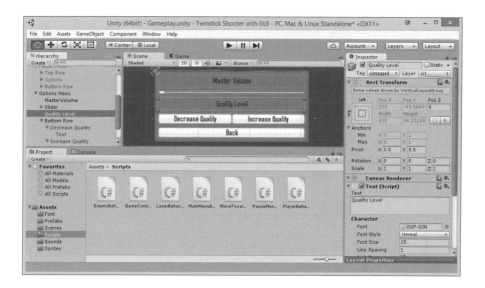

7. 이어서 몇 가지 함수를 만들고, PauseMenuBehaviour에 새로운 속성을 추가할 것이다. 다음 변수를 추가하자.

```
public GameObject optionsMenu;
```

8. 그런 후 다음 함수들을 스크립트에 추가한다.

```
public void IncreaseQuality()
{
  QualitySettings.IncreaseLevel();
  UpdateQualityLabel();
}
```

```
public void DecreaseQuality()
{
  QualitySettings.DecreaseLevel();
  UpdateQualityLabel();
}


public void SetVolume(float value)
{
  AudioListener.volume = value;
  UpdateVolumeLabel();
}


private void UpdateQualityLabel()
{
  int currentQuality = QualitySettings.GetQualityLevel();
  string qualityName =
  QualitySettings.names[currentQuality];

  optionsMenu.transform.FindChild("Quality
  Level").GetComponent<UnityEngine.UI.Text>().text =
  "Quality Level - " + qualityName;
}


private void UpdateVolumeLabel()
{
  optionsMenu.transform.FindChild("Master
  Volume").GetComponent<UnityEngine.UI.Text>().text =
  "Master Volume - " + (AudioListener.volume *
  100).ToString("f2") + "%";
}
```

이 코드에서는 ToString 함수를 이용해서 AudioListener의 볼륨 값(소수)을 출력 가능한 문자열^{string} 값으로 변환시킨다. "f2"는 두 자리의 소수점을 가진 숫자로 표시하기 위해 사용된다.

 ToString 함수에 대한 더 많은 정보가 필요하다면 https://msdn.microsoft.com/en-us/library/f71z6k0c(v=vs.110).aspx를 둘러보길 바란다.

9. 그런 후에 Start 함수를 다음과 같이 업데이트한다.

```
public void Start()
{
  isPaused = false;
  pauseMenu.SetActive(false);
  optionsMenu.SetActive(false);

  UpdateQualityLabel();
  UpdateVolumeLabel();
}
```

10. 스크립트를 저장하고 유니티 에디터로 돌아가자. Pause Menu Behaviour로 가서 Options Menu 속성에 Options Menu를 설정한다.

11. Slider 오브젝트를 선택하고 Slider 컴포넌트로 가서 On Value Changed 이벤트를 추가하고 Pause Menu Behaviour를 첨부한다. 그런 후 SetVolume의 Dynamic float 버전을 호출하게 한다.

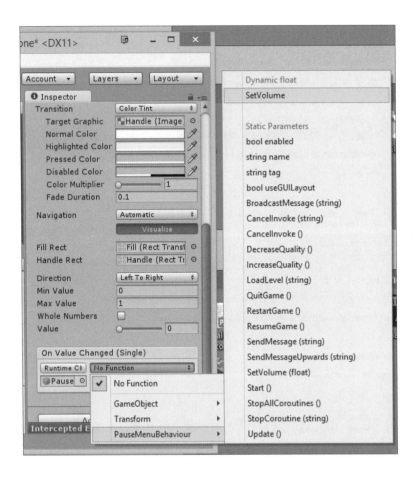

12. Slider의 Value를 1로 변경해 최대 볼륨으로 만든다.

13. Decrease와 Increase Quality 호출도 각각의 함수에 맞게 설정한다.

14. 그다음에는 Options에서 Pause 메뉴로 이동했다가 다시 돌아올 수 있게 해야
한다. Pause Menu Behaviour에 두 개의 함수를 추가한다.

```
public void OpenOptions()
{
  optionsMenu.SetActive(true);
  pauseMenu.SetActive(false);
}
```

```
public void OpenPauseMenu()
{
  optionsMenu.SetActive(false);
  pauseMenu.SetActive(true);
}
```

15. **Back** 버튼에 `OpenPauseMenu`를, **Pause** 메뉴에 있는 **Options** 버튼에 `OpenOptions`를 지정한다.

16. 그다음 `Update`에 있는 **Escape** 버튼의 기능을 수정해야 한다.

```
public void Update()
{
  if (Input.GetKeyUp("escape"))
  {
    if (!optionsMenu.activeInHierarchy)
    {
      // false가 true가 되거나 그 반대이거나
      isPaused = !isPaused;

      // isPaused가 true라면 0, 아니면 1
      Time.timeScale = (isPaused) ? 0 : 1;

      pauseMenu.SetActive(isPaused);
    }
    else
    {
      OpenPauseMenu();
    }
  }
}
```

17. 이제 그럴듯하게 보이지만, 텍스트가 좀 더 잘 보이게 만들어야 한다. Options Menu 오브젝트로 가서 Image 컴포넌트에 있는 Color의 알파^Alpha를 200으로 설정한다. Pause Menu 패널도 똑같이 설정한다.

18. 마지막으로, Hierarchy 탭으로 가서 Options Menu 오브젝트를 숨긴다.

19. 여기까지 끝냈으면 모든 파일을 저장하고 유니티 에디터로 돌아가서 게임을 실행시킨다. 다음 스크린샷처럼 보일 것이다.

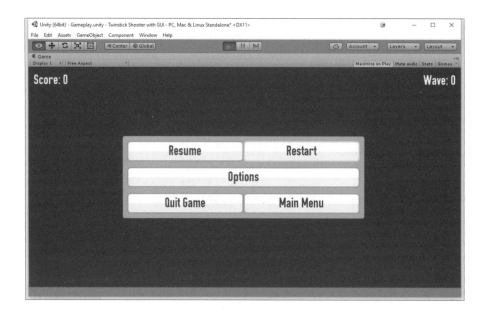

이번에는 두 가지 일을 해냈다. 첫 번째로는 멈춤 메뉴에 새로운 Options 메뉴를 추가했다.

두 번째로는 Options 버튼을 클릭하면 Master Volume 값과 Graphics Quality 값을 조절할 수 있게 해주는 별도의 메뉴가 열리게 했다. 다음 스크린샷과 같은 모습일 것이다.

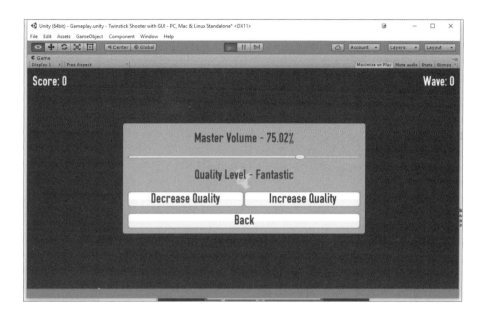

요약

이 장에서는 완성된 게임이라면 대부분 가지고 있을 기능들을 구현했다. 여기서 개발한 것들을 기반으로 당신의 프로젝트를 더 뛰어나게 만들 추가적인 메뉴나 기능을 쉽게 구현할 수 있다. 다음 장에서는 완전히 새로운 프로젝트를 통해 더욱 흥미로운 것들을 알아보고 유니티의 기능들을 더 깊숙이 파고들 것이다!

도전 과제

이 프로젝트에 대해 추가적으로 작업하고 싶다면 할 수 있는 것들이 무궁무진하다. 특히 이 책을 모두 끝내고 난 후라면 더 많을 것이다. 다음은 생각해볼 수 있는 몇 가지 아이디어들이다.

- 메인 메뉴에 Credits 스크린 추가하기
- 우주선의 색깔을 변경(renderer.material.color)할 수 있도록 빨강, 초록, 파랑 세 개의 슬라이더 추가하기
- Music Volume과 SFX Volume 슬라이더를 추가하고 각각 음악과 사운드의 볼륨을 조절하기
- 본인의 게임에 맞게 버튼 스타일을 바꿔보기

3

GUI 파트 2: 클릭커 게임

2장, 'GUI 만들기'에서는 유니티의 강력한 UI 시스템을 이용해 '게임'이라는 이름에 걸맞은 화면을 만들었다. 이제는 이보다 한 걸음 더 나아가 UI 인터페이스 interface만 가지고 온전한 게임을 만들어보자.

프로젝트 개요

이 장을 진행하면서 '코드 클릭커Code Clicker'라는 이름의 클릭커clicker 게임을 만들 것이다. 코드 클릭커는 오르테Orteil가 만든 유명한 클릭커 게임인 〈쿠키 클릭커 Cookie Clicker〉(http://orteil.dashnet.org/cookieclicker/에서 실행 가능)와 유사한 게임이며, 쿠키를 클릭하는 대신 버튼을 클릭해서 코드를 생성한다. 또한 스크롤 바와 같은 요소를 사용해 좀 더 복잡한 메뉴를 만드는 방법도 알아볼 것이다.

목표

이 프로젝트는 여러 개의 작업으로 나뉘어 있으며, 처음부터 마지막까지 한 단계씩 밟아나가면서 진행하면 된다. 해야 할 작업은 다음과 같다.

- 프로젝트 시작하기
- 클릭 기록하기
- 상점 만들기
- 업그레이드 구매하기

시작 전 필수 사항

프로젝트에서 사용할 그래픽 애셋이 필요하다. 팩트출판사 홈페이지에서 이 책을 위해 제공되는 예제 코드와 함께 다운로드할 수 있다.

프로젝트 시작하기

시작하기에 앞서 새로운 프로젝트를 생성해보자.

1. 런처를 통해 유니티를 실행시키고 File ﹥ New Project를 선택한다. 이름을 입력하고(나는 ClickerGame을 사용했다.) 원하는 Project Location을 지정한 후 2D가 선택됐는지 확인한다. Create project를 클릭한다.

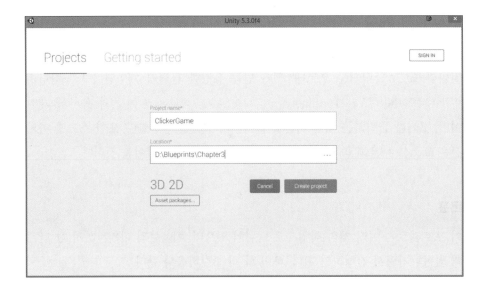

2. 에디터로 들어왔으면 클릭할 버튼을 만드는 것부터 시작해보자. Project 탭에서 Sprites 폴더를 생성한 후 연다. 폴더 안에서 우클릭하고 Import New Asset…을 선택한 후 Art Assets 폴더 안에서 button.png를 선택한다. 다른 모양의 버튼을 사용하고 싶다면 본인이 원하는 애셋을 사용해도 좋다.

3. 기본 버튼을 만들어보자. GameObject ➤ UI ➤ Button으로 간다. Hierarchy 탭에서 Button 오브젝트 이름 옆의 삼각형을 클릭해서 펼친 후 Text 오브젝트를 선택하고 Del 키를 눌러 삭제한다. 그런 다음 Button 오브젝트를 선택하고 Project 탭에서 버튼 Sprite를 Inspector 탭 안에 있는 Image 컴포넌트의 Source Image 속성에 끌어다 놓는다.

4. 새로 생성된 Set Native Size 버튼을 클릭하면 이미지의 사이즈가 원래 크기로 조정된다.

5. 이 버튼은 클릭할 때마다 코드를 생성하는 버튼이 될 것이다. 지금 게임을 실행해보면 버튼을 누를 때마다 색깔이 변하는데, 이는 Button 컴포넌트의 Transition 속성이 Color Tint로 설정돼 있기 때문이다. 하지만 단순히 스프라이트 모양이나 색깔이 바뀌는 데 제한되지 않고, 다른 속성도 조절해보면 더 나은 결과를 기대할 수 있다. 이를 위해 유니티의 Animation 윈도우와 기본 애니메이션을 만드는 방법을 배워보자.

6. Button 오브젝트를 선택하고 Inspector 탭의 Button 컴포넌트로 이동한다. Transition을 Animation으로 변경한다. 그런 후 Auto Generate Animation 버튼을 누른다. 컨트롤러를 저장할 것인지 물어보면 Animations라는 이름의 새로운 폴더를 생성한 후 그곳에 저장한다.

7. 이렇게 하면 애니메이션의 재생과 블랜딩^{blending}을 스테이트 머신^{state machine}을 통해 조절할 수 있게 해주는 Animator Controller가 생성된다. 이번 경우는 자동으로 생성됐으나, 추후에는 아무것도 없는 상태에서 처음부터 어떻게 생성하는지 배울 것이다.

 Animator Controller 애셋에 대한 더 많은 정보가 필요하다면 http://docs.unity3d.com/Manual/Animator.html을 둘러보길 바란다.

8. Hierarchy에서 Button 오브젝트를 선택하고 Window ➤ Animation(혹은 Ctrl + 6)으로 간다. 새로운 윈도우, 혹은 탭이 열릴 것이다. 열린 탭을 Project 탭이 있는 좌측 하단 영역으로 끌어오면 더욱 보기 편하다.

9. Hierarchy 탭에서 Button 오브젝트를 선택하면 Animation 탭이 더 이상 회색이 아님을 볼 수 있을 것이다. 녹음record 버튼 아래에는 현재 선택된 애니메이션의 이름(기본은 Normal)이 표시돼 있다. Normal에 클릭한 후 Highlighted를 선택해 애니메이션을 전환한다.

10. 이어서 빨간 원 모양의 Record 버튼을 눌러 오브젝트에 가할 모든 변화를 기록하게 하자. Inspector에서 Scale을 1.25, 1.25, 1로 입력하고, Image 컴포넌트의 Color 속성을 초록green으로 변경한다.

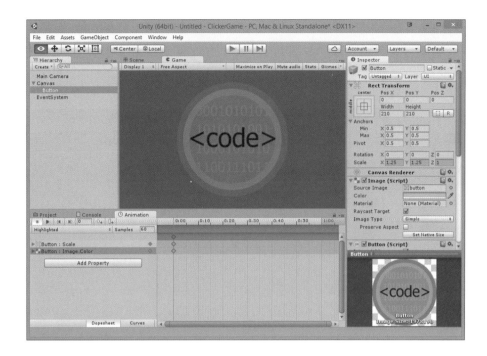

 지금 바꾼 속성 이외에도 오브젝트에서 드러나 있는 모든 속성과 자식들의 속성을 이곳에서 변경할 수 있다는 점을 기억해둘 필요가 있다. Animation 뷰와 좀 더 복잡한 애니메이션을 만드는 방법에 대한 더 많은 정보가 필요하다면 http://docs.unity3d.com/Manual/AnimationEditorGuide.html을 둘러보길 바란다.

11. 지금 만든 한 개의 프레임 변화로 만족할 수도 있지만 조금만 더 수정을 해보자. Animation 탭의 0:20 부분에 클릭해서 빨간 선을 옮기고, Add Keyframe을 클릭하거나 우클릭한 후 Add Frame을 선택한다. 이렇게 하면 0:00에서 행한 모든 속성 변경 사항이 저장된다.

12. 이제 0:20 부분에 클릭하고 Image 컴포넌트의 Color 속성(Image.Color)을 위한 또 하나의 키를 생성한다. 이번에는 컬러의 **Alpha** 값을 감소시켜 애니메이션 이 시간에 걸쳐 일어나게 한다.

13. 애니메이션의 결과가 보고 싶다면 Play 버튼을 눌러 재생되는 모습을 확인할 수 있다.

14. 클릭할 때의 애니메이션도 수정해보자. Highlighted라고 쓰여 있는 곳을 클릭 해서 드롭다운 메뉴의 애니메이션을 Pressed로 전환하고, 혹 눌려 있지 않다 면 Record 버튼(빨간색 동그라미)을 클릭하고 빨간색 바를 0:00으로 옮긴다. Scale을 .75, .75, 1로 변경하고 컬러를 더 짙은 회색으로 바꾼다.

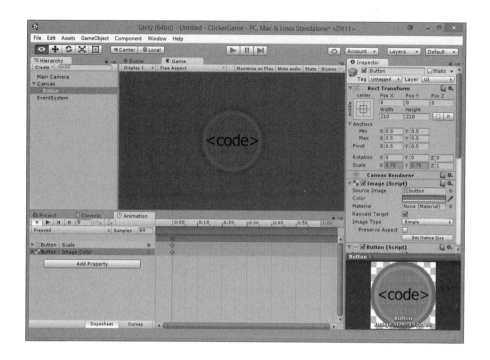

15. 이제 멋지게 작동은 되지만 버튼을 클릭하고 나면 Normal 상태로 돌아오지 않을 것이다. 따라서 Inspector 탭에서 Button 컴포넌트의 Navigation 속성을 None으로 변경해 EventSystem의 내비게이션^{navigation} 옵션을 비활성화한다.

16. 현재 버튼은 언제나 같은 크기다. 지금은 별문제가 없지만 화면이 커지면 스케일의 문제가 생길 수 있으므로 Canvas Scaler 컴포넌트를 사용해보자. Canvas 오브젝트를 선택한 후 Canvas Scaler 컴포넌트의 UI Scale Mode를 Scale With Screen Size로, Reference Resolution을 1920×1080으로 변경한다.

17. 신^{scene}의 이름을 CodeClicker로 저장(저장될 위치인 Scenes 폴더를 생성한 후)
하고 Play 버튼을 눌러 프로젝트를 확인해보자!

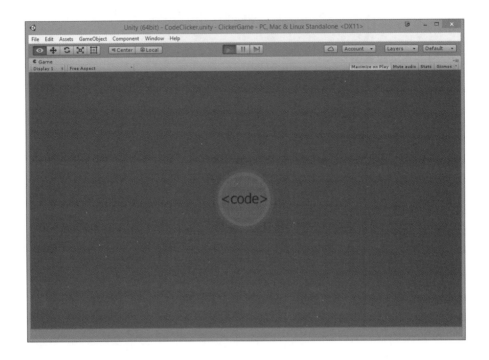

이제 상호 작용을 할 수 있는 버튼이 생겼다!

클릭을 기록하고 표시하기

이제 게임의 중심이 될 버튼을 만들었으니 플레이어에게 보여줄 텍스트 정보를
추가해보자.

1. GameObject ➤ UI ➤ Text로 간다. Anchor Presets 툴에서 Alt + Shift를 누른 상
태로 중간 상단 옵션을 클릭한다. 눈에 잘 안 뜨일 수 있으니 약간만 수정해
보자. Width를 1920, Height를 100으로 변경한다. Reference Resolution에서 사
용한 값이 1920이므로 위의 값을 적용하면 스크린 전체를 차지하게 된다.

2. Font Size를 75로 변경하고 Paragraph Alignment를 중간 수평으로 바꾼 후 Text
Color를 흰색으로, Text를 You have: $0으로, Text 오브젝트의 이름을 CashText
로 변경한다.

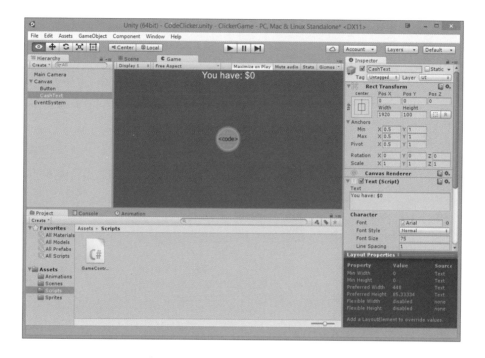

3. CashText 오브젝트를 선택하고 복제(Ctrl+D)한 후 이름을 RateText로 변경한
다. Pos Y를 -75로, 텍스트를 per second: 0.0으로, Font Size를 50으로 변경
한다.

4. 이제 코드를 작성해보자. Project 탭으로 가서 Assets 폴더 안에 Scripts라는
새로운 폴더를 만든다. Create > C# Script를 선택해서 새로운 스크립트를 생
성한 후 GameController라 이름 붙인다. 이름까지 변경했으면 더블 클릭해서
IDE를 연다.

5. 다음 코드를 입력한다.

```
using UnityEngine;
using UnityEngine.UI; // 텍스트
```

```csharp
public class GameController : MonoBehaviour {

    /// <summary>
    /// 플레이어가 얼마큼의 돈을 가지고 있는가
    /// </summary>
    private float _cash;
    public float Cash
    {
        get
        {
            return _cash;
        }
        set
        {
            _cash = value;
            cashText.text = "You have: $" + _
            cash.ToString("0.00");
        }
    }

    /// <summary>
    /// 초당 벌어들이는 돈의 양
    /// </summary>
    private float _cashPerSecond;
    public float CashPerSecond
    {
        get
        {
            return _cashPerSecond;
        }
        set
        {
            _cashPerSecond = value;
            rateText.text = "per second: " +
            _cashPerSecond.ToString("0.0");
        }
    }
```

```
[Tooltip("버튼을 누를 때마다 플레이어가 벌어들이는 돈.")]
public float cashPerClick = 1;

[Header("Object References")]
public Text cashText;
public Text rateText;

// Use this for initialization
void Start ()
{
  Cash = 0;
  CashPerSecond = 0;
}

// Update is called once per frame
void Update ()
{
  Cash += CashPerSecond * Time.deltaTime;
}

public void ClickedButton()
{
  Cash += cashPerClick;
}
```

위 코드에서 일어나는 일은 한두 가지가 아니다. 따라서 코드에서 새로이 나오는 부분들을 먼저 논의해보면서 전체적인 내용과 의미를 설명해보겠다.

액세서 활용하기(get/set 함수)

눈에 띄는 부분 중 하나는 두 속성에 대한 get과 set 함수다. 액세서^accessor^라 불리는 이 방법은 데이터를 보호하거나 값이 변할 때마다 어떠한 액션을 취하고 싶을 경우 사용한다. 이 경우는 값이 변할 때마다 텍스트 오브젝트의 텍스트 값을 변하게 한다.

더 많은 정보가 필요하다면 https://msdn.microsoft.com/en-sg/library/
aa287786(v=vs.71).aspx를 둘러보길 바란다.

툴팁과 헤더 속성

1장에서 가볍게 다뤘던 헤더^{Header}를 기억할 것이다. 헤더는 사용자로 하여금
유니티 에디터 Inspector 탭의 추가적 기능을 사용할 수 있게 한다. 이 경우는
Inspector 탭에서 해당 속성을 하이라이트할 경우 툴팁이 나오게 하며, Header는
변수 위에 헤더가 표시되도록 한다.

유니티 5.3에서는 위와 같은 수많은 사용 가능한 속성들이 추가됐지만 현재 유
니티 공식 문서에는 한눈에 보기 좋게 정리돼 있지 않다. 하지만 리오어 탈^{Lior Tal}
이 리스트와 설명 문서의 링크를 정리해 놓았으니 둘러보길 바란다(http://www.
tallior.com/unity-attributes/).

GameController의 기능 설명

위 코드에는 우리가 사용할 새로운 변수들이 선언돼 있다. cashText와 rateText
는 이전에 생성한 두 텍스트 오브젝트의 Text 컴포넌트를 레퍼런스하고 있으며
Cash와 CashPerSecond의 값이 바뀔 때마다 set 함수에 의해 값이 동시에 변경된
다. 효율적인 측면으로 볼 때 값이 변할 때마다 텍스트를 바꾸길 원하므로 완벽
한 방식이 아닐 수 없다.

Update 함수에서는 CashPerSecond의 현재 값에 따라 Cash 값을 변경시킨다. 1장,
'2D 트윈 스틱 슈터'와 마찬가지로 Time.deltaTime을 사용해 값의 증가가 이전
프레임으로부터 흘러간 시간(초)에 따라 변하도록 했다.

마지막으로 버튼을 클릭할 때마다 CashPerClick의 값에 따라 돈의 양을 늘릴 함수를 추가시켰다.

1. GameObject ➤ Create Empty로 가서 빈 게임 오브젝트를 생성한다. GameController로 이름을 변경하고, Hierarchy의 최상단으로 끌어올린다. GameController 스크립트를 오브젝트에 끌어다 놓는다. 그런 후 CashText와 RateText 오브젝트를 GameController에 표시된 대응하는 속성에 끌어다 놓는다.

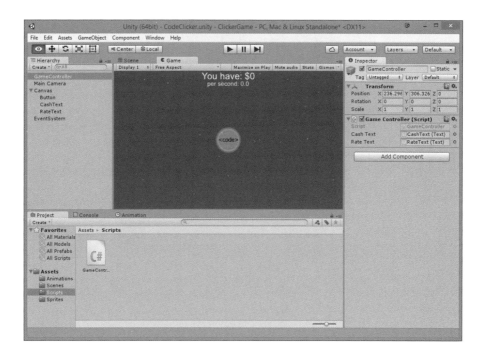

2. 이제는 버튼이 눌릴 때마다 ClickedButton을 호출할 차례다. Hierarchy 탭에서 Button 오브젝트를 클릭한다. On Click () 섹션에서 + 버튼을 누르고 Hierarchy 탭에서 GameController 게임 오브젝트를 끌어다 놓는다. 그런 후 평션 바^{function bar}에서 GameController ➤ ClickedButton을 호출한다.

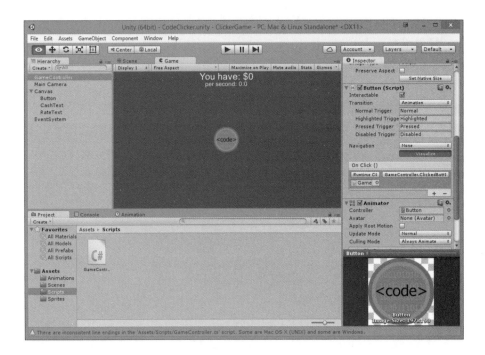

3. 신을 저장하고 게임을 실행하자!

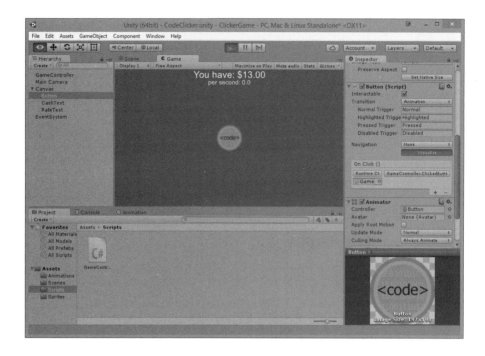

이제 버튼을 클릭해서 돈의 양을 늘릴 수 있게 됐다!

샵 만들기

이제 클릭이 의도대로 작동하게 만들었으니 초당 벌어들이는 돈과 클릭할 때마다 벌어들이는 돈의 양을 늘리는 기능을 만들어보자!

1. GameObject ➤ UI ➤ Panel을 선택한 후 오브젝트의 이름을 ShopPanel이라 짓는다. Left, Right, Top, Bottom의 값을 150으로 변경한다.

2. 모든 버튼을 담을 그릇도 필요하다. Hierarchy에서 ShopPanel 오브젝트를 선택하고 GameObject ➤ UI ➤ Image로 가서 Image 오브젝트를 생성한다.

ShopPanel이 선택됐기 때문에 이미지 오브젝트가 자동으로 ShopPanel의 자식으로
생성되는 것을 눈여겨보자.

3. 이 Image 오브젝트의 이름을 ShopElements로 변경한다. Anchor Preset 메뉴
를 열고 Alt + Shift를 누른 상태에서 우측 하단에 있는 top-stretch 옵션을 클릭
한다.

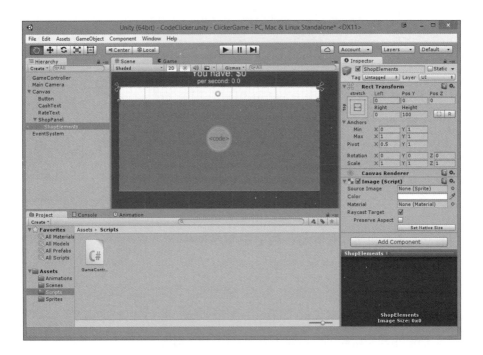

4. 이제는 이 오브젝트가 버튼들의 크기를 기준으로 필요에 따라 사이즈가 변경
될 수 있도록 새로운 컴포넌트를 만들어보자. **Add Component**로 가서 Content
Size Fitter를 입력해 모든 컴포넌트들 사이에서 같은 것을 찾을 때까지 뒤져본
다. 새로 생성된 컴포넌트에서 Vertical Fit을 Preferred Size로 변경해서 추후에
만들 자식^{child}에 따라 사이즈가 변할 수 있도록 한다.

5. 이번에는 ShopElements 오브젝트 외부에서 첫 번째 버튼을 만들 예정이다. 이
렇게 하는 이유는 만드는 작업이 끝날 때까지 fitter 컴포넌트가 자동적으로 수
정을 가하는 것을 피하기 위해서다. ShopPanel에 우클릭하고 GameObject > UI
> Button을 선택한다.

6. Scene 탭에서 Rect 툴로 모드를 바꾸고(R 키를 누르거나 스크린 좌측 상단의 버튼을 눌러서) Alt 키를 누른 상태에서 버튼의 가장자리 중 하나를 잡고 원하는 높이와 너비의 사이즈로 변경한다.

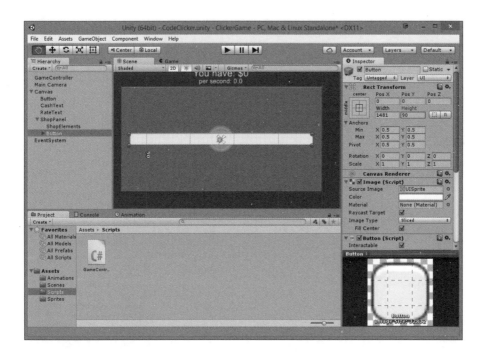

7. 텍스트가 잘 보이지 않으니 Button 텍스트 오브젝트를 열어 Font Size를 50으로 변경한다.

8. Button 오브젝트로 돌아가서 LayoutElement 컴포넌트를 추가하고 Preferred Height 속성과 Flexible Width에 체크한다. 이렇게 하면 버튼의 넓이는 조절할 수 있지만 위치는 그 자리에 그대로 있길 원한다는 의미다.

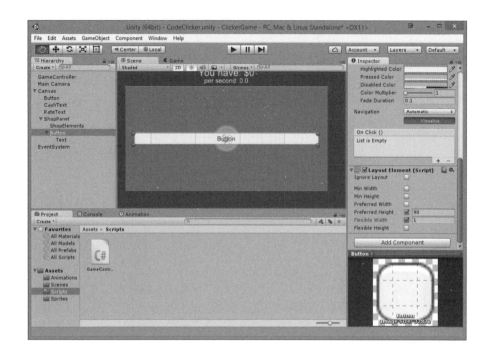

9. 이제 기반이 되는 오브젝트를 만들었으니 이를 바탕으로 많은 수를 생성할 수 있게 만들고, ShopElements 오브젝트에도 손대볼 차례다. Button 오브젝트를 ShopElements 오브젝트 위에 끌어다 놓아 자식 오브젝트로 만든다.

10. Hierarchy 탭에서 ShopElements 오브젝트를 선택하고 Vertical Layout Group 컴포넌트를 추가한다(이전처럼 검색을 통해).

11. Vertical Layout Group 컴포넌트로 가서 Padding 속성을 펼친다. Left, Right, Top, Bottom을 모두 20으로 변경하고 Spacing도 20으로 바꾼다. 이렇게 하면 오브젝트들 사이에 충분한 공간도 생기고, 부모의 중심점에서는 적당하게 떨어지게 된다.

12. 패널[panel]을 막고 있는 하얀 이미지를 안 보이게 해보자. ShopElements 오브젝트를 선택하고 Image 컴포넌트의 Color 속성에서 Alpha의 값을 0으로 변경한다.

곧 이 버튼들에 실질적인 기능을 추가하겠지만, 당장은 새로운 버튼을 추가할 때마다 리스트의 맨 아래에 더해진다는 것만 언급하고 싶다. 때문에 너무 많아지면 다음과 같은 모습이 된다.

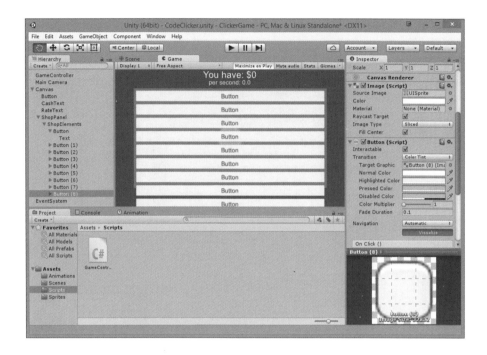

ScrollView를 사용해 스크롤이 가능한 리스트 만들기

다음에 보이는 바와 같이 스크린을 넘어가버린다. 이러한 현상을 피하기 위해
ScrollView 컴포넌트를 사용해보자.

1. ShopPanel 오브젝트로 돌아가서 Mask 컴포넌트를 추가한다.

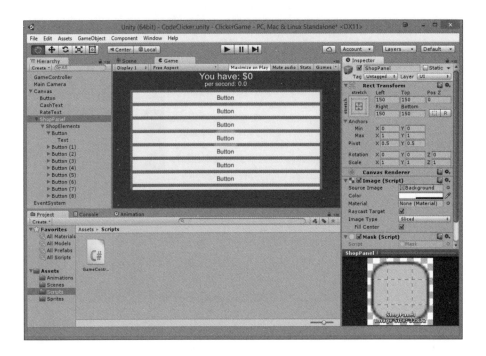

보이는 것처럼 패널Panel 이미지의 사이즈에 맞게 자식child들의 내용을 잘라버
린다.

2. ShopPanel 오브젝트를 선택하고 ScrollRect 컴포넌트를 추가한다. 그다음에는
Content 컴포넌트를 ShopElements 오브젝트와 연결한다. 수직으로만 움직이
길 원하므로 Horizontal 옵션의 체크를 해제하고 Movement Type을 Clamped로
변경한다. 마우스 스크롤 휠의 사용을 더 수월하게 하기 위해 Scroll Sensitivity
를 50으로 변경한다.

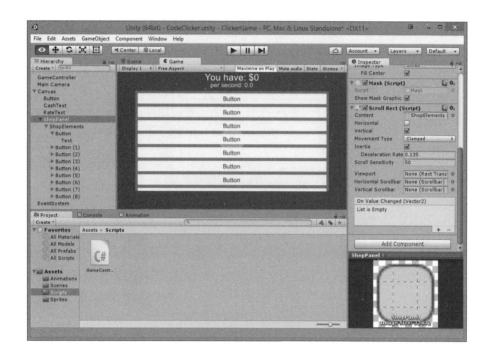

이제 클릭하거나, 끌어당기거나, 마우스 휠을 사용해서 버튼들을 스크롤할
수 있다. 하지만 스크롤 바Scrollbar를 추가해서 더 쉽게 만들어보자.

3. Canvas 오브젝트에 우클릭하고 GameObject ➤ UI ➤ Scrollbar를 선택한다. Scrollbar 컴포넌트에서 Direction을 Bottom to Top으로 변경한다. 좀 더 쉽게 사용할 수 있도록 Anchor Preset을 stretch-right로 변경하고 Scale X를 2로 바꾼다. 그런 후 윈도우의 오른쪽으로 이동시킨다.

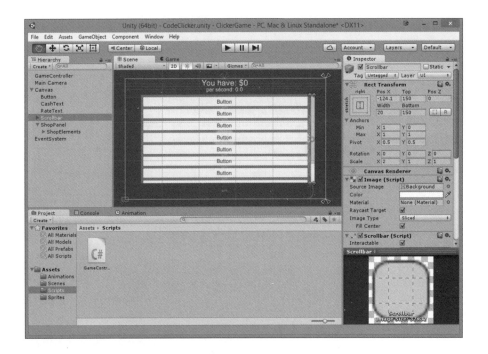

4. ShopPanel을 선택하고 Vertical Scrollbar에 새로 만든 Scrollbar 오브젝트를 설정한다.

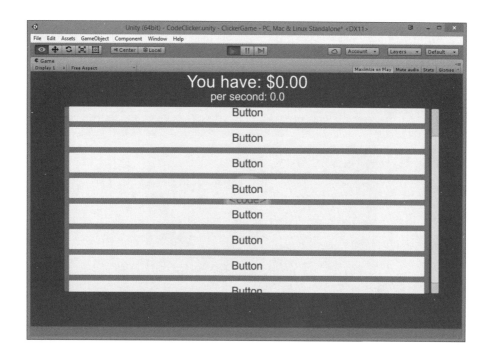

5. 이제는 전체 메뉴를 담을 빈 게임 오브젝트를 만들어보자. Canvas 오브젝트에 우클릭하고 Create Empty를 선택한다. 오브젝트의 이름을 ShopMenu로 변경하고 ShopPanel과 Scrollbar 오브젝트를 그 위로 끌어다 놓아 자식들로 만든다. 마지막으로, Inspector 탭 상단에서 ShopMenu 오브젝트의 체크를 해제해 메뉴 옵션들을 숨긴다.

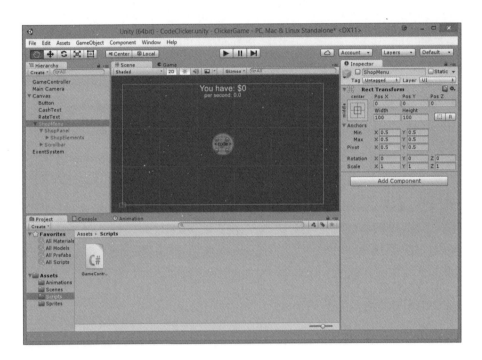

샵 열기/닫기

샵shop을 열고 닫을 수 있게 만들어보자. 이러한 기능을 가진 버튼을 만들 것이다.

1. Canvas 오브젝트에 우클릭하고 GameObject ➤ UI ➤ Button을 선택한 후 오브젝트의 이름을 ShopOpenButton으로 변경한다. Width를 300으로, Height를 60으로 설정한다. Text 오브젝트를 선택해 펼친 후 Inspector 탭의 Text 컴포넌트에서 Text를 Open Shop으로, Font Size를 40으로 변경한다.

2. 이제 Hierarchy 탭에서 ShopOpenButton 오브젝트를 선택하고, Anchor Presets 윈도우에서 Alt와 Shift를 누른 상태로 좌측 상단을 클릭한다. 그런 후 Pos X 를 20으로, Pos Y를 -20으로 변경한다. Button 컴포넌트로 내려온 후 On Click () 섹션에서 + 버튼을 클릭한다. ShopWindow 오브젝트를 연결하고 드롭다운 메뉴에서 GameObject ➤ Set Active를 선택한다. 그리고 체크 마크를 눌러 샵 을 활성화한다. +를 다시 클릭한 후 ShopOpenButton 오브젝트를 끌어다 놓고 SetActive의 체크를 해제한다(누르면 비활성화되도록).

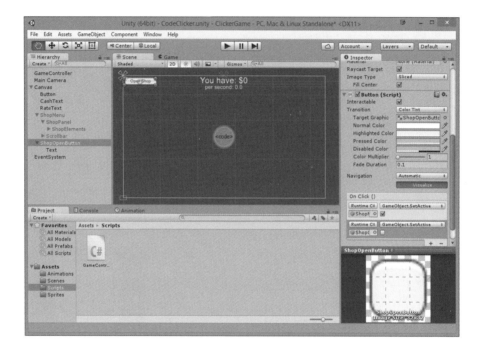

3. ShopOpenButton을 복제하고(Hierarchy 탭에서 선택 후 Ctrl + D) 이름을 ShopCloseButton으로 변경한다. 닫기 버튼의 텍스트를 Close Shop으로 바꾸고, **Button** 컴포넌트에서 + 버튼을 눌러 **OpenCloseButton**을 끈다(SetActive 체크 해제). 그런 후 **ShopOpenButton**으로 가서 **ShopCloseButton**을 켠다(SetActive 체크).

위와 같은 구성의 기능은 버튼이 눌릴 때 샵이 켜지거나 꺼지고, 그 후 스스로 꺼지거나 켜지게 만드는 것이다.

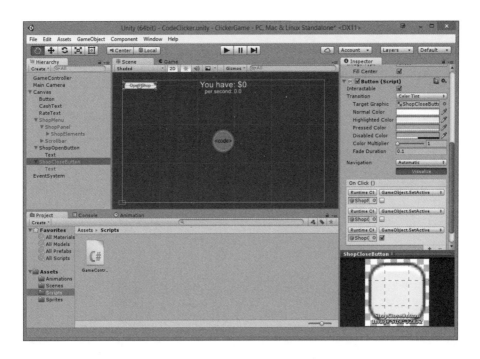

4. 신을 저장하고 게임을 실행하자.

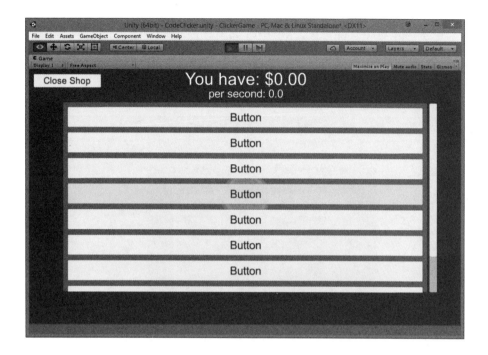

이제 샵을 열면 샵이 보이고 이를 닫을 수도 있을 것이다.

업그레이드 구매하기

이제 샵 메뉴가 작동하니 구매 기능을 넣어보자.

1. Hierarchy 탭으로 가서 ShopMenu를 다시 활성화한 후, 기준이 될 하나의 버튼만 남기고 나머지를 다 삭제한다.

모든 버튼이 세 개의 텍스트(오브젝트의 이름, 현재의 수치, 다음 수준의 것을 획득하는 가격)를 가질 것이다.

2. 먼저 이 오브젝트의 이름을 Desc로 변경하고, **Text** 컴포넌트의 **Alignment**를 좌측 수평으로 설정한다. 그리고 복제(Ctrl + D) 후 Cost로 이름을 변경하고 중앙으로 설정한다. 마지막으로 한 번 더 복제하고 Qty로 이름을 변경한 후 오른쪽에 위치시킨다. 값은 무엇으로 해도 좋다. 어차피 코드를 통해 내용을 변경시킬 것이기 때문이다.

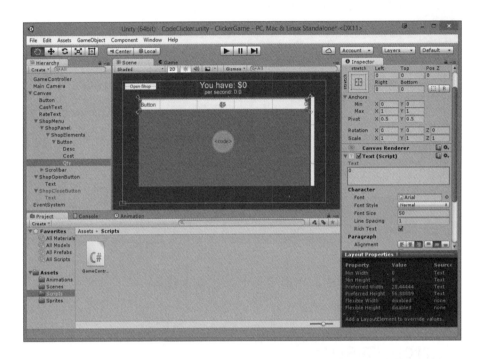

3. **Button** 오브젝트를 선택하고 StoreItem이라는 이름의 C# 스크립트를 생성한다. IDE에서 스크립트를 열고 다음 코드를 입력한다.

```
using UnityEngine;
using System.Collections;
using UnityEngine.UI; // 텍스트

public enum ItemType
{
    ClickPower, PerSecondIncrease
```

```csharp
};

public class StoreItem : MonoBehaviour
{
    [Tooltip("이 업그레이드의 가격이 얼마인지")]
    public int cost;

    public ItemType itemType;

    [Tooltip("구매한다면 얼마나 증가될 것인지")]
    public float increaseAmount;

    private int qty;

    public Text costText;
    public Text qtyText;

    private GameController controller;
    private Button button;

    // Use this for initialization
    void Start ()
    {
        qty = 0;
        qtyText.text = qty.ToString();
        costText.text = "$" + cost.ToString();

        button = transform.GetComponent<Button>();

        // 버튼을 클릭하면 ButtonClicked 함수를 실행
        button.onClick.AddListener(this.ButtonClicked);

        // 코드를 통해 GameController를 레퍼런스
        controller =
        GameObject.FindObjectOfType<GameController>();
    }
```

```
private void Update()
{
  button.interactable = (controller.Cash >= cost);
}

public void ButtonClicked()
{
  controller.Cash -= cost;
  switch (itemType)
  {
    case ItemType.ClickPower:
      controller.cashPerClick += increaseAmount;
      break;
    case ItemType.PerSecondIncrease:
      controller.CashPerSecond += increaseAmount;
      break;
  }

  qty++;
  qtyText.text = qty.ToString();
}
```

이전과 같은 방식으로 일단 새로운 부분을 짚어보고, 코드가 무엇을 하는지에 대한 전반적인 설명으로 넘어가보자.

이뉴머레이션 다루기

제일 상단 using 명령문 바로 아래에 enum 키워드를 사용했다. 가끔 코딩을 하다 보면 유일무이하게 존재하는 특별한 목적의 변수를 만들고 싶을 때가 있다.

예를 들어 점심으로 피자를 먹는다고 할 때 피자가 오븐에 있거나, 접시 위에 있거나, 입 속에 있을 수 있는데 그중 오직 한 가지 상태만 가능한 경우 같은 것이다.

위와 같이 여러 가지 상황을 체크하기 위해 하나를 참^{true}으로 만들고 나머지를 거짓^{false}으로 만드는 불리언^{boolean} 값을 활용해 구현할 수도 있지만, 이는 매우 번거로운 방법이다. 혹은 정수 값을 사용해서 정수 값에 따라 다른 처리를 할 수도 있지만, 이렇게 구현할 경우 무작위의 수가 입력되는 상황도 별도로 체크해야 한다. 이런 방법들 대신에 새로운 데이터 타입을 만들고 특수한 값만 가질 수 있게 하면 된다. 이번 같은 경우 ItemType은 오직 ClickPower나 PerSecondIncrease 값만 가질 수 있다. 이후의 코드를 보면 ItemType이라는 타입의 변수가 존재하고, 그 변수의 값에 따라 해당하는 액션이 처리되는 것을 알 수 있다. 이 방식은 추후에 새로운 타입의 아이템을 쉽게 추가할 수 있고, 최소한의 변화만으로 코드를 수정할 수 있다.

이뉴머레이션에 대해 좀 더 많은 정보가 필요하다면 https://msdn.microsoft.com/en-us/library/sbbt4032.aspx를 둘러보길 바란다.

switch 명령문

혹 switch 명령문을 처음 접할 수도 있겠다. switch 명령문은 하나의 변수를 다수의 각기 다른 값에 비교하는 간편한 방법이라고 이해하면 된다. 이번에 사용한 switch 명령문은 다음과 같이 코딩할 수도 있다.

```
if (itemType == ItemType.ClickPower)
{
  controller.cashPerClick += increaseAmount;
}
else (itemType == ItemType.PerSecondIncrease)
{
  controller.CashPerSecond += increaseAmount;
}
```

이번처럼 간단한 예제의 경우 굳이 switch를 써야 하는지 궁금증이 생길 수 있겠으나, 6장에서 다시 한 번 사용될 switch 명령문을 접하게 되면 왜 switch 명령문을 사용해야 하는지 더 명확히 이해할 수 있을 것이다.

프로그래밍 경험이 있는 독자들을 위해 덧붙이면, C#은 기본적으로 fall-through(다음 case가 자동으로 실행되는 경우)를 허용하지 않으므로 모든 case 끝에 break를 넣어야만 한다.

StoreItem 클래스 설명하기

텍스트 오브젝트를 레퍼런스하는 변수들을 포함해서 값의 변화가 생길 때마다 변경할 수 있는 다양한 변수를 생성했다. 각 아이템은 구매하기 위해 플레이어가 지불해야 하는 값을 가지고 있으며, 하나 이상을 구매할 수 있기 때문에 이전에 몇 개나 구매했는지도 저장해야 한다.

버튼의 상호 작용적인 속성이 UI 시스템에게 버튼을 클릭할 수 있는지 아닌지 알려준다. 우리의 경우는 구매할 수 있는 충분한 돈이 없다면 아무것도 살 수 없게 하고 싶다. 따라서 Update 함수 안에 충분한 돈이 있다면 true로, 없다면 false로 설정한다.

마지막으로, 플레이어가 버튼을 클릭하고 조건을 만족한다면 ButtonClicked가 호출되고, 아이템의 타입에 따라 특정 값들이 변화될 것이다.

 UnityEvent가 실행될 때마다 호출하는 함수를 추가할 수 있는 AddListener 함수를 눈여겨보길 바란다. 더 많은 정보가 필요하다면 http://docs.unity3d.com/ScriptReference/Events.UnityEvent.AddListener.html을 둘러보길 바란다.

아이템 설명 채워 넣기

이제 버튼에 기능을 구현했으니 에디터에서 어떻게 사용할 수 있는지 알아보자!

1. 스크립트를 저장한다. 에디터로 돌아가서 Button 오브젝트에 스크립트를 추가한다. 새로이 추가된 컴포넌트의 Cost와 Qty 텍스트를 각기 대응하는 오브젝트에 연결한다. 그런 후 Cost를 5, Item Type을 Per Second Increase, Increase Amount를 0.1로 변경한다. 마지막으로 Desc 오브젝트를 선택하고 텍스트를 Hire Code Monkey로 설정한다.

2. 버튼을 복제한 후 Desc 텍스트를 Develop Game으로 변경한다. Button 오브젝트의 Store Item 컴포넌트로 가서 Cost를 50, Item Type을 Click Power, Increase Amount를 1로 변경한다.

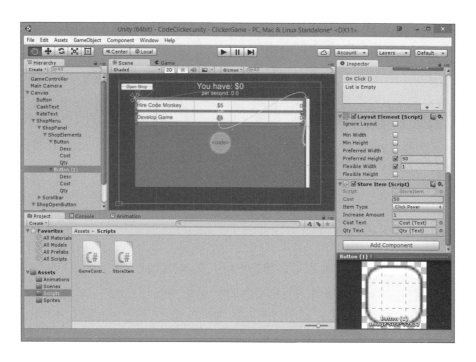

3. 마지막으로 ShopMenu 오브젝트를 비활성화하고 신을 저장한다. 게임을 실행하자!

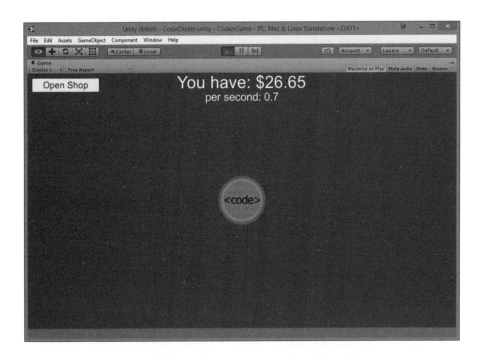

드디어 각기 다른 타입의 효과를 주는 버튼들이 만들어졌다!

요약

이번 장에서는 더 흥미롭고 큰 스케일의 프로젝트로 성장할 수 있는 간단한 기반을 만들었다. 좀 더 복잡한 메뉴와 함께 값이 변할 때만 텍스트를 표시하는 방법도 배웠다.

다음 장에서는 지금과는 전혀 다르지만 인기 있는 타입의 게임을 만드는 방법을 배워볼 것이다. 그와 동시에 최소한의 노력으로 모바일과 같은 다양한 플랫폼에서 실행되는 프로젝트를 구성하는 방법도 알아볼 것이다.

도전 과제

이 프로젝트에 대해 추가적으로 작업하고 싶다면 할 수 있는 것들이 무궁무진하다. 특히 이 책을 모두 끝내고 난 후라면 더 많을 것이다. 다음은 생각해볼 수 있는 몇 가지 아이디어들이다.

- 버튼을 클릭할 때마다 클릭률과 함께 위로 떠오르는 파티클 시스템을 추가해 본다.
- 유니티의 IAP^In-App Purchase 시스템을 사용해 게임 내 구매 기능을 추가한다.
- 프로젝트를 좀 더 미려하게 만들기 위한 그래픽 애셋들을 추가한다.

4

무한의 모바일 게임: 절차적 콘텐츠

컴퓨터의 세계에서 절차적 생성procedural generation의 개념은 수작업이 아닌 알고리즘에 기반한 코드를 통해 데이터를 생성하는 것이다. 이런 방식은 〈마인크래프트Minecraft〉를 비롯한 수많은 모바일 게임에서 성공적으로 사용한 바 있다.

이 방식의 개발은 몇 가지 장점이 있다. 플레이어가 게임을 영원히 즐길 수 있으며, 매번 다른 경험을 주기 때문에 다시 플레이할 가치가 생긴다.

프로젝트 개요

이 장에서는 '태피 플레인Tappy Plane'이라는 게임을 개발할 것이다. 큰 인기를 모은 〈플래피 버드Flappy Bird〉와 유사한 게임플레이의 게임으로서, 절차적 생성 개념을 사용해 무한한 게임플레이를 만들어내는 게임이다.

목표

이 프로젝트는 여러 개의 작업으로 나뉘어 있으며, 처음부터 마지막까지 한 단계씩 밟아나가면서 진행하면 된다. 해야 할 작업은 다음과 같다.

- 배경 만들기
- 단순하게 애니메이션되는 캐릭터 만들기
- 반복되는 배경 만들기
- 소팅 레이어^{sorting layer} 다루기
- 플레이어 비헤이비어^{behavior} 만들기
- 장애물 만들기
- 실시간으로 장애물 생성하기
- 게임 시작과 엔딩 비헤이비어 구성하기
- 스코어 기록하기

시작 전 필수 사항

1장, '2D 트윈 스틱 슈터'와 마찬가지로 컴퓨터에 유니티가 설치돼 있어야 하며, 이 프로젝트는 처음부터 새로 시작할 예정이다.

이 장에서 필요한 아트 애셋, 완성된 프로젝트와 소스 파일들은 팩트출판사 홈페이지에서 다운로드할 수 있다.

프로젝트 구성

유니티가 이미 실행되고 있다고 가정하겠다.

1. File > New Project로 간다. 원하는 위치의 Project Location을 선택하고, 2D가 선택돼 있는지 확인한다. Project Name에는 `Tappy Plane`을 입력한다. 모든 작업이 끝났으면 Create Project를 선택한다. Welcome to Unity 팝업 창은 필요 없으므로 닫는다.

2. 이전 장에서 했던 것처럼 다음과 같은 폴더들을 생성한다.

- Prefabs
- Scenes
- Scripts
- Sprites

배경 만들기

가장 먼저 할 일은 배경을 만드는 것이다.

1. 이 장을 위한 예제 코드 폴더의 Art Assets 폴더에 있는 background 스프라이트sprite를 Project 탭에 있는 Assets/Sprites 폴더에 끌어다 놓는다.

 애셋들은 케니(Kenney)에 의해 제작됐으며, 그 외에 추가적으로 제공된 애셋들은 http://kenney.nl/assets/tappy-plane에서 둘러볼 수 있다.

2. Project 탭에 있는 background 스프라이트를 선택하면, Inspector 탭에 있는 Texture Type이 Sprite (2D and UI)로 설정돼 있는 것을 볼 수 있다. 혹시 그렇지 않다면 변경 후 Apply 버튼을 누른다.

이쯤에서 게임 코드 로직의 중요한 부분을 차지할 Pixels Per Unit 속성에 대해 짚고 넘어가보자. 기본값은 100으로 설정돼 있으며, 이 값의 의미는 배경 이미지(800×480)가 유니티 신scene 안에서는 8×4.8 유닛이라는 뜻이다. 이번 프로젝트의 경우 너비width가 주요하게 사용될 예정이기 때문에 문제없지만, 일반적인 스프라이트는 2의 제곱 값(64×64와 같은)인 경우가 많기 때문에 그럴 경우에는 Pixels Per Unit 값을 너비나 높이 값으로 바꿔 다루기 쉽게 만드는 것도 고려할 만하다.

3. 배경 스프라이트를 Scene 탭으로 끌어다 놓아 레벨로 불러들인다. 오브젝트를 선택한 상태에서 Inspector 탭의 Transform 컴포넌트에 우클릭한 후 Reset Position을 선택한다.

이제 배경이 정중앙에 위치하게 됐다. 하지만 게임을 실행하면 배경 이미지 주위에 파란 배경이 보여 매우 보기 싫은 모양이 된다.

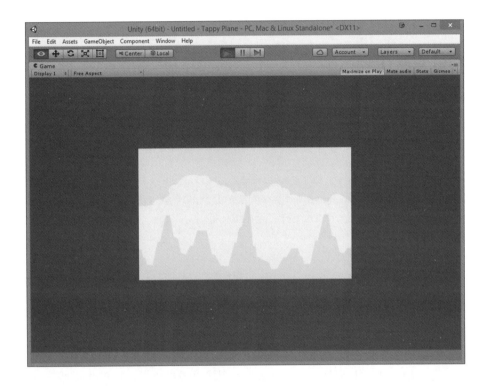

모바일 게임을 제작할 때는 다양한 해상도^{resolution}와 종횡비^{aspect ratio}를 지원해야 한다. 따라서 카메라를 충분히 줌인해 흔히 사용되는 다양한 종횡비를 적용해도 게임이 제대로 보이게 하자.

4. Hierarchy 탭에서 Main Camera 오브젝트를 선택한다. Inspector 탭의 Camera 컴포넌트로 가서 Size 속성을 2.2로 변경한다.

Size 속성(코드에서는 `orthographicSize`로 인식)은 카메라의 수직 사이즈를 의미한다. 우리 배경 이미지는 수직으로 480픽셀이므로 Size 속성을 2.4로 설정(수직 높이의 반)하면 카메라 크기가 수직으로 이미지와 정확히 일치하게 된다. 하지만 여러 가지 해상도를 적용할 때를 고려해서 여유를 두고자 Size를 2.2로 설정하는 것이다.

5. 이제 Game 탭을 선택해 게임이 어떻게 보일지 확인해보자. 탭 바로 아래를 보면 Display 1 옆에 현재 종횡비를 알려주는 드롭다운 메뉴가 보일 것이다. 하나씩 선택해보면서 변화를 눈여겨보자. 이제는 배경 이미지가 프로젝트 전체를 커버하고 있음을 알 수 있을 것이다. 개발하는 동안 보기 편하도록 프로젝트가 끝날 때까지 16:9를 사용할 것이다.

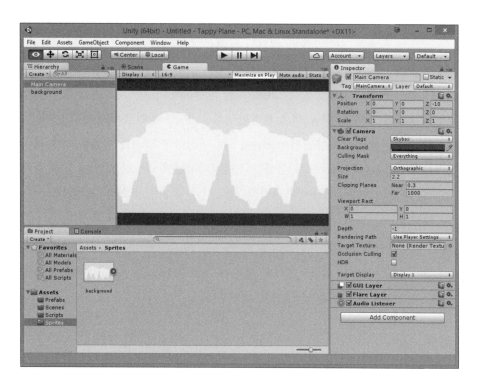

+ 버튼을 눌러서 아이폰 6s 플러스의 1920×1080이나, 최신 안드로이드 기기의 qHD나 wqHD의 커스텀 해상도를 추가할 수도 있다.

 다른 게임 엔진을 다루고는 있지만, 다양한 해상도를 지원하는 방법을 고민하고 있다면 http://v-play.net/doc/vplay-different-screen-sizes/에서 자세한 내용을 확인할 수 있다.

단순하게 애니메이션되는 캐릭터 만들기

이제 배경을 만들었으니 플레이어 스프라이트를 추가해보자.

1. 이 장의 예제 코드에 포함돼 있는 Art Assets 폴더에서 비행기plane를 위한 세 개의 스프라이트를 Project 탭의 Assets/Sprites 폴더로 가져온다.

2. Assets 폴더 안에 Animations라는 폴더를 새로 생성한다.

3. 세 개의 이미지를 모두 선택하고(Ctrl을 누른 상태에서 선택) Scene 탭으로 끌어다 놓아 레벨로 불러들인다. Create New Animation이라는 새로운 윈도우 팝업이 나타날 것이다. 방금 새로 생성한 Animations 폴더로 이동하고 연다. 그런 후 File name: 속성을 PlaneFlying으로 변경하고 Save를 누른다. 애니메이션과 컨트롤러가 자동으로 생성되고 애니메이션이 재생될 것이다. 다음 장에서 애니메이션을 더 자세히 다루겠지만, 지금 당장은 세 개의 프레임을 사용해 끝없이 재생되는(코드로 멈추지 않는 한) 애니메이션을 사용할 것이다.

4. 비행기가 조금 커 보이니 Scale을 .5, .5, 1로 변경하자. 스크린의 왼쪽에 위치해야 하고, 다양한 해상도에서도 보여야 하니 Position을 -2.5, 0, 0으로 바꾼다. 오브젝트의 이름은 Plane으로 변경한다.

5. Scenes 폴더에 Gameplay 신과 프로젝트를 저장하고 게임을 실행해보자!

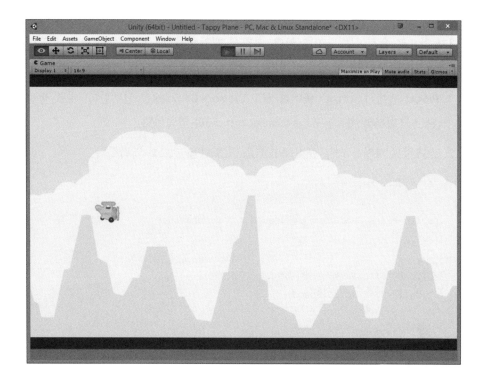

비행기가 자동으로 애니메이션되고, 다양한 종횡비에도 자연스럽게 들어맞을 것이다!

반복되는 배경 만들기

게임이 진행되는 동안 배경을 고정시켜도 되지만, 금방 지루한 느낌이 들고 비행기가 앞으로 움직이는 느낌도 없다. 따라서 게임을 좀 더 보기 좋게 만들기 위해 배경을 움직여서 플레이어의 비행기가 앞으로 움직이는 것처럼 만들어보자.

1. **Project** 탭에서 Scripts 폴더를 열고 **Create > C# Script**를 선택한다. 새로 생성된 스크립트의 이름은 RepeatingBackground라 입력한다.

2. 스크립트 파일을 더블 클릭해 IDE를 열고 다음 코드를 입력한다.

```
using UnityEngine;

public class RepeatingBackground : MonoBehaviour
{

    [Tooltip("이 오브젝트가 얼마나 빠르게 움직이는가")]
    public float scrollSpeed;

    /// <summary>
    /// 이미지가 스크린을 벗어날 때까지 얼마나 움직여야 하는가
    /// </summary>
    public const float ScrollWidth = 8; // 배경 넓이 /
                                        // 유닛당 픽셀
    /// <summary>
    /// 정해진 시간 간격마다 호출되며, 오브젝트를 이동시킨다
    /// 스크린에서 벗어나는 필요한 액션을 취한다
    /// </summary>
    private void FixedUpdate()
    {
        // 현재 위치를 구한다
        Vector3 pos = transform.position;

        // 오브젝트를 정해진 수치만큼 왼쪽으로 움직인다
        // (x축에서 음수 방향으로)
        pos.x -= scrollSpeed * Time.deltaTime;

        // 오브젝트가 완전히 스크린 밖으로 나갔는지 체크한다
```

```
        if (transform.position.x < -ScrollWidth)
        {
          Offscreen(ref pos);
        }


        // 파괴되지 않았다면 새로운 위치를 설정한다
        transform.position = pos;
    }


    /// <summary>
    /// 이 스크립트가 첨부된 오브젝트가 화면을 완전히 벗어나면
    /// 호출한다
    /// </summary>
    /// <param name="pos">위치에 대한 레퍼런스</param>
    protected virtual void Offscreen(ref Vector3 pos)
    {
        // 오브젝트를 화면 바깥 오른쪽으로 이동시킨다
        pos.x += 2 * ScrollWidth;
    }
}
```

반복되는 배경의 스크립트

반복되는 background 스크립트는 여러 가지 다른 작업을 한다. 첫 번째 눈여겨 볼 것은 두 개의 속성이다. 배경이 얼마나 빨리 움직이는지를 정하는 속도인 scrollSpeed와 배경 스프라이트의 너비를 뜻하는 const 변수인 ScrollWidth가 있다. 키워드 const는 상수로서 변수의 값이 8에서 절대 변하지 않는다는 뜻이다.

두 번째는 FixedUpdate 함수다. 보통 update 함수와 비슷하지만 변하지 않는 일정한 간격으로 호출되며, 이미지를 일정한 속도로 움직이게 하기 위해 사용했다. 이 함수에서는 오브젝트의 현재 포지션을 도움 변수[helper variable]인 pos에 저장하고 x축의 음수 방향(왼쪽)으로 이동시킨 후 오브젝트가 화면 밖으로 완전히 나갔는지를 체크한다. 만일 그렇다면 Offscreen 함수를 호출한다. 그런 후 현재 위치를 pos 값으로 설정한다.

Offscreen 함수는 추후에 확장해서 사용할 함수다. 따라서 public이나 private으로 만들지 않고 새로운 접근 제한자access modifier인 protected를 사용한다. 평소에는 private처럼 사용되지만 자식 클래스child class에서는 접근할 수 있다. 하나 알아둘 것은 함수를 virtual로 만든 이유는 추후에 장애물을 만들 때 오버라이드override 기능을 사용하기 위해서다.

1. 스크립트를 저장하고 유니티 에디터로 돌아간다. Hierarchy 탭에서 배경 오브젝트를 선택하고 RepeatingBackground 컴포넌트를 추가한다. Inspector 탭에서 Scroll Speed 속성을 5로 변경하고 게임을 실행한다.

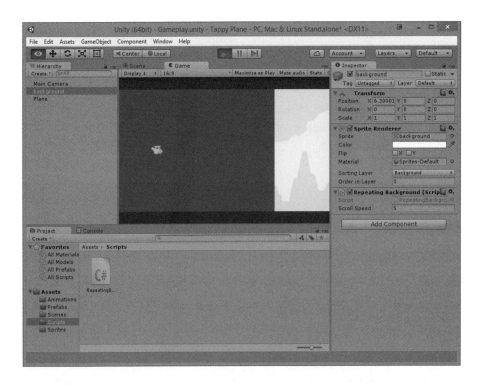

이제 배경 이미지가 왼쪽 끝까지 이동한 후 다시 반복되는 것을 볼 수 있다! 멋진 결과지만 아직 뒤에 빈 배경이 동시에 보인다. 이것은 쉽게 고칠 수 있다.

2. 빈 게임 오브젝트를 생성하고 Background라 이름한 후 0, 0, 0에 위치시킨다. 이전에 만든 배경 오브젝트를 빈 오브젝트에 끌어다 놓아 자식으로 만든다. 그런 후 자식 오브젝트를 선택하고 복제(Ctrl + D)한다. **Hierarchy**에서 복제한 오브젝트를 선택하고 X 위치를 8로 변경한다.

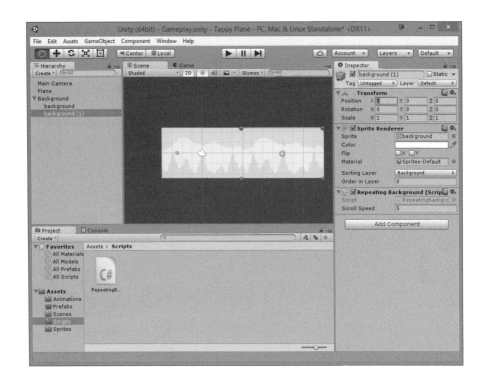

오른쪽에 위치한 스프라이트는 처음에 만든 스프라이트와 똑같은 방식으로 움직이며, 왼쪽 스프라이트가 움직일 때 생기는 빈 공간을 메운다. 또한 Offscreen 함수로 인해 오른쪽으로 이동하기 때문에 화면은 언제나 가득 채워지게 된다.

이제 무한히 반복되는 배경을 만들었다. 하지만 한 걸음 더 나아가서, 똑같은 함수를 이용해 배경의 앞에 다른 요소를 추가하면서 역동적인 느낌을 만들어 낼 수 있다.

3. Art Assets 폴더에 있는 groundGrass 스프라이트를 0, -2, 0에 위치시킨다.

4. 오브젝트에 RepeatingBackground 컴포넌트를 추가한 후 Scroll Speed를 5로 변경하고, 두 개 후방 배경 오브젝트의 Scroll Speed를 2로 낮춘다.

5. groundGrass를 Background 오브젝트의 자식으로 만든 후 복제(Ctrl + D)하고, 8, -2, 0에 위치시킨다.

6. 신을 저장하고 게임을 실행한다!

이제 좀 더 실감나게 만들어졌다! 무한히 반복되는 배경은 물론, 카메라에 가까운 요소들은 멀리 있는 것들보다 더 빨리 움직인다!

소팅 레이어 다루기

다음 차례는 게임에 존재하는 스프라이트들을 올바른 순서로 정렬하는 것이다. 이런 과정이 필요한 이유는 같은 Z 위치에 오브젝트들을 배치할 경우 그래픽 카드는 순서에 상관없이 스프라이트를 그려도 상관없다고(z-fighting이라 하기도 한다.) 인식하기 때문이다. 당장 에디터에서 보이는 모습은 문제가 없을지 모르지만, 게임을 실행하거나 신을 다시 시작하면 이상하게 보일 수 있다. 때문에 추후에 문제가 생기는 것을 미연에 방지할 필요가 있다. 오브젝트의 Z 위치를 변경하는 방법도 있지만, 소팅 레이어^{sorting layer} 속성을 이용해보겠다.

1. Hierarchy 탭에서 배경 오브젝트 중 하나를 선택한 후 Inspector 탭의 Sprite Renderer 컴포넌트로 가서 Sorting Layer 드롭다운을 클릭한다. Add Sorting Layer…를 선택하고 + 아이콘을 두 번 클릭한 후 새로 생성된 두 레이어의 이름을 각각 Background와 Foreground라고 입력한다. Background 레이어를 맨 위로 올려놓아(왼쪽 옆의 = 심볼을 끌어서) 가장 먼저 그려지게 한다.

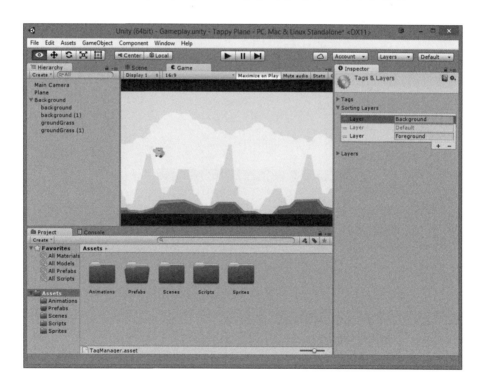

이제 background가 가장 먼저 그려지고, 그 후에 Default 오브젝트(중간층)가, 그리고 foreground가 그려질 것이다.

2. 물론 이렇게만 해서는 아무것도 일어나지 않는다. 두 개의 배경 오브젝트를 선택하고 **Sprite Renderer** 컴포넌트에서 **Sorting Layer**를 Background로 변경한다.

3. 그런 후 두 개의 groundGrass 스프라이트들의 **Sorting Layer**를 Foreground로 설정한다. **Plane** 오브젝트는 지금 그대로^{default} 둔다.

이제 소팅 레이어가 정상적으로 작동할 것이다! 만일 순서를 바꿀 때 어떤 일이 일어나는지 궁금하다면 **Add Sorting Layer…** 메뉴로 가서 (혹은 오른쪽 상단 메뉴에서 Layers > Edit Layers를 선택해) = 심볼을 끌어 다른 순서로 바꿔본다. 만일 Background를 맨 밑으로 두면 다음과 같은 모습이 될 것이다.

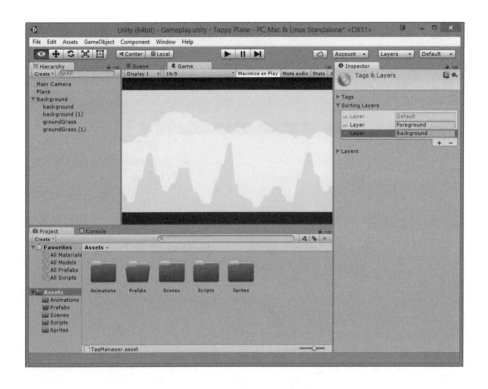

다른 모든 스프라이트들이 사라진다. 스프라이트들이 전부 그려진 후 그 위에 배경을 그리기 때문이다. 확인이 끝났으면 다시 원래대로 돌려놓자.

플레이어 비헤이비어 만들기

월드를 만들었으니 이제는 우리 비행기가 움직이면서 상호 작용을 할 수 있도록 해보자. 가장 먼저 움직임을 만들자.

1. Hierarchy 탭에서 Plane 오브젝트를 선택한다. Component ➤ Physics 2D ➤ Rigidbody 2D를 선택해서 Rigid Body 2D 컴포넌트를 추가한다.

2. 이 오브젝트는 항상 충돌을 체크해야 하므로 Inspector 탭에서 Collision Detection 속성을 Continuous로 변경한다.

   이제 비행기는 아래로 추락하지만 화면 바깥으로 나가버린다. 땅에 부딪힐 때 반응해야 하므로 충돌 데이터를 추가해보자. 일반적으로 충돌을 감지하는 콜라이더collider는 최대한 심플하게 만들어 복잡한 계산을 없애지만, 이 경우에는 실제와 같은 모양의 콜라이더인 Polygon Collider 2D를 추가할 것이다.

3. Component ➤ Physics 2D ➤ Polygon Collider 2D를 선택해서 Polygon Collider 2D를 추가한다.

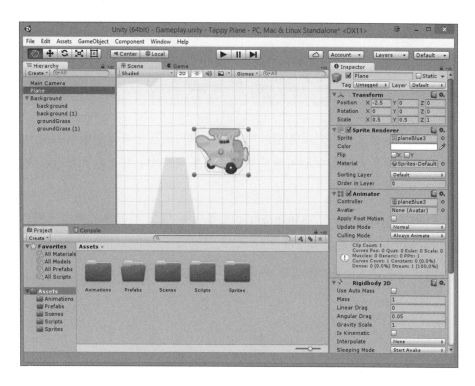

오브젝트 주위에 보이는 연두색 라인은 실제로 다른 오브젝트와 충돌하는 부분을 나타내는 것이다(다른 오브젝트도 충돌 데이터가 있는 경우).

4. 두 개의 groundGrass 오브젝트를 선택하고 Polygon Collider 2D를 추가한다.

이제 비행기가 땅과 만나면 떨어지기를 멈춘다. 물론 땅과 충돌한 후에도 비행기는 계속 움직일 수 있지만 나중에 수정할 예정이다. 당장은 비행기에 '점프' 기능을 추가해보자.

5. Project 탭으로 가서 Assets/Scripts 폴더를 열고 새로운 C# 스크립트 PlayerBehaviour를 생성한다.

6. 새로 생성된 스크립트를 더블 클릭하고 다음 코드를 입력한다.

```
using UnityEngine;

[RequireComponent(typeof(Rigidbody2D))]
```

```csharp
public class PlayerBehaviour : MonoBehaviour
{
[Tooltip("플레이어가 점프할 때 더해지는 힘")]
  public Vector2 jumpForce = new Vector2(0, 300);

  /// <summary>
  /// 부딪히면 더 이상 점프하지 못한다
  /// </summary>
  private bool beenHit;

  private Rigidbody2D rigidbody2D;

  // Use this for initialization
  void Start ()
  {
    beenHit = false;
    rigidbody2D = GetComponent<Rigidbody2D>();
  }

  // 모든 Update 함수가 끝난 후 호출됨
  void LateUpdate ()
  {
    // 부딪히지 않았다면 점프를 할 수 있는지 없는지 체크
    if ((Input.GetKeyUp("space") ||
    Input.GetMouseButtonDown(0))
      && !beenHit)
    {
      // 속도를 리셋하고 다시 점프한다
      rigidbody2D.velocity = Vector2.zero;
      rigidbody2D.AddForce(jumpForce);
    }
  }

  /// <summary>
  /// 다른 폴리곤 콜라이더와 충돌하면 추락한다
  /// </summary>
  /// <param name="other">누구와 충돌했는지</param>
```

```
void OnCollisionEnter2D(Collision2D other)
{
    // 충돌했다
    beenHit = true;

    // 더 이상 애니메이션이 재생되지 않게 하고,
    // 속도를 0으로 설정하고 파괴시킨다
    GetComponent<Animator>().speed = 0.0f;
}
}
```

7. 스크립트를 저장하고 에디터로 돌아간다. Plane 오브젝트에 PlayerBehaviour
   컴포넌트를 첨부한다.

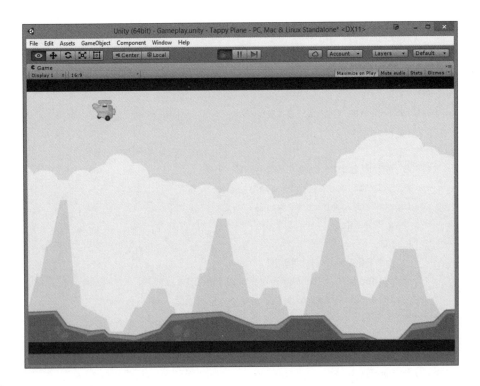

게임 멈추기

이제 비행기는 하늘로 점프도 하고, 땅에 부딪히면 움직임을 멈춘다. 하지만 추락했을 때도 게임이 멈춰야 하니 그 부분을 작업해보자. 마우스 입력을 점프로 사용하면 폰에서는 탭으로 인식될 것이다.

1. 〈플래피 버드^{Flappy Bird}〉는 일반적인 중력보다 오브젝트가 더 빨리 떨어진다. 우리도 이렇게 하려면 **Edit ➤ Project Settings ➤ Physics 2D**로 가서 **Gravity** 속성의 **Y** 값을 −20으로 변경한다. 숫자가 높을수록 비행기가 더 빨리 떨어질 것이다. 하지만 중력의 변화는 플레이어의 점프력에도 영향을 미친다. 따라서 적당하다는 느낌이 들 때까지 수치들을 알맞게 조절한다.

2. 새로운 C# 스크립트 GameController를 생성한다. 다음과 같은 코드를 입력한다.

```
using UnityEngine;

public class GameController : MonoBehaviour {

  [HideInInspector] // 아래 변수를 숨긴다
  /// <summary>
  /// RepeatingBackground가 첨부된 오브젝트가
  /// 얼마나 빨리 움직이는지에 대해 영향을 준다
  /// </summary>
  public static float speedModifier;

  // Use this for initialization
  void Start ()
  {
    speedModifier = 1.0f;
  }

}
```

3. 스크립트를 저장하고 유니티 에디터로 돌아간다. Hierarchy에서 GameObject >
Create Empty를 선택해 새로운 빈 게임 오브젝트를 생성한다. GameController
로 이름을 바꾼 후 GameController 컴포넌트를 추가한다. 그리고 보기 쉽도록
오브젝트를 Hierarchy 탭의 최상단에 위치시킨다.

4. PlayerBehaviour 스크립트를 열고 굵은 글씨로 처리된 라인을
OnCollisionEnter2D 함수에 추가한다.

```
void OnCollisionEnter2D(Collision2D other)
{
  // 충돌했다
  beenHit = true;
  GameController.speedModifier = 0;

// 더 이상 애니메이션이 재생되지 않게 하고,
// 속도를 0으로 설정하고 파괴시킨다
  GetComponent<Animator>().speed = 0.0f;
}
```

5. 스크립트를 저장하고 RepeatingBackground 스크립트를 연다. FixedUpdate 함
수에 굵은 글씨로 처리된 다음 내용을 추가한다.

```
// 오브젝트를 정해진 수치만큼 왼쪽으로 움직인다
// (x축에서 음수 방향으로)
  pos.x -= scrollSpeed * Time.deltaTime *
    GameController.speedModifier;
```

6. 스크립트를 저장하고 유니티 에디터로 돌아간다. 프로젝트를 저장하고 게임을 실행해보자.

이제 추락하게 되면 배경 오브젝트들이 멈추게 될 것이다! 완벽하다.

장애물 만들기

게임에 방해 요소가 없다면 아무 재미도 없으므로 이제 플레이어가 피해야 하는 파이프처럼 생긴 장애물을 추가해보자.

1. Art Assets 폴더에서 rockGrass와 rockGrassDown 스프라이트를 가져와 Project 탭의 Assets/Sprites 폴더에 넣자.

2. rockGrass 오브젝트를 월드로 끌어다 놓는다. 위치를 0, -2.5, 0으로 변경한다. 그리고 Polygon Collider 2D 컴포넌트를 추가한다.

3. rockGrassDown 오브젝트를 월드로 끌어다 놓는다. 위치를 0, 2.5, 0으로 변경한다. 그리고 Polygon Collider 2D 컴포넌트를 추가한다.

4. GameObject > Create Empty를 선택해 빈 게임 오브젝트를 생성한다. 포지션을 0, 0, 0으로 리셋하고 이름을 Obstacle로 변경한다. 그런 후 두 개의 rockGrass를 끌어다 놓아서 Obstacle 오브젝트의 자식이 되게 한다.

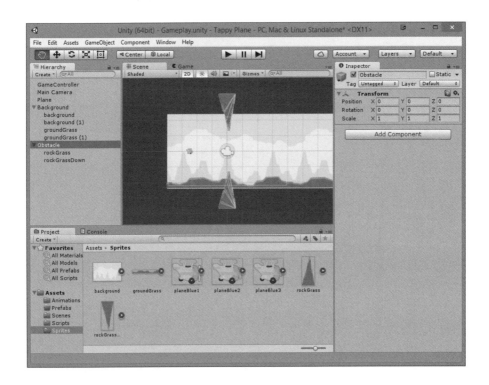

5. 장애물이 RepeatingBehaviour 스크립트처럼 움직이길 원하지만, 반복되는 것이 아니라 제거된 후 다시 생성되게 하고 싶다. 새로운 C# 스크립트 ObstacleBehaviour를 생성하고 다음 코드를 입력한다.

```
using UnityEngine;

public class ObstacleBehaviour : RepeatingBackground {
  protected override void Offscreen(ref Vector3 pos)
  {
```

```
        Destroy(this.gameObject);
    }
}
```

별것 아닌 것처럼 보이겠지만 상당히 많은 일을 하는 코드다. 주의 깊게 보면 : 심볼 옆에 `MonoBehaviour` 대신 `RepeatingBehaviour`가 있다. `ObstacleBehaviour`가 `RepeatingBehaviour` 클래스를 상속^{inherit}받는다는 뜻으로, 이전 스크립트가 가지고 있는 속성과 기능이 모두 포함된다는 이야기다. 이렇게 구성할 경우 이전 스크립트를 확장하거나 오버라이드^{override}하는 부분만 작성하면 된다. 이번 경우는 스크린 밖을 벗어나면 제거되길 원하기 때문에 `offscreen` 함수를 오버라이드해서(이 함수를 `virtual`로 만들었기 때문에 가능하다.) 게임 오브젝트를 제거할 수 있게 만들었다.

 상속과 파생된 클래스에 대한 더 많은 정보가 필요하다면 https://msdn.microsoft.com/en-us/library/ms228387(v=vs.90).aspx를 둘러보길 바란다.

스크립트를 저장하고 새로 만든 스크립트를 Obstacle 오브젝트에 첨부한 후 **Scroll Speed** 속성을 5로 변경한다.

이제 장애물이 스크린 밖으로 벗어나면 자신을 자동으로 제거할 것이다!

실시간으로 장애물 생성하기

이제 간단한 장애물을 만들었으니 이 오브젝트를 레퍼런스^{reference}로 삼아 코드를 통해 생성해보자. 이 과정을 좀 더 쉽게 하기 위해 장애물을 프리팹^{prefab}으로 만들자.

1. **Project** 탭으로 가서 Prefabs 폴더를 연다. **Hierarchy** 탭에서 Obstacle 오브젝트를 **Project** 탭의 Prefabs 폴더로 끌어다 놓는다. 장애물 오브젝트가 파란색으로 변하면서 프리팹이 됐음을 알려줄 것이다.

2. 위 단계가 끝나면 더 이상 필요 없으니 Hierarchy 탭에서 Obstacle 오브젝트를 삭제한다.

3. 이제 장애물이 완성됐으니 생성해보자. GameController 스크립트를 열고 다음 변수들을 추가한다.

```
[Header("장애물 정보")]

[Tooltip("생성될 장애물")]
public GameObject obstacleReference;

[Tooltip("장애물에 쓰일 최소 Y 값")]
public float obstacleMinY = -1.3f;

[Tooltip("장애물에 쓰일 최대 Y 값")]
public float obstacleMaxY = 1.3f;
```

4. 이어서 다음 함수를 추가한다.

```
/// <summary>
/// 장애물을 생성하고 위치를 초기화한다
/// </summary>
void CreateObstacle()
{
// 무작위 Y 값을 사용해 화면 밖에 생성한다
Instantiate(obstacleReference,
  new Vector3(RepeatingBackground.
  ScrollWidth,
  Random.Range(obstacleMinY, obstacleMaxY),
  0.0f),
  Quaternion.identity);
}
```

5. Start 함수 끝에 다음 코드를 입력해 위 함수가 호출되게 한다.

```
InvokeRepeating("CreateObstacle", 1.5f, 1.0f);
```

6. 스크립트를 저장하고 유니티 에디터로 돌아온다. Hierarchy 탭에서 GameController 오브젝트를 선택하고 Obstacle 프리팹을 Obstacle Reference 속성에 지정한다.

7. 신을 저장하고 게임을 실행해보자!

보이는 것처럼 여러 다른 장애물들이 각기 다른 위치에 생성된다. 멋지다!

게임 시작과 엔딩 비헤이비어 구성하기

게임을 실행시키자 마자 게임이 시작되는 것은 우리가 원하는 바가 아니다. 플레이어가 키를 한 번 누르면 그다음에 장애물 생성을 시작할 것이다. 이러한 비헤이비어behavior뿐만 아니라 자유롭게 추가하고 제거할 수 있는 컴포넌트를 만들어보자.

1. Project 탭으로 가서 Scripts 폴더를 열고 새로운 스크립트 GameStartBeha
viour를 생성해보자. 스크립트를 열고 다음 코드를 입력한다.

```
using UnityEngine;

public class GameStartBehaviour : MonoBehaviour {
  /// <summary>
  /// 플레이어 오브젝트에 대한 레퍼런스
  /// </summary>
  private GameObject player;

  // Use this for initialization
  void Start ()
  {
    player = GameObject.Find("Plane");
    player.GetComponent<Rigidbody2D>().isKinematic =
    true;
  }

  // Update is called once per frame
  void Update ()
  {
    // 게임을 시작
    if ((Input.GetKeyUp("space") ||
    Input.GetMouseButtonDown(0)))
    {
      // 1초가 지나고 나면, 1.5초마다 생성
      GameController controller =
      GetComponent<GameController>();
      controller.InvokeRepeating("CreateObstacle",
      1f, 1.5f);

      // 비행기가 떨어지기 시작한다
      player.GetComponent<Rigidbody2D>().isKinematic
      = false;

      // 오브젝트가 아닌 이 컴포넌트만 삭제한다
```

```
        Destroy(this);
      }
    }
}
```

2. 스크립트를 저장하고 `GameController` 스크립트를 연다. `InvokeRepeating` 라인을 다음 코드로 바꾼다.

```
gameObject.AddComponent<GameStartBehaviour>();
```

3. 스크립트를 저장하고 유니티 에디터로 돌아오자. 프로젝트를 저장하고 게임을 실행한다.

게임을 실행하면 비행기가 그 자리에 그대로 있는 것이 보일 것이다. 오브젝트를 키네마틱^{kinematic}으로 만들었기 때문인데, 더 이상 다른 오브젝트에 의해 영향을 받지 않는다.

4. 이제 비행기가 추락하면 게임을 재시작할 수 있게 만들자. 새로운 C# 스크립트 GameEndBehaviour를 만들고 다음 코드를 입력한다.

```csharp
using UnityEngine;
using System.Collections;
using UnityEngine.SceneManagement;

public class GameEndBehaviour : MonoBehaviour {

    /// <summary>
    /// 플레이어가 일정한 시간이 지나기 전에
    /// 게임에서 나가는 것을 막는다
    /// </summary>
    private bool canQuit = false;

    /// <summary>
    /// 게임에서 졌으므로 장애물 생성을 중단한다
    /// </summary>
    void Start()
    {
        // 타이머 코루틴(coroutine)을 시작한다
        StartCoroutine(DelayQuit());

        // 더 이상 장애물을 생성할 필요가 없다
        GameController controller =
        GameObject.Find("GameController").
        GetComponent<GameController>();
        controller.CancelInvoke();
    }

    /// <summary>
    /// 플레이어가 스페이스 키, 혹은 마우스를 클릭했는지 체크한다
    /// 재시작이 가능하면 다시 시작한다
    /// </summary>
    void Update()
    {
        if ((Input.GetKeyUp("space") ||
```

```
    Input.GetMouseButtonDown(0))
    && canQuit)
    {
        // 현재 실행되고 있는 같은 레벨을 다시 시작한다
        SceneManager.LoadScene(SceneManager.
        GetActiveScene().name);
    }
}

/// <summary>
/// 플레이어의 재시작을 지연시킨다
/// </summary>
/// <returns>다시 호출되기까지 얼마나 기다려야 하는지</returns>
IEnumerator DelayQuit()
{
    // 플레이어가 게임을 끝내기 전에 시간을 준다
    yield return new WaitForSeconds(.5f);

    // .5초가 지나고 나면 이 시점에 도달한다
    canQuit = true;
}
}
```

5. PlayerBehavior로 돌아가서 다음의 굵은 글씨로 처리된 코드를 OnCollisionEnter2D 함수 끝부분에 추가한다.

```
/// <summary>
/// 다른 폴리곤 콜라이더와 충돌하면 추락한다
/// </summary>
/// <param name="other"> 누구와 충돌했는지</param>
void OnCollisionEnter2D(Collision2D other)
{
    // 충돌했다
    beenHit = true;
    GameController.speedModifier = 0;

    // 더 이상 애니메이션이 재생되지 않게 하고,
```

```
// 속도를 0으로 설정하고 파괴시킨다
GetComponent<Animator>().speed = 0.0f;

// 마지막으로 GameEndBehaviour를 생성해서 재시작하자
if (!gameObject.GetComponent<GameEndBehaviour>())
{
    gameObject.AddComponent<GameEndBehaviour>();
}
}
```

6. 모든 스크립트를 저장하고 프로젝트를 실행한다.

이제 게임에서 지면 게임은 .5초 동안 멈추고, 그 후에 클릭하면 게임을 다시 시작할 수 있다!

스코어 기록하기

이제 기본적인 게임플레이가 구현됐지만, 플레이어는 자신이 얼마나 잘하고 있는지 알 방법이 없다. 이를 해결하기 위한 부분을 만들어보자.

1. GameObject > UI > Text로 간다. Canvas 오브젝트를 잘 볼 수 있도록 더블 클릭하고 텍스트가 어떻게 보이는지 확인한다.

2. Text 오브젝트를 선택하고 Anchors Presets 메뉴에서 Alt + Shift를 누른 상태로 중간 상단 옵션을 클릭해 선택한다. 오브젝트의 이름을 Score Text로 변경한다.

3. Score Text 오브젝트를 선택하고 Rect Transform 컴포넌트의 Height를 50으로 변경한다. Text 컴포넌트의 Text 속성을 0으로 바꾸고 Alignment를 중간 수평으로 변경한다. 그런 후 Font Size를 40으로 바꾸고 텍스트 컬러를 어두운 파란색으로 변경한다(내가 사용한 것과 정확히 동일한 컬러를 사용하고 싶다면 컬러를 클릭하고 Hex Color에 7AA0ADFF를 입력한다).

4. 어떤 상황에서도 잘 보이게 만들고 싶으므로 이 오브젝트의 **Add Component** 메뉴를 클릭하고 **Outline** 컴포넌트를 추가한다. **Effect Color**를 흰색(Hex Color FFFFFFFF)으로, **Effect Distance**를 2, -2로 설정한다.

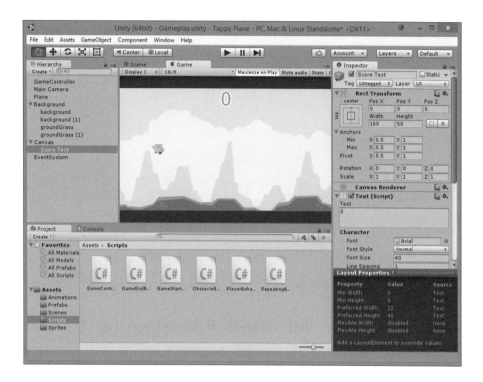

5. 텍스트를 만들었으니 이제 점수를 얻을 수 있도록 하자. GameController 스크 립트로 돌아가서 다음 using 코드를 추가한다.

```
using UnityEngine.UI;
```

6. 그런 후 다음 변수들을 추가한다.

```
private static Text scoreText;
private static int score;

public static int Score
{
```

```
    get { return score; }
    set
    {
      score = value;
      scoreText.text = score.ToString();
    }
  }
```

7. 이제 변수들을 초기화하기 위해 다음의 굵은 글씨로 처리된 코드를 Start 함수에 추가한다.

```
// Use this for initialization
void Start ()
{
  speedModifier = 1.0f;
  gameObject.AddComponent<GameStartBehaviour>();
  score = 0;
  scoreText =
  GameObject.Find("Score Text").GetComponent<Text>();
}
```

8. 스크립트를 저장한다. 이제는 장애물을 지나갈 때마다 스코어를 증가시켜야 한다. 이렇게 하려면 장애물 프리팹에 추가해야 할 것이 있는데, 좀 더 쉽게 보기 위해 Project 탭의 Prefabs 폴더를 연다. Obstacle 오브젝트를 Hierarchy 탭으로 끌어다 놓은 후 더블 클릭해서 좀 더 보기 쉽게 카메라를 줌인시킨다.

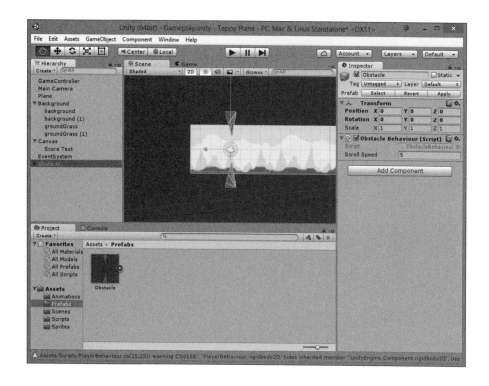

9. 이제 박스 콜라이더^{box collider}를 추가해보자. Component ➤ Physics 2D ➤ Box Collider 2D로 간 후 Is Trigger 옵션에 클릭하고 Size를 .5, 3으로 변경한다.

Is Trigger 옵션은 콜라이더가 무언가와 충돌했을 때를 감지할 수 있게 해주며, 물리를 사용해 오브젝트 안으로 들어가지 못하게 막는 것이 아니라 OnCollision 함수가 아닌 OnTrigger 함수를 통해 원하는 기능을 실행할 수 있게 해준다. 이런 방식은 방에 들어갔을 때 적을 생성시키는 것 같은 기능을 구현할 때 주로 사용된다. 우리의 경우에는 스코어를 증가시키겠다.

10. ObstacleBehaviour 스크립트를 열고 다음 함수를 입력한다.

```
public void OnTriggerEnter2D(Collider2D collision)
{
    GameController.Score++;
}
```

11. 스크립트를 저장하고 유니티 에디터로 돌아간다. Obstacle 오브젝트를 선택하고 Inspector 탭의 Prefab 섹션에서 Apply 버튼을 클릭한다.

12. Hierarchy 탭의 Obstacle 오브젝트를 지우고 프로젝트를 저장한다.

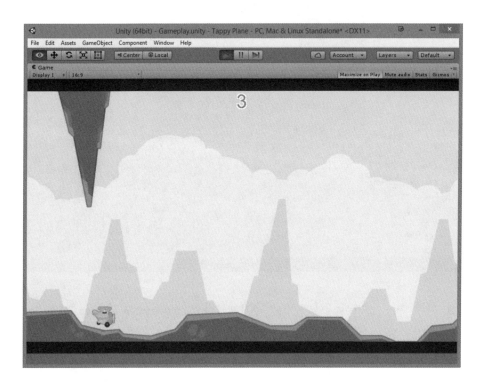

이제 스코어가 정상적으로 증가된다. 드디어 프로젝트가 끝났다!

요약

우리는 PC와 모바일 두 플랫폼에서 정상적으로 작동하는 프로젝트를 만들었다. 소팅 레이어^{sorting layer}를 배웠으며, 플레이어의 스킬이 뛰어나다면 영원히 플레이가 가능한 게임을 만들었다!

다음 장에서는 트윈^{tween}을 이용한 애니메이션을 다루는 전혀 새로운 프로젝트를 개발할 것이다!

도전 과제

이 프로젝트에 대해 추가적으로 작업하고 싶다면 할 수 있는 것들이 무궁무진하다. 특히 이 책을 모두 끝내고 난 후라면 더 많을 것이다. 다음은 생각해볼 수 있는 몇 가지 아이디어들이다.

- 출시를 원하는 플랫폼에 따라 올바른 모듈을 설치해야 한다(유니티 5.3부터 적용). 아직 설치되지 않았다면 유니티 설치 프로그램을 다시 실행해서 원하는 플랫폼 모듈을 설치하면 된다. 출시를 원하는 플랫폼에 따라서 안드로이드는 http://docs.unity3d.com/Manual/android-GettingStarted.html을, iOS는 http://docs.unity3d.com/Manual/iphone-GettingStarted.html을 참고하길 바란다. iOS에 출시하고 싶은 경우 애플이 추가 비용을 요구할 수도 있다.
- 다음 장을 끝내고 iTween을 배우고 나면 비행기가 날아들거나 서서히 나타나는 방식으로 Get Ready와 Game Over 스크린을 만들어 완성도를 높인다.
- 추가적으로 텍스트를 넣고, 플랫폼에 따라 define을 활용해 탭을 하거나 마우스 클릭을 하라고 알려준다. 예제를 보고 싶다면 http://docs.unity3d.com/Manual/PlatformDependentCompilation.html을 참고한다.

5

슈팅 갤러리:
애니메이션과 트윈 다루기

지금까지 만든 게임의 개수가 충분히 쌓였으니 이제는 좀 더 '살아있는' 느낌을 주는 게임을 만들 차례가 됐다. 살아있는 게임을 만들기 위한 방법은 몇 가지가 있는데, 그중 하나가 게임에 애니메이션을 추가해 정지된 듯한 느낌을 없애는 것이다.

애니메이션을 제작하는 방법은 여러 가지가 있지만, 이 장에서는 세 가지 방법을 다룰 것이다. 유니티에 내장돼 있는 애니메이션 시스템을 사용하는 방법과 iTween 같은 트위닝 라이브러리^{tweening library}를 사용하는 방법, 그리고 코드를 사용해 오브젝트를 움직이는 방법이다.

프로젝트 개요

이 프로젝트는 플레이어가 시간 제한이 끝나기 전까지 타깃을 쏴서 맞추는 간단한 슈팅 갤러리^{shooting gallery} 게임을 만드는 방법을 가르쳐줄 것이다. 이 과정을 통해 유니티에 내장된 애니메이션 시스템과 iTween 같은 트위닝 라이브러리를 사용해 애니메이션을 만드는 방법을 배울 것이며, 마지막으로 PlayerPrefs를 사용해서 최고 점수를 저장할 것이다.

목표

이 프로젝트는 여러 개의 작업으로 나뉘어 있으며, 처음부터 마지막까지 한 단계씩 밟아나가면서 진행하면 된다. 해야 할 작업은 다음과 같다.

- 배경 만들기
- 타깃 추가하기
- 유니티 애니메이션 시스템으로 애니메이션 만들기
- iTween을 사용해서 애니메이션 만들기
- 움직이는 타깃 만들기
- 다수의 타깃 만들기
- 게임 시작하기/끝내기
- 최고 점수 저장하기

시작 전 필수 사항

이 장에서 필요한 아트 애셋, 완성된 프로젝트와 소스 파일들은 팩트출판사 홈페이지에서 다운로드할 수 있다.

프로젝트 구성

새로운 프로젝트를 생성해보자.

1. 유니티를 실행하고 File ❯ New Project로 간다. 원하는 하드 드라이브 위치에 Project Location을 선택한 후 2D가 선택돼 있는지 확인한다. Project Name은 Shooting Gallery로 설정한다. 모든 작업이 끝났으면 Create Project를 선택한다. 사용할 예정이 없으니 Welcome to Unity 팝업이 나오면 닫아버리자.

2. 이전 장과 같이 다음 폴더들을 생성하자.

- ○ Animations
- ○ Prefabs
- ○ Scenes
- ○ Scripts
- ○ Sprites

환경 만들기

가장 첫 번째 단계로 배경을 만들어보자.

1. 이 장의 예제 코드 Art Assets 폴더에서 배경 스프라이트를 가져와 Project 탭 아래의 Assets/Sprites 폴더에 끌어다 놓는다.

 애셋들은 케니(Kenney)에 의해 제작됐으며, 그 외에 추가적으로 제공된 애셋들은 http://kenney.nl/assets/shooting-gallery에서 둘러볼 수 있다.

2. 이 장에서는 하늘 레이어^{layer}, 풀밭 레이어, 그 위에 세 개의 물 레이어까지 만들어서 전보다 좀 더 세밀한 배경을 제작할 예정이다. 바로 다음 절로 넘어가고 싶은 사람들을 위해 완성된 레벨(StartingMap)이 제공돼 있지만, 맵을 구성하는 방법이 궁금한 사람들은 다음 단계를 밟으면 된다.

3. bg_blue 스프라이트를 Scene 탭으로 가져와 네 개를 복제(Ctrl + D)한 후 수평 방향으로 각각 겹치지 않게 배치하고, Background 소팅 레이어^{sorting layer}를 생성한 후 지정한다. 빈 게임 오브젝트 Background를 생성하고 모든 오브젝트들을 그 안에 집어넣는다.

4. 두 개의 풀밭grass 텍스처를 사용해서 또 다른 레이어를 만들고, 복제한 후 조금 전 배경으로 만든 영역이 다 커버되도록 배치한다. 빈 게임 오브젝트 Grass Layer를 생성해 방금 만든 배경들을 담는다. 좀 더 흥미로운 배경이 되도록 나무들을 자유롭게 배치해본다.

5. 풀밭 텍스처에서 했던 것처럼 물 텍스처를 사용해 똑같은 작업을 한다. 부모 오브젝트의 이름은 Water Row 1으로 한다. 이 오브젝트는 풀밭보다 위에 있어야 하므로 z 값을 -1로 변경한다.

6. 물 레이어를 두 번 복제하고 각각의 z 값을 -2와 -3으로 변경한다. 각각의 이름을 Water Row 2와 Water Row 3로 변경한다.

7. 마지막으로 Main Camera 오브젝트를 선택하고 Size를 3.9로 변경해 줌인을 한다. 모든 작업이 끝나면 다음과 같은 모습이 될 것이다.

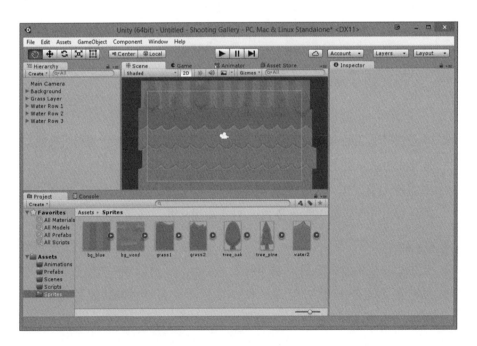

타깃 추가하기

슈팅 갤러리 게임에는 쏠 타깃들이 필요하다. 이번에는 플레이어가 쏠 수 있는
타깃들을 만들어보자.

1. Hierarchy 탭으로 가서 Create ➤ Empty Game object를 선택해 빈 게임 오브젝
   트를 생성한다. 오브젝트의 이름을 Target으로 변경하고 Position을 0, 0, -4로
   변경해 다른 오브젝트들의 위에 위치하게 한다.

2. 나무 막대기를 추가하고, duck_outline_brown 스프라이트를 Target 오브젝트
   에 추가한 후 Position을 0, 1.1, 0으로 변경해 나무 막대기 위에 위치시킨다.

3. 플레이어가 오리를 건드릴 수 있게 해야 하므로 duck_outline_brown 오브젝
   트에 Polygon Collider 2D 컴포넌트를 추가한다.

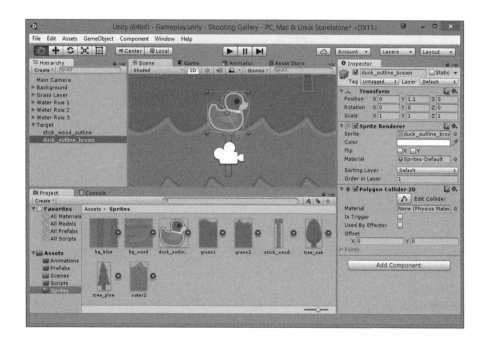

유니티 애니메이션 시스템으로 애니메이션 만들기

1. 이제 오리를 클릭할 때마다 움직이게 만들어보자. 하지만 그 전에 기본 애니메이션을 만들 필요가 있다. Window ➤ Animation으로 가서 Animation 탭을 연다. 이렇게 하면 Animation 탭이 따로 열릴 것이다.

2. Hierarchy 탭에서 Target 오브젝트를 선택한 후 Animation 윈도우에서 오른쪽에 있는 Create 버튼을 클릭한다.

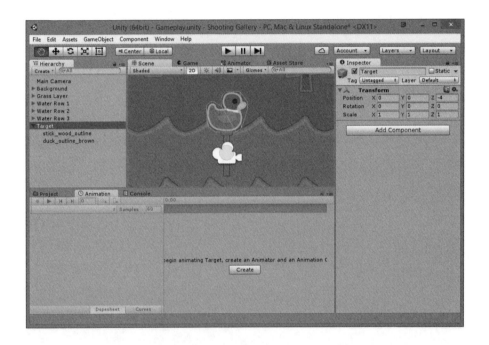

3. 애니메이션을 저장할 것인지 물어볼 것이다. 이미 생성해 놓은 Animations 폴더로 가서 이름을 Idle로 정한 후 OK를 선택한다.

4. 이 애니메이션은 움직이지 않을 때 사용되기 때문에 아무런 변화도 원하지 않는다. 따라서 Idle 드롭다운에 클릭하고 새로운 클립을 생성한 후 새로운 애니메이션의 이름을 Flip이라 정한다.

5. 만들어졌으면 타임라인을 10번째 프레임(0:10)으로 옮긴다. **Target** 오브젝트의 **Y Rotation**을 90으로 변경한다. `duck_outline_brown` 오브젝트를 선택하고 스프라이트를 `duck_outline_back` 이미지로 변경한다. 그런 후 20번째 프레임에 또 다른 `keyframe`을 생성하고 **Rotation**을 180으로 변경한다.

6. 지금 상태에서는 애니메이션이 계속 반복될 텐데, 우리가 원하는 모습은 아니다. **Project** 탭으로 가서 Animations 폴더를 열고 `Flip` 애니메이션을 선택한다. **Inspector** 탭에서 **Loop Time** 속성의 체크를 해제한다. 이제 우리가 원하는 대로 애니메이션이 한 번만 재생되고 멈출 것이다.

유니티 애니메이션을 코드로 재생하기

애니메이션을 만들었으니 이제 이 애니메이션을 코드를 통해 재생해보자.

1. **Project** 탭으로 가서 Scripts 폴더를 열고 `TargetBehaviour`라는 새로운 스크립트를 생성한다. 그리고 다음 코드를 입력한다.

```
using UnityEngine;
using System.Collections;

public class TargetBehaviour : MonoBehaviour {

  private bool beenHit = false;
  private Animator animator;
  private GameObject parent;

  void Start()
  {
    parent = transform.parent.gameObject;
    animator = parent.GetComponent<Animator>();
  }

  /// <summary>
  /// 플레이어가 오브젝트를 클릭했을 때 호출한다
  /// 오브젝트에 콜라이더(collider)가 존재할 때만 작동한다
```

```
/// </summary>
void OnMouseDown()
{
  // 맞추는 것이 가능한가
  if (!beenHit)
  {
    beenHit = true;
    animator.Play("Flip");
  }
}
}
```

위 코드는 타깃을 클릭할 때마다 Flip 애니메이션을 재생할 것이다. 애니메이터 변수가 오브젝트의 부모를 사용하는 것을 눈여겨보자. 이렇게 하는 이유는 콜라이더^{collider}가 Target 오브젝트가 아닌 오리에 붙어있기 때문이다.

2. 스크립트를 저장하고 duck_outline_brown 이미지로 가서 Target Behavior 스크립트를 첨부하자.

3. 신을 저장하고 게임을 실행하자. 이제 스프라이트를 클릭할 수 있다.

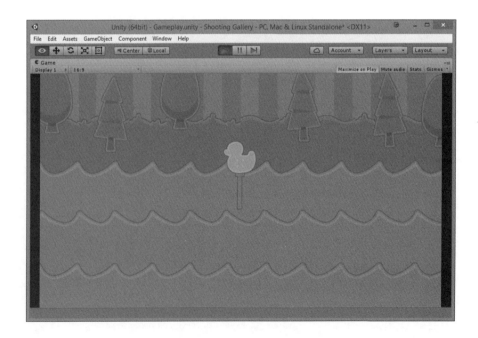

이제 애니메이션이 정상적으로 재생된다! 멋진 시작이다.

iTween을 사용해 애니메이션 만들기

유니티에 내장된 애니메이션 시스템은 여러 개의 다른 속성을 한꺼번에 변경하고 싶을 때 매우 유용하다. 하지만 한 개의 속성만 변경하거나 혹은 순수하게 코드로만 애니메이션을 하고 싶은 경우에는 시작점과 끝점, 시간과 속도를 정해주면 모든 중간 과정을 알아서 해주는 트위닝 라이브러리^{tweening library}를 사용할 수도 있다.

내가 즐겨 사용하는 트위닝 라이브러리 중 하나는 PixelPlacement's iTween이다. 오픈소스인 이 라이브러리는 상용과 비상용 프로젝트에 제약 없이 사용할 수 있다.

1. Window ➤ Asset Store로 가서 Asset Store를 연다. 상단에 있는 검색 바에 iTween을 입력하고 엔터 키를 누른다.

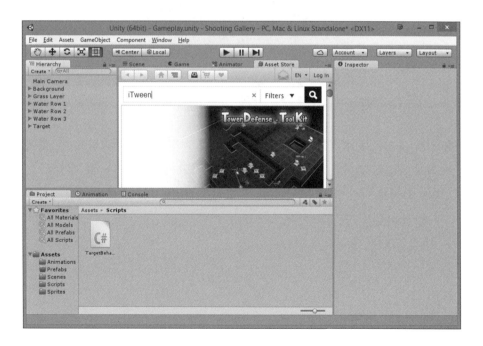

2. 혹시 Asset Store 탭이 너무 작게 느껴지면 가운데로 끌어다 놓고 적당한 크기로 조절하자.

3. 리스트에 여러 가지 아이템들이 나올 텐데, 그중 첫 번째가 iTween일 것이다. 선택하면 iTween의 상품 페이지로 이동하게 되고, Download 버튼을 누른다.

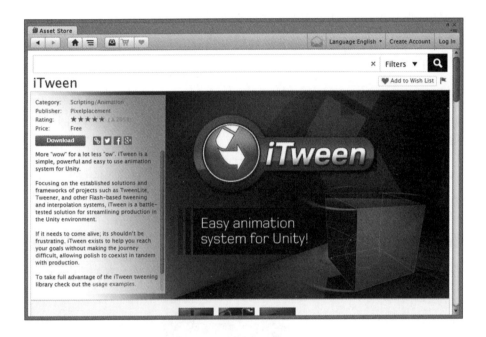

4. 처음 유니티를 설치할 때 만들었던 유니티 계정에 로그인하라고 할 텐데, 혹시 계정이 없다면 Create Account를 클릭하고 만들면 된다. 로그인됐으면 Download를 다시 한 번 클릭한다. 혹시 이후 과정이 자동으로 진행되지 않는다면 Import 버튼을 클릭한다.

5. Import Unity Package 윈도우 팝업이 보일 것이다. 이곳에서 가져오고 싶은 파일을 체크하거나 해제할 수 있다. 지금 필요한 것은 iTween.cs뿐이지만 다른 것들도 유용하게 쓰이거나 추후 개인 프로젝트에 쓰고 싶을 수도 있다. 선택이 끝나면 Import 버튼을 클릭한다.

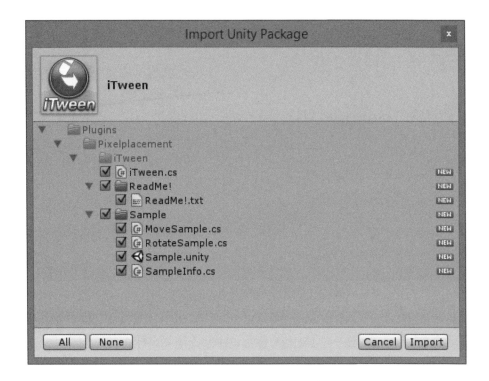

6. 더 이상 Asset Store는 필요 없으니 닫아버리자. 이제 선택한 파일들이 Project 탭 안에 들어있는 것이 보일 것이다.

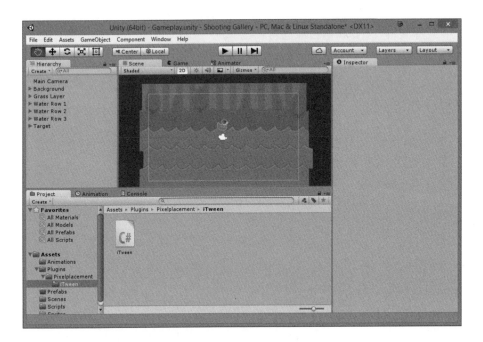

7. 프로젝트에 iTween을 포함시켰으니 이제 코드에서 사용할 수 있다. IDE에 서 `Target Behavior` 스크립트를 열고 다음 변수를 추가한다.

```
private bool activated;
```

8. 그런 후 다음 코드를 입력한다.

```
public void ShowTarget()
{
  if (!activated)
  {
    activated = true;
    beenHit = false;
    animator.Play("Idle");
```

```
iTween.MoveBy(parent, iTween.Hash("y", 1.4,
                                  "easeType",
                                  "easeInOutExpo",
                                  "time", 0.5
                                  ));
   }
  }
```

코드를 보면 iTween에서 처음으로 호출하는 함수가 MoveBy라는 것을 알 수 있다.
이 함수는 두 개의 파라미터를 필요로 하는데, 첫 번째는 움직이고자 하는 오브
젝트며 두 번째는 해시^{Hash}, 혹은 해시테이블^{hashtable}이다. 해시테이블은 특정 고유
키가 특정 값에 매핑되는 것처럼 관계성이 있는 배열^{array}들을 생성하는 데이터
구조를 말한다. iTween의 적용 방식에서 첫 번째는 속성이며, 두 번째는 그 속성
이 가져야 하는 값을 말한다.

 해시테이블에 대한 더 많은 정보가 필요하다면 http://en.wikipedia.org/wiki/Hash_
table을 둘러보길 바란다. iTween에 대한 더 많은 정보가 필요하다면 http://itween.
pixelplacement.com/gettingstarted.php를 둘러보길 바란다.

1. 이제 이 함수를 사용할 수 있게 됐으니 테스트를 위해 Start 함수 끝부분에
   다음 코드를 추가하자.

```
ShowTarget();
```

2. 프로젝트를 저장하고 게임을 실행하자!

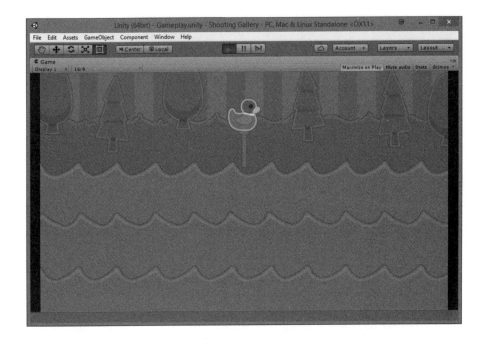

게임이 실행되면 해시에서 지정한 값만큼 오리가 y축 방향으로 날아가는 것을 볼수 있다!

1. 자, 이제 오리를 클릭하면 다시 내려가게 만들어보자. 다음 변수를 클래스에 추가한다.

```
private Vector3 originalPos;
```

2. 다음 라인을 Start 함수에 입력해서 초기화한다.

```
originalPos = parent.transform.position;
```

3. 그리고 새로운 함수를 추가한다.

```
public IEnumerator HideTarget()
{
  yield return new WaitForSeconds(.5f);
```

```
// 처음 위치로 내려간다
iTween.MoveBy(parent.gameObject, iTween.Hash(
"y", (originalPos.y -
parent.transform.position.y),
"easeType", "easeOutQuad", "loopType", "none", "time",
0.5, "oncomplete", "OnHidden", "oncompletetarget",
gameObject));
}
```

 이번 경우 해시 맵에 oncomplete와 oncompletetarget 파라미터를 추가한 것을 볼 수 있다. oncomplete는 일정 시간이 지나면 함수를 호출하고(이 경우는 추후에 제작할 OnHidden), "oncompletetarget"은 iTween이 oncomplete 부분에서 제공된 이름의 함수를 찾을 것이다. 이런 방식은 애니메이션하는 오브젝트가 iTween이 사용된 오브젝트가 아닐 때 사용된다.

4. OnHidden 함수를 추가한다.

```
/// <summary>
/// 트윈이 끝나고 나면 다시 보여질 수 있도록 만든다
/// </summary>
void OnHidden()
{
  // 오브젝트의 위치가 리셋되게 한다
  parent.transform.position = originalPos;
  activated = false;
}
```

5. 마지막으로 애니메이션이 제대로 나올 때만 뒤집어지도록 굵은 글씨로 처리된 다음 코드를 추가해 OnMouseDown을 업데이트하자.

```
void OnMouseDown()
  {
    // 맞추는 것이 가능한가
    if (!beenHit)
    {
```

```
    beenHit = true;
    animator.Play("Flip");
    StartCoroutine(HideTarget());
  }
}
```

6. 레벨과 프로젝트를 저장하고 게임을 실행하자!

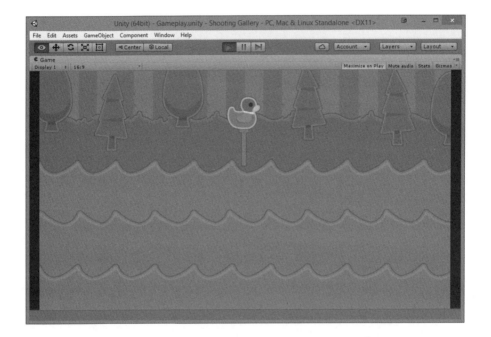

7. 이제 시작되면 스프라이트가 시작점에서 튀어나온다.

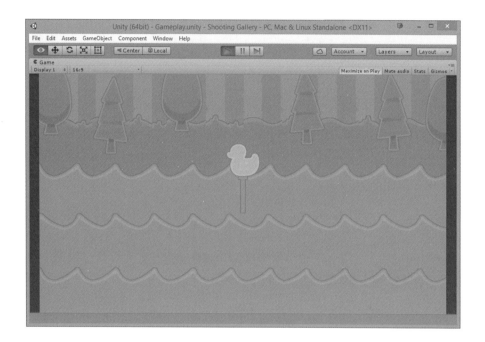

클릭하면 뒤집어지고 떨어진다. 완벽하다!

움직이는 타깃 만들기

이제 올라왔다 내려가는 오리를 만들었으니, 한자리에 가만히 있지 않고 움직이게 만들어보자.

1. 일단 오리가 끝까지 올라온 다음에 뭔가를 할 수 있도록 만들어보자. 그러기 위해 ShowTarget 함수를 다음과 같이 업데이트한다.

```
public void ShowTarget()
{
  if (!activated)
  {
    activated = true;
    beenHit = false;
```

```
animator.Play("Idle");
iTween.MoveBy(parent, iTween.Hash("y", 1.4,
"easeType", "easeInOutExpo", "time", 0.5,
"oncomplete", "OnShown", "oncompletetarget",
gameObject));
    }
}
```

2. 오브젝트가 올라온 후에 움직일 수 있도록 OnShown 함수를 추가해보자.

```
void OnShown()
{
    StartCoroutine("MoveTarget");
}
```

3. MoveTarget 함수를 입력하기 전에 플레이어가 올바르게 움직이는 데 필요한 변수들을 추가해보자.

```
public float moveSpeed = 1f; // x축에서 얼마나 빠르게 움직이는가
public float frequency = 5f; // 사인(sine) 움직임의 속도
public float magnitude = 0.1f; // 사인 움직임의 크기
```

4. 이제 타깃이 스크린 가장자리로 이동하면서 동시에 위아래로 움직이도록 하는 코루틴coroutine을 만들어보자.

```
IEnumerator MoveTarget()
{
    var relativeEndPos = parent.transform.position;

    // 보고 있는 쪽이 왼쪽인가? 오른쪽인가?
    if (transform.eulerAngles == Vector3.zero)
    {
        // 오른쪽으로 가고 있다면 양수
        relativeEndPos.x = 6;
    }
    else
    {
        // 아니라면 음수
```

```
        relativeEndPos.x = -6;
    }

    var movementTime =
    Vector3.Distance(parent.transform.position,
    relativeEndPos) * moveSpeed;
    var pos = parent.transform.position;
    var time = 0f;

    while (time < movementTime)
    {
        time += Time.deltaTime;

        pos += parent.transform.right * Time.deltaTime *
        moveSpeed;
        parent.transform.position = pos +
        (parent.transform.up *
        Mathf.Sin(Time.time * frequency) *
        magnitude);

        yield return new WaitForSeconds(0);
    }

    StartCoroutine(HideTarget());
}
```

게임 개발자는 수학과 친하게 지내야 한다. 이번에는 Mathf.Sin 함수를 사용해서 사인sin을 사용하고 있다.

각도에서의 사인은 반대쪽 각의 변 길이와 직각 삼각형 빗변 길이의 비ratio를 나타낸다.

당장 무슨 뜻인지 이해되지 않아도 걱정할 필요는 없다. 알아야 할 부분은 사인의 값이 커질수록 0과 1 사이의 값을 지속적으로 만들면서 무한히 위아래로 반복하며, 부드럽고 지속적인 진동을 만들어낸다는 것이다.

사인 웨이브에 대해 좀 더 많은 정보가 필요하다면 http://en.wikipedia.org/wiki/ Sine_wave를 둘러보길 바란다.

여기서 사용된 수학적 원리는 다양한 효과에 쓰일 수 있다. 저장 위치나 이동 포털이 위아래로 움직인다든가, 작은 진동을 따라 움직이게 만들고 싶은 그 어떤 오브젝트나 효과에 쓰일 수 있다.

1. 이제는 오리를 클릭하면 수평적 움직임이 더 이상 일어나지 않도록 OnMouseDown 함수를 수정할 필요가 있다.

```
/// <summary>
/// 플레이어가 오브젝트를 클릭했을 때 호출한다
/// 오브젝트에 콜라이더가 존재할 때만 작동한다
/// </summary>
void OnMouseDown()
{
  // 맞추는 것이 가능한가
  if (!beenHit && activated)
  {
    beenHit = true;
    animator.Play("Flip");

    StopAllCoroutines();

    StartCoroutine(HideTarget());
  }
}
```

2. 프로젝트를 저장하고 게임을 실행하자!

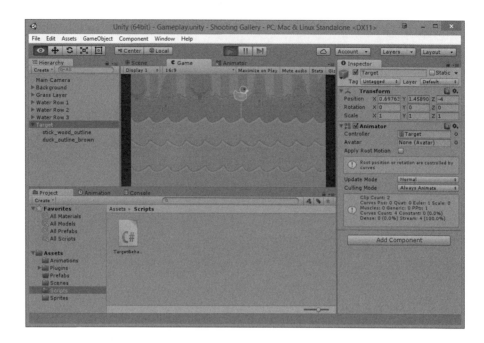

이제 타깃이 스크린 가장자리를 향해 위아래로 흔들거리며 움직이고, 클릭하지 않으면 움직임이 끝난 후 저절로 사라질 것이다! 완벽하다!

다수의 타깃 만들기

이제 한 개의 타깃이 정상적으로 작동하고 있으니 이 타깃을 템플릿^{template} 삼아 다른 타깃들을 만들어보자.

1. 먼저 Hierarchy 탭에서 Target을 Project 탭의 Prefabs 폴더로 끌어다 놓아 프리팹으로 만들자. 추후에 타깃 전체에 변경 사항을 적용하고 싶을 때 유용하게 쓰일 것이다. 이렇게 하면 처음부터 다시 시작하는 일 없이 하나만 수정하면 된다.

2. 현재 타깃을 알맞은 위치로 이동시키자. -5.75, -4.5, -2.5로 이동시킨다.

 -2.5로 하는 이유는 맨 앞줄이 -3이고 중간 줄이 -2.5며, 그 사이에 위치시키고 싶기 때문이다. 3D로 보면 어떻게 구성돼 있는지 볼 수 있다.

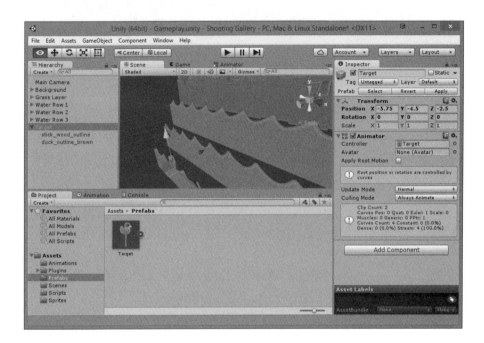

3. 오리를 복제하고 새로 생성된 타깃의 **X position**을 -3.75(2 유닛 떨어진)로 설정한다. 네 번을 반복해 총 여섯 개의 오리를 만든다.

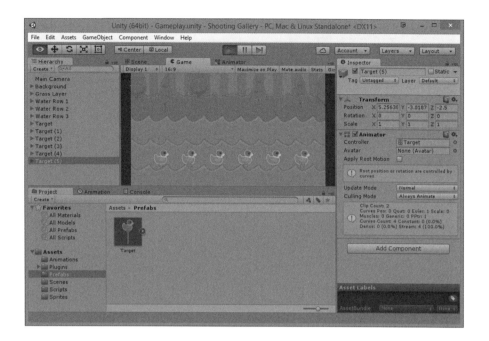

4. 빈 게임 오브젝트를 Position 0, 0, 0의 위치에 생성하고 Duck Row 3으로 이름
   을 변경한 후 생성한 Targets들을 끌어다 놓는다.

5. Duck Row 3 오브젝트를 복제하고, Duck Row 2로 이름을 변경한 후 Position을
   0, 1.75, 1로 변경한다.

6. Duck Row 2를 복제한 후 Duck Row 1로 이름을 변경하고 위치를 0, 3.4, 2로
   바꾼다.

7. 마지막으로 Duck Row 2 오브젝트를 선택하고 Y Rotation을 180으로, Z position
   을 −4로 변경한다(회전을 고려하며 두 줄 사이에 적절히 위치할 수 있도록).

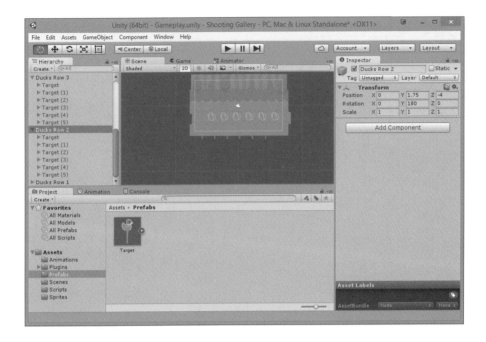

8. 이제 레벨을 저장하고 게임을 실행해보자!

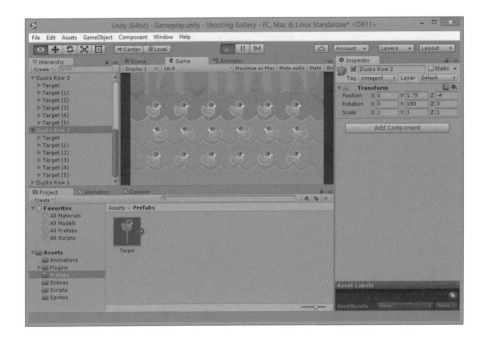

이제 모든 타깃들이 제대로 움직이고 아래로 떨어진다!

타깃을 웨이브로 생성하기

필요한 요소들이 갖춰졌으니, 이제 한 번에 몇 개의 오리를 생성하고 나타나게 만들어보자.

1. TargetBehaviour 스크립트를 열고 Start 함수에서 다음 라인을 삭제한다.

   ```
   ShowTarget();
   ```

   이렇게 하면 보여줄 때가 될 때까지 타깃을 그 자리에 고정시킨다.

2. 이제 Project 탭에서 Create ➤ C# Script를 선택하고 새로운 스크립트 GameController를 생성한다. 더블 클릭해서 IDE를 실행하고 다음 코드를 입력한다.

   ```csharp
   using UnityEngine;
   using System.Collections; // IEnumerator
   using System.Collections.Generic; // 리스트

   public class GameController : MonoBehaviour
   {
     public static GameController _instance;

     [HideInInspector] // 아래 변수를 inspector에서 숨긴다
     public List<TargetBehaviour> targets = new
   List<TargetBehaviour>();

     void Awake()
     {
       _instance = this;
     }

     // Use this for initialization
     void Start ()
   ```

```csharp
    {
      StartCoroutine("SpawnTargets");
    }


    void SpawnTarget()
    {
      // 무작위로 타깃을 고른다
      int index = Random.Range(0, targets.Count);
      TargetBehaviour target = targets[index];

      // 보여준다
      target.ShowTarget();
    }


    IEnumerator SpawnTargets()
    {
      yield return new WaitForSeconds(1.0f);

      // 무한히 반복한다
      while (true)
      {
        int numOfTargets = Random.Range(1, 4);

        for (int i = 0; i < numOfTargets; i++)
        {
          SpawnTarget();
        }

        yield return new
        WaitForSeconds(Random.Range(0.5f *numOfTargets,
        2.5f));
      }
    }
}
```

3. 이제 타깃들의 값을 채워야 한다. TargetBehaviour 스크립트로 가서 다음 함
수를 추가한다.

```
// Start 전에 호출한다
void Awake()
{
  GameController._instance.targets.Add(this);
}
```

4. 빈 게임 오브젝트를 신에 추가하고(GameObject ➤ Create Empty) 0, 0, 0에 위치시
킨 후 이름을 GameController로 변경한다. 그런 후 **GameController** 컴포넌트
를 첨부한다.

5. 프로젝트를 저장하고 게임을 실행한다.

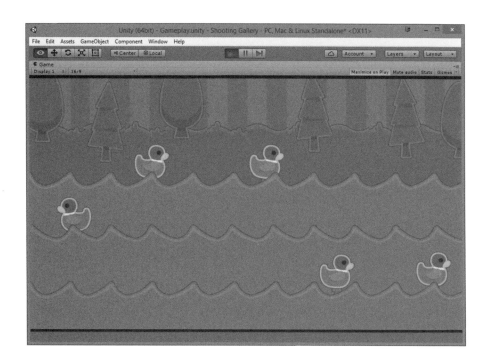

이제 일정한 시간이 지나고 나면 무작위 숫자의 오리 타킷들이 웨이브로 생성되는 것을 볼 수 있다. 대단하다!

시간 제한 추가하기

현재 모습의 게임을 하다 보면 제약 사항이나 어려움이 없다 보니 금방 지루해진다. 그러므로 시간 제한을 추가해 플레이어가 제한 시간 안에 최대한 많은 오리를 맞추게 만들어보자!

1. 플레이어에게 얼마큼 시간이 남았는지 알려주는 텍스트를 추가하자. Game Object > UI > Text로 가서 텍스트를 추가한 후 Game 탭으로 가서 확인해보자.

2. Hierarchy에서 Text 오브젝트를 선택한 후, Inspector 탭에서 Time Text로 이름을 변경한다. Rect Transform 컴포넌트 왼쪽에 있는 Anchor Presets 메뉴를 연 후, Alt + Shift를 누른 상태로 가운데 상단에 있는 옵션을 선택해 오브젝트의 위치를 재설정한다.

3. 그런 후 사이즈를 키워도 보일 수 있도록 Height를 100으로, Width를 400으로 변경한다.

4. Text 컴포넌트의 Text를 50으로 변경한 후 Font Size를 60으로, Horizontal Alignment를 Centered로 바꾼다.

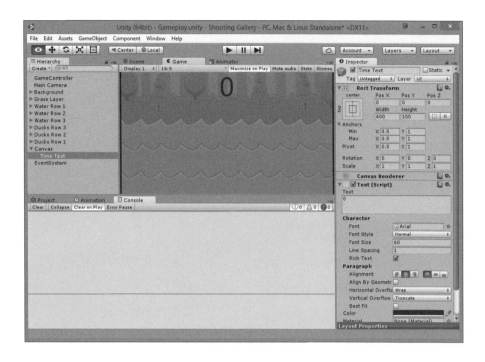

5. Outline 컴포넌트를 추가하고 색깔은 흰색으로, 알파는 255로 변경한 후 Effect Distance를 2, -2로 설정한다.

6. GameController를 열고 다음 라인을 상단에 추가한다.

```
using UnityEngine.UI; // 텍스트
```

7. 다음 변수들을 추가한다.

```
private float timeLeft;
public Text timeText;
```

8. 다음을 Awake 함수에 추가한다.

```
timeLeft = 50;
timeText.text = timeLeft.ToString();
```

9. Start 함수를 다음과 같이 업데이트한다.

```
// Use this for initialization
void Start ()
{
  iTween.ValueTo(gameObject, iTween.Hash(
              "from", timeLeft,
              "to", 0,
              "time", timeLeft,
              "onupdatetarget", gameObject,
              "onupdate", "tweenUpdate",
              "oncomplete", "GameComplete"
              ));
  StartCoroutine("SpawnTargets");
}
```

10. 그리고 다음 함수를 추가한다.

```
void GameComplete()
{
  StopCoroutine("SpawnTargets");
  timeText.color = Color.black;
  timeText.text = "GAME OVER";
}

void tweenUpdate(float newValue)
{
  timeLeft = newValue;
  if (timeLeft > 10)
  {
    timeText.text = timeLeft.ToString("#");
  }
  else
  {
    timeText.color = Color.red;
    timeText.text = timeLeft.ToString("#.0");
  }
}
```

11. 에디터로 돌아가서 Hierarchy 탭에서 GameController 오브젝트를 선택하고 Time Text 변수에 Time Text 오브젝트를 연결한다.

12. 프로젝트를 저장하고 게임을 실행하자!

예상했던 것처럼 이제 타이머가 생겼다. 10초 이하가 되면 빨간색으로 변한다!

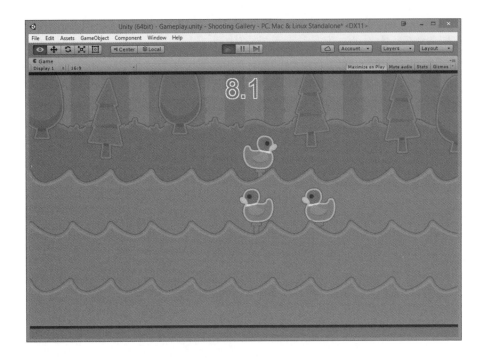

점수/최고 점수 추가하기

게임에 시작과 끝이 생겼으니 이제 오리를 맞출 때마다 점수를 얻게 만들어보자.

1. Hierarchy 탭에서 Time Text 오브젝트를 복제하고 이름을 Score Text로 변경한다. Rect Transform에 있는 Anchor Presets 메뉴로 가서 Alt + Shift를 누른 상태에서 왼쪽 상단 옵션을 클릭한다. 그리고 Pos X를 10으로, Pos Y를 -10으로 변경해 화면 가장자리에서 살짝 떨어진다.

2. Text 컴포넌트에서 Horizontal 정렬을 왼쪽으로 설정하고 Text를 Score: 0으로 변경한다.

3. Outline 컴포넌트의 Effect Distance를 1.5, -1.5로 변경한다.

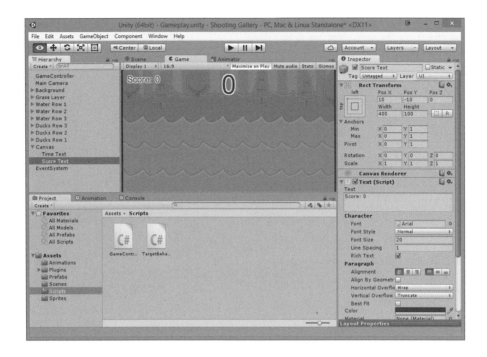

4. 다음 단계는 Score Text 오브젝트를 복제하고 High Score Text로 이름을 변경하는 것이다. Anchor Presets 메뉴를 열고 Alt + Shift를 누른 상태에서 오른쪽 상단 옵션을 클릭한다. 그런 후 Pos X를 -10으로, Pos Y를 -10으로 변경한다.

5. Text 컴포넌트에서 Text를 `High Score: 0`로, **Alignment**를 오른쪽으로 변경한다.

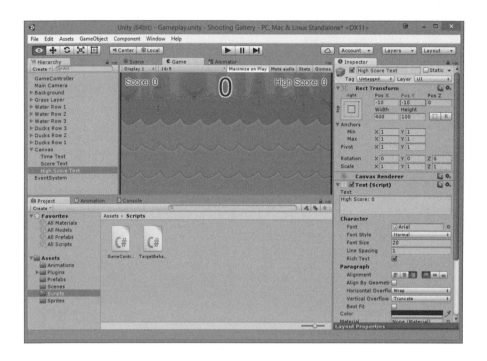

이제 오브젝트들이 만들어졌으니 우리가 이미 배운 방법을 사용해 점수 기능을 구현하고, `PlayerPrefs`를 이용해서 최고 점수 기능을 구현해보자.

`PlayerPrefs`는 사용자의 기기에 작은 양의 정보를 저장할 수 있게 해준다. `PlayerPrefs`는 사용자 레벨이나 적들의 위치, 최고 점수와 같은 정보를 저장하는 데 유용한 방법이며, 이를 통해 지금까지 플레이한 모든 게임 중 최고 점수를 보여줄 것이다.

6. GameController 스크립트를 열고 다음 함수들을 추가한다.

```
private int score;
public Text scoreText;
public Text highScoreText;
```

7. Start 함수에 굵은 글씨로 처리된 라인을 추가한다.

```
// Use this for initialization
void Start ()
{
    iTween.ValueTo(gameObject, iTween.Hash(
                "from", timeLeft,
                "to", 0,
                "time", timeLeft,
                "onupdatetarget", gameObject,
                "onupdate", "tweenUpdate",
                "oncomplete", "GameComplete"
                ));
    StartCoroutine("SpawnTargets");

    highScoreText.text = "High Score: " +
    PlayerPrefs.GetInt("highScore").ToString();
    score = 0;
}
```

PlayerPrefs

이전에 언급했던 것처럼 PlayerPrefs 클래스는 플레이어의 기기에 작은 데이터를 저장하고 불러올 수 있게 해준다. PlayerPrefs는 float, int, string 타입의 데이터를 저장할 수 있다. Get과 Set 타입 각각 두 개의 주요 함수가 있으며, 타입을 뒤에 붙여 사용한다(GetFloat, SetString 등).

Set

Set 함수는 두 개의 파라미터를 받아들인다. 첫 번째는 스트링^{string}이고 두 번째는 설정하려는 타입의 값이다. 두 번째 파라미터 값이 저장되고, 첫 번째 파라미터 값은 추후 Get 함수를 통해 데이터를 불러올 때 레퍼런스로 사용된다.

만일 같은 변수 이름으로 이미 설정한 값이 있다면 새로운 값으로 덮어 쓰일 것이다.

 다른 프로젝트에 의해 변수의 값들이 덮어 쓰이는 것을 방지하려면 Project Settings에서 Product Name과 Company Name을 반드시 설정하자.

Get

Get 함수는 이미 설정된 값이 있는 경우 그 값을 가져온다. 만일 정해진 값이 없다면(변수가 아직 존재하지 않아서) 0이나 두 번째 파라미터가 지정한 값을 내보낸다. 다음 예를 보자.

```
void Start()
{
  print(PlayerPrefs.GetString("Player Name", "Bob"));
}
```

위의 경우 **Player Name**으로 이미 정해진 값이 있는 경우 그 값을 출력하고, 정해진 값이 없다면 Bob을 출력할 것이다. 기본값으로 0이나 빈 스트링을 원하지 않을 때 좋은 방법이다.

프로젝트가 돌아가는 운영체제나 옮기는 플랫폼에 따라 값이 저장되는 위치가 다르다. 저장되는 장소나 PlayerPrefs에 대한 더 많은 정보가 필요한 경우 http://docs.unity3d.com/ScriptReference/PlayerPrefs.html을 둘러보길 바란다.

이제 무언가를 맞췄을 때 작동될 기능이 필요하다. 다음 함수를 추가하자.

```
public void IncreaseScore()
{
  score++;
  scoreText.text = "Score: " + score.ToString();

  if (score > PlayerPrefs.GetInt("highScore"))
  {
    PlayerPrefs.SetInt("highScore", score);
    highScoreText.text = "High Score: " +
    score.ToString();
  }
}
```

마지막으로 TargetBehaviour 스크립트를 열고 다음의 굵은 글씨 코드를 추가해
함수를 호출하자.

```
/// <summary>
/// 플레이어가 오브젝트를 클릭했을 때 호출한다
/// 오브젝트에 콜라이더가 존재할 때만 작동한다
/// </summary>
void OnMouseDown()
{
  // 맞추는 것이 가능한가
  if (!beenHit && activated)
  {
    GameController._instance.IncreaseScore();
    beenHit = true;
    animator.Play("Flip");

    StopAllCoroutines();

    StartCoroutine(HideTarget());
  }
}
```

두 스크립트 모두 저장하고 유니티 에디터로 돌아온다. GameController 오브젝트를 선택하고 Score Text와 High Score Text 변수에 각각 알맞은 게임 오브젝트를 설정한다.

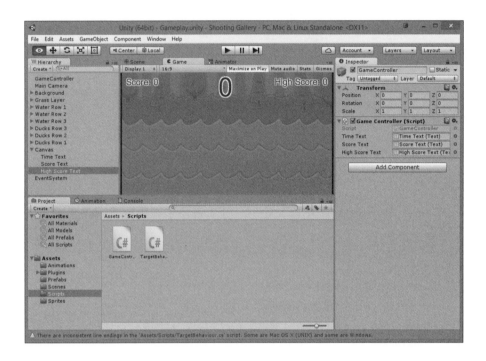

프로젝트를 저장하고 게임을 실행해보자!

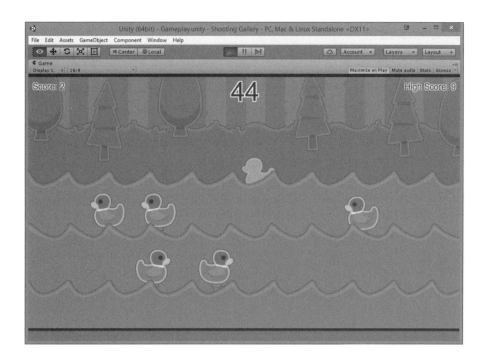

이제 게임을 플레이하다가 최고 점수를 갱신하게 되면 그 값을 저장하고 최고 점수 텍스트를 업데이트할 것이다. 추가적으로 이제는 게임을 재시작해도 최고 점수는 저장돼 있다! 굉장하다!

요약

PC와 모바일 플랫폼 양쪽에서 정상적으로 작동되는 프로젝트를 만들었다. 배경을 구성하는 방법을 배웠고, 타깃을 추가한 후 iTween을 사용해 애니메이션을 구현했으며, 최고 점수를 저장하면서 게임을 시작하고 끝낼 수 있게 했다.

다음 장에서는 지금까지 2D 게임들을 통해 배운 개념들을 가지고 3D 환경에서 2D 게임플레이를 구현해본다.

프로젝트 완성

여기까지 진행한 결과, 슈팅 갤러리 게임을 만들기 위해 필요한 새로운 요소들을 모두 구현했다. 이전 장에서 배운 것들 활용하면 완성된 게임을 만들어낼 수 있다!

도전 과제

이 프로젝트에 대해 추가적으로 작업하고 싶다면 할 수 있는 것들이 무궁무진하다. 특히 이 책을 모두 끝내고 난 후라면 더 많을 것이다. 다음은 생각해볼 수 있는 몇 가지 아이디어들이다.

- 게임이 끝날 때마다 종료한 후 다시 시작할 필요 없이, 〈태피 플레인^{Tappy} ^{Plane}〉에서 사용했던 게임 시작/재시작 기능을 추가해보자.
- 유니티의 새로운 내장 애니메이션 시스템에 흥미를 느낀다면 다양한 애니메이션을 만드는 방법들을 http://pixelnest.io/tutorials/2d-game-unity/animations-1/과 http://www.raywenderlich.com/66345/unity-2d-tutorial-animations에서 좀 더 깊이 있는 튜토리얼을 통해 배울 수 있다.
- iTween과 추가적인 기능에 대해 좀 더 배우고 싶다면 http://itween.pixelplacement.com/을 둘러보길 바란다.

6

횡 스크롤 플랫폼 게임

시작부터 지금까지 여러 개의 게임을 만들었지만 모두 2D 게임들이었다. 드디어 이번 장에서는 2D 게임을 만들면서 배운 개념들을 활용해 2D 스타일의 게임플레이를 가진 3D 게임을 만들어볼 것이다.

게임의 역사가 시작된 후 언제나 우리 곁을 떠나지 않았던 특별한 장르가 바로 플랫폼 게임^{platform game/platformer}이다. 우리가 익히 잘 알고 있는 〈돈키콩^{Donkey Kong}〉을 시작으로, 〈슈퍼 마리오 브라더스^{Super Mario Brothers}〉가 게임플레이 스타일을 정립했고, 〈메가맨^{Mega Man}〉이 액션을 더했으며, 〈소닉 더 헤지호그^{Sonic the Hedgehog}〉가 속도를 높였다. 최근에 들어서는 이와 맥을 같이하는 〈테라리아^{Terraria}〉, 〈슈퍼 미트 보이^{Super Meat Boy}〉, 〈차일드 오브 라이트^{Child of Light}〉 같은 게임들이 쏟아져 나오고 있다. 이런 장르의 게임은 사람을 끌어당기는 힘이 있으며, 특히 인디 게임 시장에서 두드러지게 나타난다.

플랫폼 게임은 흔히 플레이어가 조종하는 캐릭터가 게임 레벨에 배치돼 있는 플랫폼들을 밟으면서 점프하고 돌아다니는 모습을 하고 있으며, 장르의 이름도 이런 모습에서 따온 것이다.

프로젝트 개요

이 장을 통해 제대로 구성된 횡 스크롤 플랫폼 게임 프로젝트를 수행할 것이다. 2D와 3D 작업 간에 비슷한 부분과 다른 부분을 배우고, 특히 물리의 차이점을 익히게 될 것이다.

목표

이 프로젝트는 여러 개의 작업으로 나뉘어 있으며, 처음부터 마지막까지 한 단계씩 밟아나가면서 진행하면 된다. 해야 할 작업은 다음과 같다.

- 타일tile 기반의 레벨 제작
- 플레이어 기능 만들기
- 수집물collectible / 파워업power-up 만들기
- 레벨 레이아웃과 배경 디자인하기

시작 전 필수 사항

이전 장들과 마찬가지로 이미 유니티가 설치돼 있다고 가정하겠다. 프로젝트는 처음부터 새롭게 시작한다.

이 장은 미리 준비된 그래픽 애셋이 별도로 필요하지 않다. 완성된 프로젝트와 소스 파일들은 팩트출판사 홈페이지에서 다운로드할 수 있다.

프로젝트 구성

유니티가 설치돼 있고, 이미 실행돼 있다고 가정하겠다.

1. 유니티를 실행하고 File > New Project로 간다. 원하는 하드 드라이브 위치를 Project Location으로 선택한 후 3D가 선택돼 있는지 확인한다(이전 장과는 다르게 2D가 아니다). 모든 작업이 끝났으면 Create Project를 선택한다.

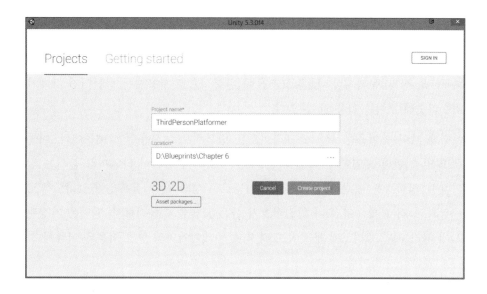

2. 이번에는 모든 부분을 처음부터 만들 예정이라 패키지를 가져올 필요가 없다. Welcome to Unity 팝업도 사용할 필요가 없으니 나오면 닫아버리자.

3. 이전 장에서 했던 것처럼 폴더들을 생성하자.

   ○ Prefabs
   ○ Scenes
   ○ Scripts

타일 기반의 레벨 제작

일반적으로 게임 콘텐츠는 레벨이 있고 레벨을 구성하는 환경이 존재한다. 게임의 레벨을 만들 때 모든 요소를 직접 손으로 배치할 경우 얻는 장점은 분명하지만, 만들어야 할 레벨이 많을 때는 생산성을 저하시킨다. 또한 게임에 사용될 애셋을 많이 생산할수록 개발에 걸리는 시간과 아트 제작/작업자 고용에 들어가는 비용이 높아진다는 것도 알아둬야 한다.

위 사항들을 고려해보면 재사용이 가능한 파트들을 제작하는 것이 훨씬 나은 방법이다. 옛날 2D 게임들(어드벤처, RPG, 플랫폼 게임 등)을 주의 깊게 들여다보면 나무, 벽, 상자, 문과 같은 많은 요소들이 반복적으로 사용돼서 만들어진 세계가 비슷비슷해 보이는 것을 알 수 있다.

이렇게 보이는 이유는 같은 스프라이트를 반복적으로 사용했기 때문이다. 이들은 타일 기반의 게임이다. 타일 기반 게임은 플레이 공간이 타일이라 불리는 직사각형, 정사각형, 혹은 육각형의 이미지들로 구성돼 있다. 블록들이 그리드^{gird}로 구성되고, 각 블록들에 ID나 일련번호가 붙은 모습을 떠올려보자. 게임은 지정된 ID에 따라 해당 그리드에 무엇이 그려지고, 플레이어와의 상호 작용은 어떻게 하는지 판단하는 것이다.

꼭 짚고 넘어가야 할 부분은 타일 기반 게임이란 장르를 지칭하는 것이 아니라, 게임 엔진에서 게임 비주얼을 어떤 방식으로 보여주는지 말하는 기술적 용어라는 것이다. 예를 들어 예전 〈포케몬^{Pokemon}〉 시리즈는 위에서 바라보는^{top-down} 롤플레잉 게임이고, 고전 〈마리오〉 시리즈도 횡 스크롤 플랫폼 게임이지만 그래픽은 모두 타일 기반 시스템을 사용하고 있다. 타일 기반 기술은 개발자로 하여금 비교적 적은 숫자의 아트 애셋을 가지고도 큰 레벨을 빠르게 구성할 수 있게 해주며, 프로그래머에게도 큰 도움이 된다.

얼마나 쉽게 제작할 수 있는지 느껴보기 위해 이 프로젝트에 사용할 타일 기반 시스템을 직접 만들어보자.

1. 가장 처음에 할 일은 게임 레벨에 배치할 블록들을 만드는 것이다. GameObject ➤ 3D Object ➤ Cube로 가서 Cube를 생성한다.

2. 플레이어가 이 정육면체와 충돌이 가능하도록 콜라이더collier를 추가하자. 이번에 사용할 콜라이더는 Box Collider다. Inspector에서 박스 콜라이더가 있는지 확인하고, 없다면 Component ➤ Physics ➤ Box Collider를 선택해 추가한다.

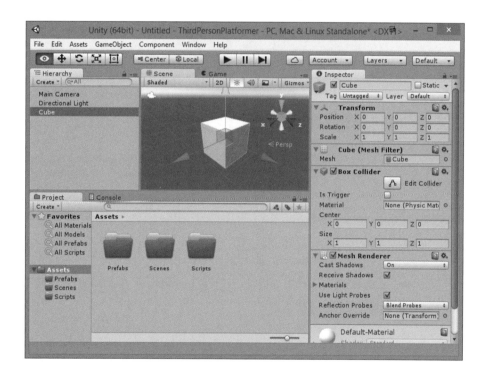

Box Collider는 Box Collider 2D와 역할이 같지만 3D용이다.

1. Inspector 상단 바를 클릭하고 정육면체의 이름을 Wall로 변경한 후 엔터 키를
   누른다.

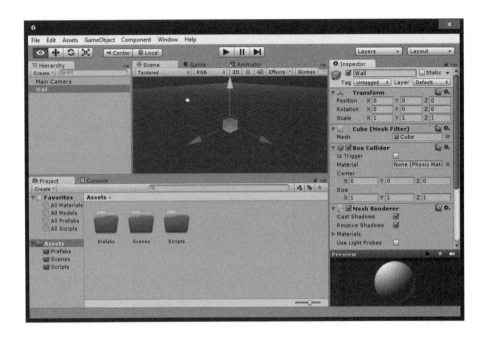

2. 프로젝트 브라우저의 Project 탭 안에 있는 Prefabs 폴더로 가서 Hierarchy에
   있는 Wall 오브젝트를 끌어다 놓는다. 그런 후 Hierarchy에 있는 Wall 오브젝트
   를 Delete 키를 눌러 삭제한다.

3. 이제 레벨에 많은 수의 오브젝트를 생성할 것이다. 이 경우 모든 오브젝트를
   담아 놓을 부모 오브젝트를 생성하는 것이 좋다. GameObject ➤ Create Empty
   로 가서 빈 게임 오브젝트를 생성한다. 오브젝트를 선택한 상태에서 Inspector
   로 가서 Dynamic Objects로 이름을 변경한 후 정리 차원에서 Position을 (0, 0,
   0)으로 설정한다.

4. 이어서 블록의 생성 비헤이비어를 담을 Game Controller를 만들어보자. 빈 게임 오브젝트를 생성하고 Game Controller라 이름을 붙인 후 Position을 (0, 0, 0)으로 설정한다. Hierarchy 탭에서 생성된 오브젝트를 끌어다 Hierarchy의 최상단에 위치시킨다.

5. 이름 아래에 보면 Tag 속성이 보일 것이다. Untagged에서 GameController로 변경한다.

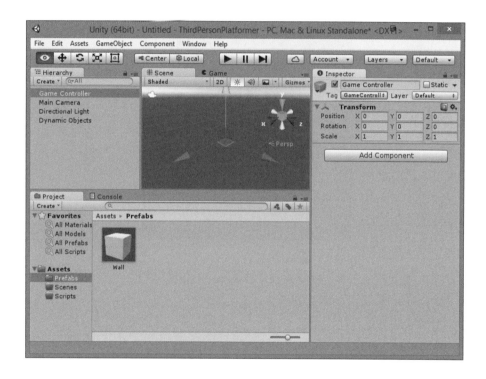

6. Add Component > New Script를 선택한 후 메뉴가 나타나면 언어를 C Sharp(C#)으로 변경하고 이름을 GameController로 입력한 후 **Create and add**를 클릭한다.

7. 새로 생성된 스크립트를 선택하고 Assets\Scripts 폴더로 이동시킨다. 스크립트 파일을 더블 클릭해 IDE를 실행시킨다.

8. 새로 생성된 코드 안에 두 개의 새로운 변수를 추가할 예정이다(레벨을 제작하는 데 필요한 데이터를 담은 level과 생성할 블록들을 담은 wall이다).

```
private int[][] level = new int[][]
{
  new int[]{1, 1, 1, 1, 1, 1, 1, 1, 1, 1, 1, 1, 1, 1, 1, 1, 1, 1, 1},
  new int[]{1, 0, 0, 0, 0, 0, 0, 0, 0, 0, 0, 0, 0, 0, 0, 0, 0, 0, 1},
  new int[]{1, 0, 0, 0, 0, 0, 0, 0, 0, 0, 0, 0, 0, 0, 0, 0, 0, 0, 1},
  new int[]{1, 0, 0, 0, 0, 0, 0, 0, 0, 0, 0, 0, 0, 0, 0, 0, 0, 0, 1},
  new int[]{1, 0, 0, 0, 0, 0, 0, 0, 0, 0, 0, 0, 0, 0, 1, 1, 1, 1, 1},
  new int[]{1, 0, 0, 0, 0, 0, 0, 0, 0, 0, 0, 0, 0, 0, 1, 1, 1, 1, 1},
  new int[]{1, 0, 0, 0, 0, 0, 0, 0, 0, 1, 1, 1, 1, 1, 1, 1, 1, 1, 1},
```

```
        new int[]{1, 1, 1, 1, 0, 0, 0, 0, 0, 0, 0, 0, 0, 0, 0, 0, 0, 0, 1},
        new int[]{1, 0, 0, 0, 0, 0, 0, 0, 0, 0, 0, 0, 0, 0, 0, 0, 0, 0, 1},
        new int[]{1, 0, 0, 0, 0, 0, 0, 0, 0, 0, 0, 0, 0, 0, 0, 0, 0, 0, 1},
        new int[]{1, 0, 0, 0, 0, 0, 0, 0, 0, 0, 0, 0, 0, 0, 0, 0, 0, 0, 1},
        new int[]{1, 1, 1, 1, 1, 1, 1, 0, 0, 0, 0, 0, 0, 0, 0, 0, 0, 0, 1},
        new int[]{1, 1, 1, 1, 1, 1, 1, 0, 0, 0, 1, 1, 1, 1, 0, 0, 0, 0, 1},
        new int[]{1, 0, 0, 0, 0, 0, 0, 0, 0, 0, 1, 1, 1, 1, 0, 0, 0, 0, 1},
        new int[]{1, 0, 0, 0, 0, 0, 0, 0, 0, 0, 0, 0, 0, 0, 0, 0, 0, 0, 1},
        new int[]{1, 0, 0, 0, 0, 0, 0, 0, 0, 0, 0, 0, 0, 0, 0, 0, 0, 1, 1},
        new int[]{1, 0, 0, 0, 0, 0, 0, 0, 0, 0, 0, 0, 0, 0, 0, 0, 1, 1, 1},
        new int[]{1, 0, 0, 0, 0, 0, 0, 0, 0, 0, 0, 0, 0, 0, 0, 1, 1, 1, 1},
        new int[]{1, 0, 0, 0, 0, 0, 0, 0, 0, 0, 0, 0, 0, 0, 1, 1, 1, 1, 1},
        new int[]{1, 0, 0, 0, 0, 0, 0, 1, 1, 1, 1, 0, 0, 1, 1, 1, 1, 1, 1},
        new int[]{1, 0, 0, 0, 0, 0, 0, 0, 0, 0, 0, 0, 0, 1, 1, 1, 1, 1, 1},
        new int[]{1, 0, 0, 0, 1, 1, 0, 0, 0, 0, 0, 0, 0, 1, 1, 1, 1, 1, 1},
        new int[]{1, 0, 0, 0, 1, 1, 0, 0, 0, 0, 0, 0, 0, 1, 1, 1, 1, 1, 1},
        new int[]{1, 0, 0, 0, 1, 1, 0, 0, 0, 0, 0, 0, 0, 1, 1, 1, 1, 1, 1},
        new int[]{1, 1, 1, 1, 1, 1, 1, 1, 1, 1, 1, 1, 1, 1, 1, 1, 1, 1, 1}
    };
    public Transform wall;
```

변수 wall은 지금까지 사용해온 변수들과 비슷하지만 레벨 변수는 조금 다른 모습이다.

배열 다루기

변수 level은 배열array이다. 레벨 안에 존재하는 위치마다 정수 타입의 변수를 만들어 그 자리에 어떤 타입이 있는지를 처리하는 방법도 있지만, 이는 매우 지루한 작업일 뿐더러 각각의 식별자identifier를 기억하고 있어야 한다. 배열은 같은 타입의 여러 요소들을 한곳에 담을 수 있다. 배열 안에 있는 요소들에 접근하기 위해서는 위치의 정보를 사각 괄호([와]) 안에 표시하면 된다.

변수 level은 다방향multidirectional 배열로서 정수 배열이다. 다방향 배열을 사용하는 이유는 레벨 안에 각 위치를 숫자로 그리듯이 구성하면 되기 때문이다.

이제 실제 레벨을 만들어보자.

1. BuildLevel 함수를 만들자.

```
void BuildLevel()
{
/*
새로 생성할 오브젝트들의 부모 오브젝트를 만들기 위해
이미 신(scene)에 존재하는 DynamicObjects 오브젝트를 얻는다
*/
GameObject dynamicParent = GameObject.Find
  ("Dynamic Objects");
  // 변수 level 안에 있는 모든 요소들을 처리한다
  for (int yPos = 0; yPos < level.Length; yPos++)
  {
    for (int xPos = 0; xPos < (level[yPos]).Length;
    xPos++)
    {
      // 값이 0이면 아무것도 하지 않는다
      // 값이 1이면 벽을 생성한다
      if (level[yPos][xPos] == 1)
      {
      // 벽을 생성한다
      Transform newObject = Instantiate (wall,
      new Vector3(xPos, (level.Length - yPos),
      0), wall.rotation) as Transform;
/*
오브젝트의 부모를 DynamicObjects 변수에 지정해서
Hierarchy가 지저분해지는 것을 막는다
*/
      newObject.parent = dynamicParent.transform;
      }
    }
  }
}
```

242

Quaternion(사원수) 클래스는 유니티에서 회전을 다루기 위해 사용하는 함수다. 이번 경우에는 오브젝트의 원래 회전 값을 사용한다. 사원수에 대한 더 많은 정보가 필요하다면 http://docs.unity3d.com/ScriptReference/Quaternion.html을 둘러보길 바란다.

위에서 보는 것처럼 level에 저장돼 있는 각각의 배열에 접근하며, 배열 안에 있는 인덱스를 위해 [index1][index2]를 사용한다.

2. 그다음에는 이 함수를 호출해야 한다. Start 함수에서 호출한다.

```
void Start ()
{
  BuildLevel();
}
```

3. 스크립트를 저장하고 유니티 에디터로 돌아간다. Game Controller 스크립트 아래에 Wall 변수 값이 필요한 것을 볼 수 있다. 프리팹 폴더로 가서 wall을 이 변수에 끌어다 놓는다.

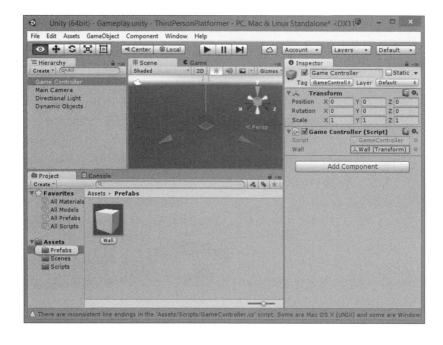

4. 그런 후 Start 버튼을 눌러 코드를 실행한다.

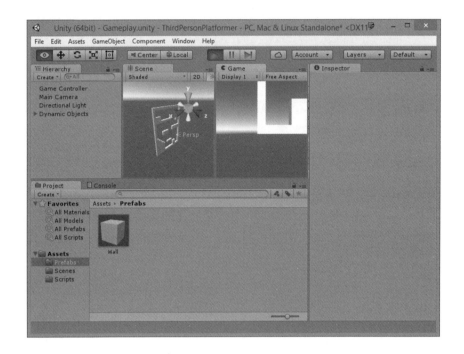

실행 결과가 Game 스크린에는 일부만 보이지만, Scene 탭을 클릭하면 레벨이 만들어진 것을 전체적으로 확인할 수 있다!

 위 그림에서 보이는 것처럼 Scene 탭을 끌어와서 Game 탭과 동시에 보이게 할 수 있다. 레이아웃은 여러 가지 방법으로 변경할 수 있으며, 작업의 효율성을 높이기 위해 미리 제공되는 레이아웃들도 있다.

미리 제공되는 레이아웃들은 Window ➤ Layouts 메뉴로 가거나 툴바의 가장 오른쪽에 있는 드롭다운 메뉴를 선택하면 볼 수 있다.

개인적으로 이 책에서는 Default 레이아웃을 사용하고 있지만, 두 개의 모니터가 있을 때는 Game 탭을 한쪽 모니터에 놓고 다른 쪽에 모든 것을 몰아서 펼쳐 놓는 것을 선호한다.

우리 기술 에디터 중에 한 명은 2 by 3 레이아웃을 기본으로 하면서 Project 탭을 한 열로 만드는 것을 선호한다(Project 탭을 우클릭하고 one-column 레이아웃을 선택한다).

플레이어 만들기

레벨을 만들어서 자랑스럽겠지만 아직 플레이어가 없다. 아무리 레벨이 멋져도 플레이어가 없다면 아무 소용없다. 이번 섹션에서는 레벨에서 걷고 움직일 플레이어를 만들어보자.

1. GameObject ➤ 3D Object ➤ Capsule을 선택해 Capsule을 생성하자.

2. 지금은 캡슐이 블록보다 커서 레벨에 들어맞지 않는다. Capsule의 Scale을 (0.4, 0.4, 0.4)로, Position을 (1, 2, 0)으로 변경하자.

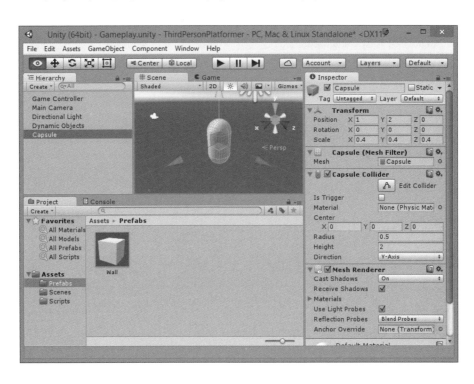

3. 플레이어가 중력과 힘의 영향을 받길 원하므로 Component ➤ Physics ➤ Rigidbody로 가서 Rigidbody 컴포넌트를 추가한다.

 2D와 3D 물리(Physics) 시스템은 함께 사용할 수는 있지만 호환되지 않기 때문에 서로 상호 작용을 일으키지 않는다. 따라서 프로젝트를 진행할 때 둘 중 하나를 골라서 사용해야 한다. 이번 프로젝트에서 3D를 사용하는 이유는 2D와 3D 간의 차이와 주의 사항들을 인지시켜주기 위해서다.

4. 만들고 있는 게임은 2D이므로 플레이어가 Z축으로 움직이면 안 된다. Rigidbody에서 Constraints 박스를 열고 Freeze Position 속성에서 Z를 체크한다. 그런 후 Freeze Rotation에서 모든 축을 체크해 캐릭터가 Rigidbody의 영향으로 회전하지 않도록 한다(회전은 코드에서 할 것이다).

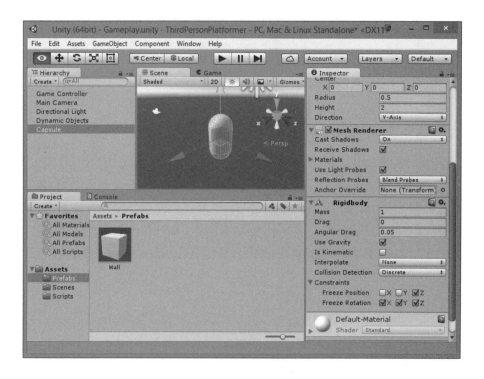

5. 여기까지 끝났으면 이제 기능을 만들 차례다. 스크립트의 시간이다. C# 스크립트 PlayerBehaviour를 새로 생성하고 IDE에서 연다.

PlayerBehaviour가 열렸으면 우리가 해결해야 할 부분들을 적어놓고 그것들을 함수로 만든다. 프로그래머의 임무는 문제를 푸는 것이며, 문제를 한꺼번에 해결하는 것보다 작은 조각들로 나눠놓고 각각 해결하는 것이 훨씬 쉽다.

6. 다음 코드를 입력한다.

```
void FixedUpdate()
{
    // 플레이어를 왼쪽과 오른쪽으로 이동시킨다
    Movement();

    // 카메라를 플레이어의 위치 중앙에 설정한다
    // 카메라의 원래 깊이를 유지한다
    Camera.main.transform.position = new
    Vector3(transform.position.x,
    transform.position.y,
    Camera.main.transform.position.z);
}
```

7. 다음 Update 함수를 입력한다.

```
void Update()
{
// 점프 버튼을 누르면 플레이어를 점프시킨다
    Jumping();
}
```

Update() 함수는 매 프레임마다 호출되기 때문에 여러 상황에서 유용하게 쓰이지만, 호출되는 간격이 일정하지 않다. 때문에 입력과 같이 지속적으로 일어나진 않지만 즉각적으로 반응해야 하는 곳에 사용된다. FixedUpdate() 함수는 델타타임(우리가 이전까지 사용한 Time.deltaTime 값은 프레임레이트에 따라 변화한다.)을 사용하기 때문에 물리 작용과 같이 꾸준하고 일정한 주기로 일어나야 하는 일에 효과적이다. 플랫폼 게임에서는 점프가 즉각적으로 일어나야 하므로 Jumping 함수를 Update 함수 안에 위치시켰다.

이제 플레이어의 행동을 크게 두 섹션(이동과 점프)으로 나눴다.

8. 이제 앞으로 사용할 변수들을 선언해보자.

```
// 플레이어의 rigidbody 컴포넌트 레퍼런스
private Rigidbody rigidBody;
// 플레이어가 점프하는 힘을 가함
public Vector2 jumpForce = new Vector2(0, 450);

// x축 플레이어 속도의 한계
public float maxSpeed = 3.0f;

// 플레이어에게 가해지는 힘 변경자
public float speed = 50.0f;

// 플레이어 이동에 가해질 힘
private float xMove;

// 플레이어가 점프할 수 있으면 true
private bool shouldJump;
```

9. 위에서 public 변수들의 초기 값을 지정했지만 Inspector에서 언제든 바꿀 수 있다. 하지만 private 변수들은 Start 함수에서 초기화해줘야 한다.

```
void Start ()
{
  rigidBody = GetCompon ent<Rigidbody>();
```

```
      shouldJump = false;
    xMove = 0.0f;
  }
```

10. 변수들이 마련됐으니 Movement 함수를 만들어보자.

```
void Movement()
{
  // 플레이어 움직임 얻기(-1은 왼쪽, 1은 오른쪽, 0은 정지)
  xMove = Input.GetAxis("Horizontal");

  if (xMove != 0)
  {
    // 플레이어의 횡 움직임 설정
    float xSpeed = Mathf.Abs(xMove *
    rigidBody.velocity.x);

    if (xSpeed < maxSpeed)
    {
      Vector3 movementForce = new Vector3(1, 0, 0);
      movementForce *= xMove * speed;
      rigidBody.AddForce(movementForce);
    }

    // 속도 제한 체크
    if (Mathf.Abs(rigidBody.velocity.x) > maxSpeed)
    {
      Vector2 newVelocity;

      newVelocity.x =
      Mathf.Sign(rigidBody.velocity.x) *
                     maxSpeed;
      newVelocity.y = rigidBody.velocity.y;

      rigidBody.velocity = newVelocity;
    }
  }
```

```
    else
    {
        // 움직이고 있지 않다면 약간 느려진다
        Vector2 newVelocity = rigidBody.velocity;

        // 현재 속도에서 10% 감속
        newVelocity.x *= 0.9f;
        rigidBody.velocity = newVelocity;
    }
}
```

위 코드에서는 플레이어의 입력을 지금까지와는 조금 다른 GetAxis 함수를 통해 얻었다. GetAxis는 현재 축에서 움직이고 있는 방향에 따라 값을 출력한다. 예를 들어 -1은 가장 왼쪽일 때, 0은 멈췄을 때, 1은 가장 오른쪽일 때다. 게임 패드에서 아날로그 스틱을 살짝 움직인다면 GetAxis는 -1에서 1 사이의 값을 출력한다. 이를 이용하면 항상 뛰어다니는 것이 아니라 필요할 경우 살금살금 움직일 수도 있다. Horizontal Axis 외에 유니티에 기본으로 포함돼 있는 다른 것들도 있으며, 커스터마이즈하거나 새로 생성할 수도 있다.

점프 기능 추가하기

이제 게임에서 왼쪽 오른쪽으로 움직일 수 있지만 아직 점프하지는 못한다. 점프 기능을 만들어보자.

1. Edit > Project Settings > Input으로 가서 Input 속성을 열고 Jump 탭을 펼친다. Alt Positive Button에 up을 입력한다.

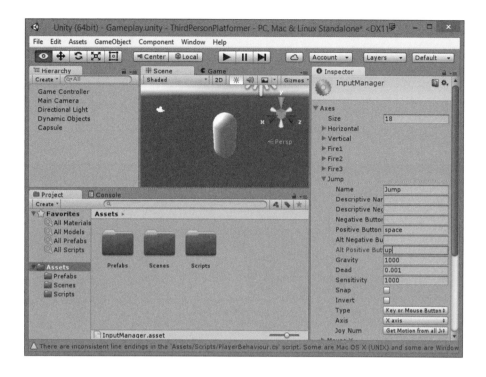

2. 이제 Jumping 함수를 만들자.

```
void Jumping()
{
  if(Input.GetButtonDown("Jump"))
  {
    shouldJump = true;
  }

  // 플레이어가 점프해야 한다면
  if(shouldJump)
  {
    rigidBody.AddForce(jumpForce);
    shouldJump = false;
  }
}
```

이제 스페이스 바나 Up을 누르면 shouldJump 불리언Boolean 값이 true가 되고, true일 때 캐릭터에 jumpForce가 적용된다.

3. 스크립트를 저장하고 유니티 에디터로 돌아가자. Hierarchy 탭에서 Capsule 오브젝트를 선택한다. Player로 이름을 변경하고 새로 만든 비헤이비어 스크립트를 플레이어에 첨부한다.

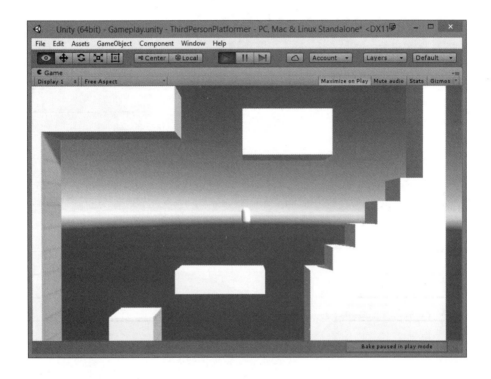

멋지지 않은가! 이제 레벨에 플레이어가 존재하고, 이동하면서 점프도 할 수 있다. 하지만 계속 가지고 놀다 보면 몇 가지 이상한 부분이 보일 것이다. 반복적으로 점프를 누르면 계속 점프가 되고 벽에 부딪칠 때 이동 키를 계속 누르고 있으면 벽에 끼인다는 것이다. 이런 움직임을 이용해서 흥미로운 게임 메커니즘을 만들 수도 있겠지만, 이번 프로젝트에서 원하는 움직임은 아니다.

기즈모 다루기

이동 문제를 해결하기 전에 독자가 독립적으로 개발할 프로젝트를 포함해서 이후 개발에 도움이 될 도구를 하나 보여주고 싶다. 스크립트에 다음 함수를 추가한다.

```
void OnDrawGizmos()
{
  Debug.DrawLine(transform.position, transform.position +
  rigidBody.velocity, Color.red);
}
```

OnDrawGizmos는 MonoBehaviour 클래스를 상속받는 함수로서 Scene 뷰에 무언가를 그릴 수 있게 해준다. 게임을 플레이할 때 Game 뷰에는 아무것도 보이지 않지만 Scene 탭을 보면 오브젝트가 이동하는 속도를 볼 수 있다. 좀 더 보기 쉽게 하고 싶으면 Scene 탭의 상단 툴바에 있는 2D 버튼을 눌러 옆 모습을 보자.

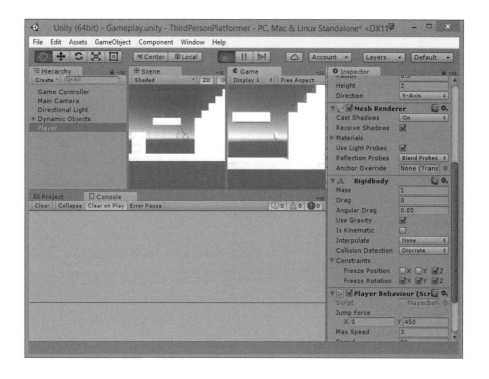

어떤 키가 눌렸든 간에 입력 신호가 등록되기 전에 Game 탭이 활성화돼 있어야 하므로 두 탭 모두 열어놓았다. 다른 방법은 Game 탭 우측 상단의 Gizmos 버튼을 눌러 Game 뷰에 기즈모를 추가하는 것이다.

플레이어 움직임 부드럽게 만들기

예제를 보면 빨간선이 왼쪽으로 움직이면서 점프하는 방향을 보여주고 있다. 플레이어가 걸을 때 Scene 뷰를 보면 약간씩 튀는 현상을 볼 수 있을 것이다. 우리가 원하는 것은 충돌이 부드럽게 일어나는 모습이다. 튀는 현상이 일어나는 이유는 플레이어가 두 개의 다른 박스들 가장자리에 충돌했을 경우, 엔진이 실질적인 충돌을 방지하기 위해 저마다 각기 다른 방향으로 튕겨내려고 하기 때문이다. 충돌이 일어나면 물리 엔진은 두 개의 힘을 합치려 하고, 그 과정에서 튕기는 현상이 일어나는 것이다. 이 현상을 막으려면 유니티로 하여금 추가적인 계산을 하게 하면 된다.

Edit > Project Settings > Physics에 있는 유니티의 Physics 속성으로 간 후 Default Contact Offset 속성을 0.0001로 변경한다.

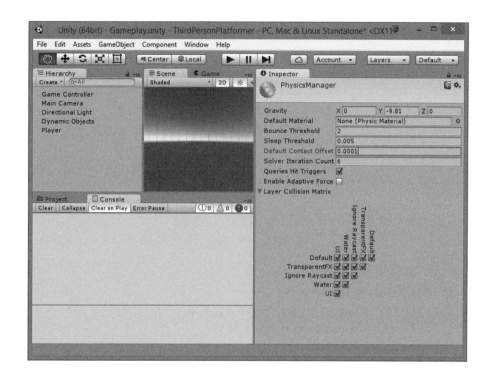

Contact Offset 속성은 충돌 감지 시스템으로 하여금 오브젝트들이 약간 떨어져 있어도 충돌 제한을 예측해서 강요하게 만든다. 숫자를 낮춰서 충돌이 일어나지 않게 하는 것이다.

점프 제한하기

아무 때나 점프할 수 있는 문제를 해결해보자. 우리가 원하는 방식은 플레이어가 땅에 있을 때만 점프할 수 있게 하는 것이다. 이렇게 하면 떨어지면서 점프하는 것을 막을 수 있다.

1. 먼저 새로운 변수들을 추가해보자.

```
private bool onGround;
private float yPrevious;
```

2. private 변수가 으레 그렇듯이, Start 함수에서 초기화한다.

```
onGround = false;
yPrevious = Mathf.Floor(transform.position.y);
```

3. Jumping 함수에 다음의 굵은 글씨로 처리된 코드를 추가한다.

```
void Jumping()
{
  if(Input.GetButtonDown("Jump"))
  {
    shouldJump = true;
  }

  // 플레이어가 점프해야 한다면
  if(shouldJump && onGround)
  {
    rigidBody.AddForce(jumpForce);
    shouldJump = false;
  }
}
```

4. Update 함수 안에 플레이어가 땅에 있는지 체크하는 새로운 함수를 추가해 보자.

```
// Update is called once per frame
void Update ()
{
  // 플레이어가 땅에 있는지 체크한다
  CheckGrounded();

  // 점프 버튼을 누르면 플레이어를 점프시킨다
  Jumping();
}
```

5. 이제 CheckGrounded를 위한 함수를 추가하면 된다. 수학을 사용하지 않고 간단하게 해결할 수 있는 문제가 아니므로 선형 대수$^{linear\ algebra}$를 사용해 다음과 같이 풀어보자.

```
void CheckGrounded()
{
  // 플레이어가 중심(시작점)으로부터
  // 맨 아래보다 조금 더 밑에 지점에서 충돌하는지 체크
  float distance =
  (GetComponent<CapsuleCollider>().height / 2 *
  this.transform.localScale.y) + .01f;
  Vector3 floorDirection = transform.TransformDirection(
  -Vector3.up);
  Vector3 origin = transform.position;

  if (!onGround)
  {
    // 바로 아래 무언가 있는지 체크한다
    if (Physics.Raycast(origin, floorDirection,
    distance))
    {
      onGround = true;
    }
  }
  // 현재 땅에 있다면 떨어지고 있는 중인가? 점프 중인가?
  else if ((Mathf.Floor(transform.position.y) !=
  yPrevious))
  {
    onGround = false;
  }

  // 현재 위치는 이전 프레임의 다음 프레임이다
  yPrevious = Mathf.Floor(transform.position.y);
}
```

이 함수는 레이캐스트^{raycast}를 사용해 보이지 않는 선^{ray}의 중심에서 땅의 방향으로 일정 거리(플레이어보다 살짝 먼 거리)에 쏜다. 오브젝트와 충돌하고 있다면 true를 내보내며, 이는 땅에 있다는 뜻이다.

플레이어가 끼는 현상 예방하기

게임에서 땅으로부터 멀어지는 방법은 점프와 떨어지기, 이렇게 두 가지가 있다. 어떤 방법이든 y 위치가 변경되고, 땅에 없다는 뜻이므로 onGround는 false가 된다. Floor 함수는 소수점을 제거해 소수 계산에서 일어날 수 있는 에러를 미연에 방지해준다.

1. 이제 남은 문제는 플레이어를 벽으로 밀어붙이면 벽에 끼어있는 것이다. 이 문제를 해결하려면 플레이어가 벽 바로 옆에 붙어있을 때 힘의 영향을 받지 않게 하면 된다. Movement 함수에 다음의 굵게 처리된 코드를 추가해보자.

```
// Movement()
// if xMove != 0...
if (xSpeed < maxSpeed)
{
Vector3 movementForce = new Vector3(1,0,0);
movementForce *= xMove * speed;

RaycastHit hit;
if(!rigidBody.SweepTest(movementForce, out hit, 0.05f))
{
rigidBody.AddForce(movementForce);
}
}
// 이하 생략
```

SweepTest 함수는 rigidbody가 움직이고 있는 방향에 무엇이 있는지 체크하고, 충돌이 일어나면 true를 내보낸다. 플레이어가 벽 안으로 들어가는 것을 막아야 하므로 이 경우에는 힘을 적용하지 않는다.

2. 이제 대부분의 경우 올바르게 처리되지만 이미 벽에 닿아있는 상태에서 점프하거나, 기타 특수 케이스들은 예외 사항으로 남는다. 따라서 벽에 닿아있는지 아닌지를 추적하는 변수를 추가해보자.

```
private bool collidingWall;
```

3. 그런 후 Start 함수에서 초기화한다.

```
collidingWall = false;
```

4. 이제는 3D 충돌 감지 함수를 사용해 벽에 닿아있는지 판단한다.

```
// 땅에 닿아있지 않은데 무언가에 부딪혔다면 벽이나 천장이다
void OnCollisionStay(Collision collision)
{
  if (!onGround)
  {
    collidingWall = true;
  }
}

void OnCollisionExit(Collision collision)
{
  collidingWall = false;
}
```

2D라는 단어가 없다는 점을 빼면 2D 함수와 매우 비슷하다는 것을 알 수 있다.

5. 이어서 Movement 함수에 다음의 굵은 글씨로 처리된 코드를 추가한다.

```
void Movement()
{
  // 플레이어 움직임 얻기(-1은 왼쪽, 1은 오른쪽, 0은 정지)
  xMove = Input.GetAxis("Horizontal");

  if(collidingWall && !onGround)
```

```
{
    xMove = 0;
}
// 이하 생략
```

이제 벽과 충돌하면 더 이상 플레이어에게 힘을 적용하지 않는다.

6. 스크립트를 저장하고 유니티로 돌아간 후, 필요하다면 스크립트를 새로 고친
후 Play 버튼을 누른다.

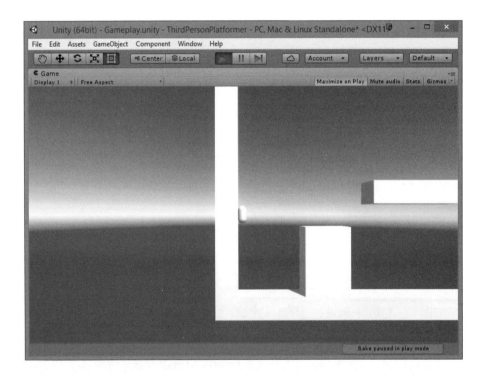

이제 플레이어가 벽을 옆에 둬도 문제없이 점프와 하강을 하고, 땅에 있을 때만
점프할 수 있다! 이제 플랫폼 게임의 기반이 완성됐다!

수집물 만들기

이제 기반이 마련됐으니 게임플레이를 추가할 때가 됐다. 레벨에 있는 모든 구체를 모으면 골goal이 열리게 만들어보자.

1. GameObject ❯ Particle System으로 가서 새로운 Particle System을 생성한다. 오브젝트의 이름을 Collectible로 변경하고 위치를 0, 0, 0으로 설정해 월드 중앙에 둔다. 이후 오브젝트의 태그를 Orb로 지정해야 한다. Tag ❯ Add Tag를 선택하고, Tag 메뉴가 나오면 Tags 오른쪽에 있는 + 버튼을 누른 후 Tag 0에 Orb를 입력하고 엔터 키를 누른다.

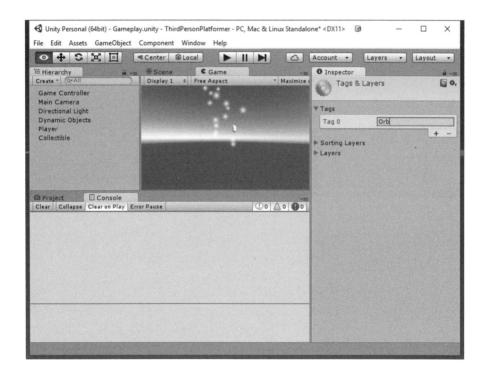

2. Hierarchy에서 Collectible 게임 오브젝트를 선택하고 Tag를 Orb로 설정한다. Shape 섹션으로 가서 Shape 변수를 Sphere로, Radius를 0.01로 변경한다.

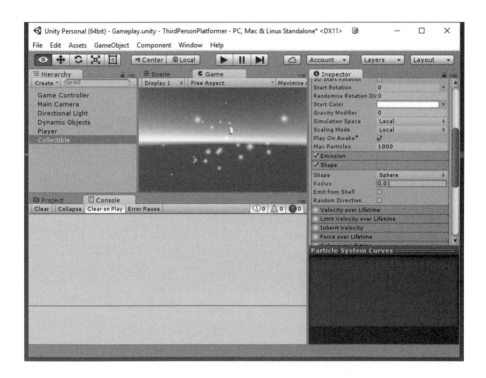

3. Start Lifetime 오른쪽에 있는 화살표를 클릭하고 값을 Random Between Two Constants로 변경한다. 그리고 값을 0과 .2로 설정한다. Start Speed는 0과 1로, Start Size는 0과 1.5 사이의 무작위 숫자로 한다.

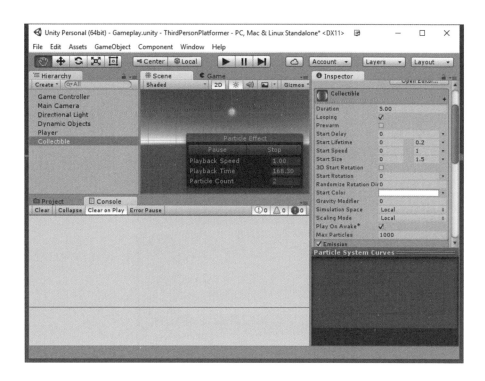

4. Start Color에서는 컬러를 클릭해 Color 선택 창을 연 후 노란색으로 설정한다. 알파(A) 값은 39로 변경한다.

5. Emission 섹션을 클릭해 연 후 Rate를 100으로 설정한다.

6. Component > Physics > Sphere Collider를 선택해서 Sphere Collider를 추가한다. Inspector에서 Is Trigger 불리언[Boolean] 값을 `true`로 설정하고 Center를 $(0, 0, 0)$ 으로, Radius를 0.4로 변경한다.

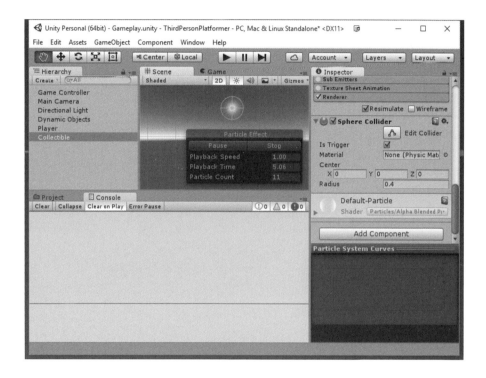

7. 마지막으로 Collectible 오브젝트를 Project 폴더의 Prefabs 섹션에 끌어다 놓은 후 Hierarchy에 있는 오브젝트를 삭제한다.

레벨 빌더에 새로운 오브젝트 추가하기

이제 처음에 만든 Build Level 함수를 수정해 레벨에 수집물^{Collectibles}을 추가할 수 있도록 해야 한다. 이 작업을 하면서 동시에 Player가 레벨에 같이 생성되게 만들어보자. 아직 안 했다면 플레이어 오브젝트의 이름을 Player로 설정하고 Prefabs 폴더에 끌어다 놓는다. 프리팹이 만들어졌으면 Player 오브젝트는 삭제한다.

새로운 함수를 만들어야 하므로 GameController 클래스에 새로운 변수를 추가해보자.

```
[Header("오브젝트 레퍼런스")]
public Transform wall;
public Transform player;
public Transform orb;
```

 이번에도 이 변수들의 의미를 좀 더 쉽게 인지할 수 있도록 헤더(Header)를 사용했다.

그런 후 BuildLevel 함수 안에 있던 루프^{loop}를 다음과 같이 변경한다.

```
void BuildLevel()
{
  // 새로 생성할 오브젝트들의 부모 오브젝트를 만들기 위해
  // 이미 신(scene)에 존재하는 DynamicObjects 오브젝트를 얻는다
  GameObject dynamicParent =
  GameObject.Find ("Dynamic Objects");

  // 레벨 변수 안에 있는 모든 요소들을 처리한다
  for (int yPos = 0; yPos < level.Length; yPos++)
  {
    for (int xPos = 0; xPos < (level[yPos]).Length;
    xPos++)
    {
      Transform toCreate = null;
      switch(level[yPos][xPos])
      {
```

```
            case 0:
            // 이곳에 놓길 원하지 않으므로 아무것도 하지 않는다
            break;

            case 1:
            toCreate = wall;
            break;

            case 2:
            toCreate = player;
            break;

            case 3:
            toCreate = orb;
            break;

            default:
            print("유효하지 않은 값: " +
            (level[yPos][xPos]).ToString());
            break;
      }

      if(toCreate != null)
      {
        Transform newObject = Instantiate(toCreate,
        new Vector3(xPos, (level.Length - yPos),
        0),
        toCreate.rotation) as Transform;

      // 오브젝트의 부모를 DynamicObjects 변수에 지정해서
      // Hierarchy가 지저분해지는 것을 막는다
      newObject.parent = dynamicParent.transform;
      }
    }
  }
}
```

switch문 좀 더 파보기

3장, 'GUI 파트 2: 클릭커 게임'에서 잠시 다뤘던 switch문은 하나의 변수를 다수의 값과 비교하는 매우 깔끔한 방법이다. 위 switch문을 다음과 같이 변형할 수도 있다.

```
if(level[yPos][xPos] == 0)
{

}
else if(level[yPos][xPos] == 1)
{
toCreate = wall;
}
else if(level[yPos][xPos] == 2)
{
toCreate = player;
}
else if(level[yPos][xPos] == 3)
{
  toCreate = orb;
}
else
{
  print("Invalid number: " +
  (level[yPos][xPos]).ToString());
}
```

하지만 switch문을 사용하는 것이 훨씬 보기 좋고 코드 반복도 적다. 어느 경우에도 코드 반복은 줄이면 줄일수록 좋은 것이다.

1. 이제 수집물과 플레이어가 배치되도록 레벨 배열을 수정해야 한다. 0 중에 하나를 2로 변경해서 플레이어를 배치시키고, 3을 추가시켜 수집물을 넣는 다. 내가 배치한 모양은 다음과 같다.

```
private int[][] level = new int[][]
{
  new int[]{1, 1, 1, 1, 1, 1, 1, 1, 1, 1, 1, 1, 1, 1, 1, 1, 1, 1, 1},
  new int[]{1, 0, 0, 0, 0, 0, 0, 0, 0, 0, 0, 0, 0, 0, 0, 0, 0, 0, 1},
  new int[]{1, 0, 0, 0, 0, 0, 0, 0, 0, 0, 0, 0, 0, 0, 0, 0, 0, 0, 1},
  new int[]{1, 3, 0, 0, 0, 0, 0, 0, 0, 0, 3, 3, 3, 0, 0, 0, 0, 0, 1},
  new int[]{1, 0, 0, 0, 0, 0, 0, 0, 0, 0, 0, 0, 0, 0, 0, 1, 1, 1, 1},
  new int[]{1, 0, 0, 0, 0, 0, 0, 0, 0, 0, 0, 0, 0, 0, 0, 1, 1, 1, 1},
  new int[]{1, 0, 0, 0, 0, 0, 0, 0, 1, 1, 1, 1, 1, 1, 1, 1, 1, 1, 1},
  new int[]{1, 1, 1, 1, 0, 0, 0, 0, 0, 0, 0, 0, 0, 0, 0, 0, 0, 0, 1},
  new int[]{1, 0, 0, 0, 0, 0, 0, 0, 0, 0, 0, 0, 0, 0, 0, 0, 0, 0, 1},
  new int[]{1, 0, 0, 0, 0, 0, 3, 0, 3, 0, 0, 0, 0, 0, 0, 0, 0, 0, 1},
  new int[]{1, 0, 0, 0, 0, 0, 0, 0, 0, 0, 0, 0, 0, 0, 0, 0, 0, 0, 1},
  new int[]{1, 1, 1, 1, 1, 1, 0, 0, 0, 0, 0, 0, 0, 0, 0, 0, 0, 0, 1},
  new int[]{1, 1, 1, 1, 1, 1, 0, 0, 0, 0, 1, 1, 1, 0, 0, 0, 0, 0, 1},
  new int[]{1, 0, 0, 0, 0, 0, 0, 0, 0, 0, 1, 1, 1, 0, 0, 0, 0, 3, 1},
  new int[]{1, 0, 0, 0, 0, 0, 0, 0, 0, 0, 0, 0, 0, 0, 0, 0, 0, 0, 1},
  new int[]{1, 0, 0, 0, 0, 0, 0, 0, 0, 0, 0, 0, 0, 0, 0, 0, 1, 1, 1},
  new int[]{1, 0, 0, 0, 0, 0, 0, 0, 0, 0, 0, 0, 0, 0, 0, 1, 1, 1, 1},
  new int[]{1, 0, 0, 0, 0, 0, 0, 0, 3, 0, 0, 0, 0, 0, 1, 1, 1, 1, 1},
  new int[]{1, 0, 0, 0, 0, 0, 0, 0, 0, 0, 0, 0, 0, 1, 1, 1, 1, 1, 1},
  new int[]{1, 0, 0, 0, 3, 0, 0, 1, 1, 1, 1, 0, 0, 1, 1, 1, 1, 1, 1},
  new int[]{1, 0, 0, 0, 0, 0, 0, 0, 0, 0, 0, 0, 0, 1, 1, 1, 1, 1, 1},
  new int[]{1, 0, 0, 0, 1, 1, 0, 0, 0, 0, 0, 0, 0, 1, 1, 1, 1, 1, 1},
  new int[]{1, 0, 0, 0, 1, 1, 0, 0, 0, 0, 0, 0, 0, 1, 1, 1, 1, 1, 1},
  new int[]{1, 0, 2, 0, 1, 1, 0, 0, 0, 0, 0, 0, 0, 1, 1, 1, 1, 1, 1},
  new int[]{1, 1, 1, 1, 1, 1, 1, 1, 1, 1, 1, 1, 1, 1, 1, 1, 1, 1, 1}
};
```

2. 스크립트를 저장하고 에디터로 돌아온다. Game Controller를 선택하고 Player 와 Orb 변수에 알맞은 프리팹을 지정한다.

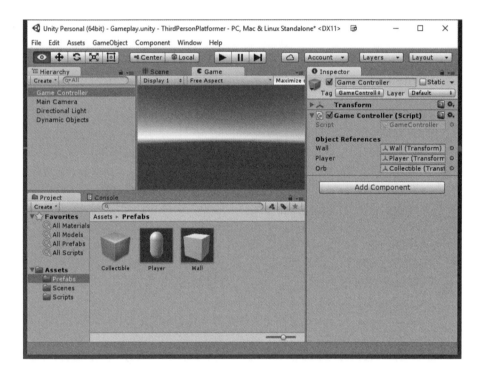

3. 마지막으로 신을 저장하고 게임을 실행한다.

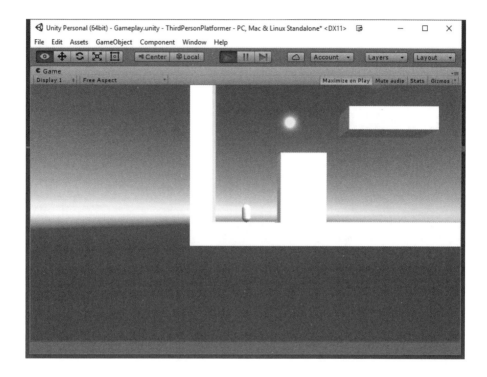

이제 확인해보자! 플레이어와 수집물들이 BuildLevel 함수를 통해 제대로 생성됐다. 이제 수집물을 획득할 수 있게 만들어보자.

4. 오브젝트의 모습을 만들었으니 이제는 기능을 만들 차례다. Scripts 폴더에 OrbBehaviour라는 새로운 스크립트를 생성한다. 모노디벨롭에서 연 후 다음 코드를 입력한다.

```
using UnityEngine;

public class OrbBehaviour : MonoBehaviour
{
  void OnTriggerEnter(Collider other)
  {
    Destroy(this.gameObject);
  }
}
```

5. Project 탭에 Prefabs 폴더를 열고 Collectible 오브젝트를 선택한 후 Orb 프리팹에 OrbBehaviour 컴포넌트를 추가한다. Inspector 탭 가장 아래로 내려가서 Add Component를 클릭하고 Orb를 입력하기 시작한 후 엔터 키를 누르면된다.

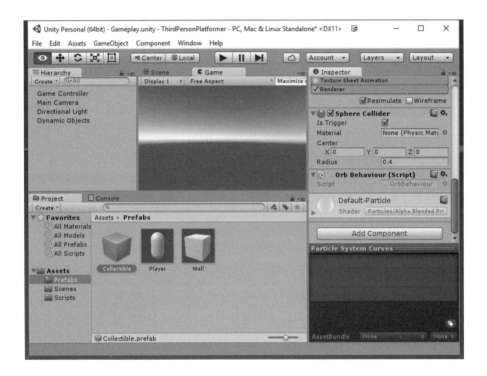

6. 신을 저장하고 게임을 실행한다.

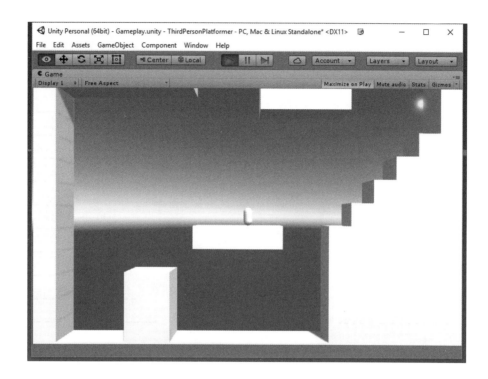

이제 구체^{orb}를 획득할 수 있고, 닿으면 사라져버린다!

점수 기록하기

레벨에 있는 모든 구체를 획득하면 골이 나타나고, 골에 닿으면 게임에서 승리하게 만들어보자.

1. 모노디벨롭으로 가서 GameController 클래스를 선택한다. 다음 변수들을 추가한다.

```
public static GameController _instance;
private int orbsCollected;
private int orbsTotal;
```

영어라는 언어의 관점으로 보면 변수 이름으로 totalOrbs와 collectedOrbs를 사용하는 것이 더 어울리지만, 프로그래밍 관점에서는 공용 단어를 먼저 쓰면 orbs를 입력할 때 나타나는 코드 완성 기능이 두 가지 선택지를 모두 보여줄 수 있어 유용하다.

2. 이제 이 변수들을 Start 함수에서 초기화하자.

```
GameObject[] orbs;
orbs = GameObject.FindGameObjectsWithTag("Orb");

orbsCollected = 0;
orbsTotal = orbs.Length;
```

BuildLevel 함수 뒤에 위 코드를 넣는 것을 잊지 말자. 그 전에 넣으면 셀 수 있는 구체가 존재하지 않는다!

3. _instance 변수도 초기화해야 하는데, Start 함수가 아닌 Awake 함수를 사용할 것이다.

```
void Awake()
{
  _instance = this;
}
```

Awake 함수는 Start 함수 전에 호출된다. 이 사실이 중요한 이유는 _instance 변수를 사용하기 전에 초기화해야 하기 때문이다. 이런 방식을 레이지 싱글톤^{Lazy Singleton}이라 부른다.

싱글톤

유니티를 다루다 보면 Game Controller와 같은 매니저들은 오직 한 개만 사용하는 것을 알 수 있다. 다른 오브젝트에 변수를 저장하고 실행하는 중에 찾아내는 방법보다 싱글톤 패턴^{singleton pattern}이라는 디자인 패턴을 사용하는 것이다. 개념을 대략적으로 살펴보면, 이 클래스를 사용하는 오브젝트가 오직 하나만 존재한다고 이해하면 된다. 내가 사용하는 방식은 가장 빠르게 싱글톤스러운 비헤이비어를 구현하는 방법이다.

 GameController._instance 변수를 절대 다른 Awake 함수 안에서 사용하면 안 된다. 어느 순서로 호출될지 알 수 없기 때문이다. 하지만 Start를 포함한 다른 함수에서 사용하는 것은 괜찮다.

구체를 수집할 때마다 orbsCollected 변수의 값을 증가시켜야 한다. 단순히 외부에서 이 변수를 접근하게 하는 것보다 함수로 감싸서 GUI 업데이트와 같은 여러 가지를 같이 처리할 수 있게 해보자.

```
public void CollectedOrb()
{
  orbsCollected++;
}
```

그리고 orbBehaviour 스크립트에서 이 함수를 호출한다.

```
void OnTrigge rEnter(Collider other)
{
  GameController._instance.CollectedOrb();
  Destroy(this.gameObject);
}
```

_instance 변수에 접근할 때, 접근은 public 함수로 하고 변수는 클래스 안에 존재한다.

이제 데이터를 저장했으니 플레이어가 볼 수 있게 스크린에 나타내보자. GameObject ❭ UI ❭ Text로 간다. 이전 장에서 사용했던 Anchor Presets를 같이 사용해서 스크린의 좌측 상단에 위치시킨다(위치는 0, 1, 0이고 좌측 상단 앵커anchor와 좌측 정렬). 오브젝트의 이름을 Score Text로 변경하고 Pos X를 10으로, Pos Y를 -10으로 설정한다.

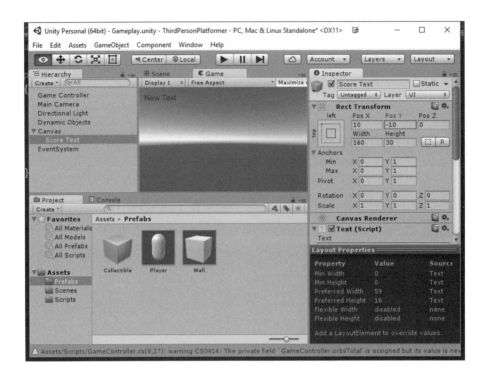

텍스트 오브젝트를 만들었으니 이제 코드에서 레퍼런스해보자. 먼저 Game Controller 스크립트에 알맞은 using 라인을 추가해야 한다.

```
using UnityEngine.UI; // Text
```

그리고 Game Controller 스크립트에 변수를 하나 추가한다.

```
public Text scoreText;
```

Start 함수에서 초기화하자.

```
void Start()
{
  BuildLevel();

  GameObject[] orbs;
  orbs = GameObject.FindGameObjectsWithTag("Orb");
```

```
  orbsCollected = 0;
  orbsTotal = orbs.Length;

  scoreText.text = "Orbs: " + orbsCollected + "/" +
  orbsTotal;
}
```

이제 구체를 보여주는 텍스트가 생겼으니 변화에 따른 업데이트 기능을 넣어보자.

```
public void CollectedOrb()
{
  orbsCollected++;
  scoreText.text = "Orbs: " + orbsCollected + "/" +
  orbsTotal;
}
```

스크립트를 저장하고 유니티 에디터로 돌아가자. 새로 생성한 변수에 알맞은 Text 오브젝트를 연결한 후 Play 버튼을 클릭한다.

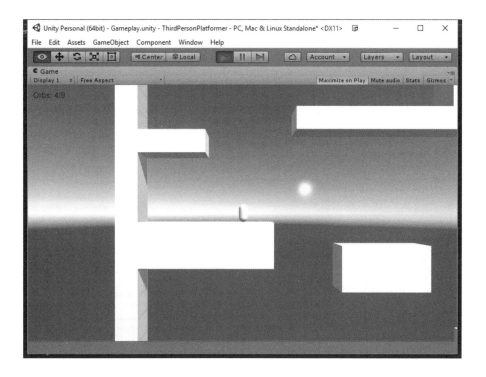

이제 레벨 안에서 움직일 수 있고, 구체를 수집하면 얼마나 많은 구체를 수집했는지와 레벨 안에 존재하는 전체 구체의 숫자를 같이 보여주는 GUI가 변화에 따라 업데이트된다. 이제 거의 완성 단계다! 게임의 승리 조건만 남았다!

게임에서 승리하기

이제 진행 상황이 나타나게 만들었으므로 프로젝트를 끝낼 수 있는 방법이 필요하다. 이제 마지막 조각인 골goal, 혹은 플레이어가 다음 레벨로 갈 수 있는 방법을 만들어보자.

1. GameObject > Particle System으로 가서 Particle System을 생성하고 이름은 Goal로 변경한다.

2. Shape 섹션에서 Shape 변수를 Box로, Box X를 1로, Box Y와 Box Z를 0으로 설정한다.

3. Start Lifetime의 오른쪽에 있는 화살표를 클릭하고 Random Between Two Constants로 값을 변경한다. 해당 값을 0과 1로 설정한다. Start Speed에도 같은 방식으로 2와 4로 설정한다. Start Size는 0과 0.5 사이의 무작위random 값을 사용한다. Start Color를 Random Between Two Colors로 변경하고 초록과 보라 값을 사용하게 한다. 그런 후 Play On Awake의 체크를 해제한다. 마지막으로 파티클이 위로 올라가길 원하므로 Rotation X를 -90이나 270으로 설정한다.

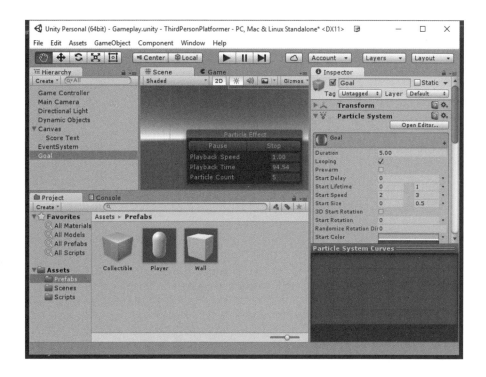

이로써 새로운 골 오브젝트로부터 멋진 파티클들이 올라올 것이다!

4. Component ➤ Physics ➤ Box Collider를 선택해 Box Collider를 생성한다. Is Trigger 옵션을 true로 설정하고 Center를 (0, 0, 0)으로, Size를 (1, 1, 1)로 변경한다.

5. 골 오브젝트를 완성했으니 이제 Game Controller의 BuildLevel 함수 안에서 생성하게 해보자. 이전에 했던 것처럼 오브젝트를 Prefabs 폴더에 끌어다 놓고 오브젝트를 삭제한다. 그런 후 두 개의 새로운 변수를 추가해보자.

```
public Transform goal;
private ParticleSystem goalPS;
```

6. 변수를 추가한 후 다음의 볼드 처리된 부분을 BuildLevel에 추가한다.

```
void BuildLevel()
{
    // 새로 생성할 오브젝트들의 부모 오브젝트를 만들기 위해
```

```
// 이미 신(scene)에 존재하는 DynamicObjects 오브젝트를 얻는다
GameObject dynamicParent =
GameObject.Find ("Dynamic Objects");

// 레벨 변수 안에 있는 모든 요소들을 처리한다
for (int yPos = 0; yPos < level.Length; yPos++)
{
  for (int xPos = 0; xPos < (level[yPos]).Length;
  xPos++)
  {
    Transform toCreate = null;
    switch(level[yPos][xPos])
    {
      case 0:
      // 이곳에 놓길 원하지 않으므로 아무것도 하지 않는다
      break;
      case 1:
      toCreate = wall;
      break;
      case 2:
      toCreate = player;
      break;
      case 3:
      toCreate = orb;
      break;
      case 4:
      toCreate = goal;
      break;
      default:
      print("유효하지 않은 값: " +
      (level[yPos][xPos]).ToString());
      break;
    }

    if(toCreate != null)
    {
      Transform newObject =
```

```
        Instantiate(toCreate,
        new Vector3(xPos, (level.Length - yPos),
        0),
        toCreate.rotation) as Transform;

        if(toCreate == goal)
        {
          goalPS =
          newObject.gameObject.GetComponent
          <ParticleSystem>();
        }
        // 오브젝트의 부모를 DynamicObjects 변수에 지정해서
        // Hierarchy가 지저분해지는 것을 막는다
        newObject.parent = dynamicParent.transform;
      }
    }
  }
}
```

7. 레벨 배열^{array} 어딘가에 4도 추가해야 한다.

```
private int[][] level = new int[][]
{
  new int[]{1, 1, 1, 1, 1, 1, 1, 1, 1, 1, 1, 1, 1, 1, 1, 1, 1},
  new int[]{1, 0, 0, 0, 0, 0, 0, 0, 0, 0, 0, 0, 0, 0, 0, 0, 1},
  new int[]{1, 0, 0, 0, 0, 0, 0, 0, 0, 0, 0, 0, 0, 0, 0, 0, 1},
  new int[]{1, 3, 0, 0, 0, 0, 0, 0, 0, 3, 3, 3, 0, 0, 0, 4, 0, 1},
  new int[]{1, 0, 0, 0, 0, 0, 0, 0, 0, 0, 0, 0, 0, 0, 1, 1, 1, 1},
  new int[]{1, 0, 0, 0, 0, 0, 0, 0, 0, 0, 0, 0, 0, 0, 1, 1, 1, 1},
  new int[]{1, 0, 0, 0, 0, 0, 0, 1, 1, 1, 1, 1, 1, 1, 1, 1, 1, 1},
  new int[]{1, 1, 1, 1, 0, 0, 0, 0, 0, 0, 0, 0, 0, 0, 0, 0, 0, 1},
  new int[]{1, 0, 0, 0, 0, 0, 0, 0, 0, 0, 0, 0, 0, 0, 0, 0, 0, 1},
  new int[]{1, 0, 0, 0, 0, 0, 3, 0, 3, 0, 0, 0, 0, 0, 0, 0, 0, 1},
  new int[]{1, 0, 0, 0, 0, 0, 0, 0, 0, 0, 0, 0, 0, 0, 0, 0, 0, 1},
  new int[]{1, 1, 1, 1, 1, 1, 1, 0, 0, 0, 0, 0, 0, 0, 0, 0, 0, 1},
  new int[]{1, 1, 1, 1, 1, 1, 1, 0, 0, 0, 1, 1, 1, 1, 0, 0, 0, 1},
  new int[]{1, 0, 0, 0, 0, 0, 0, 0, 0, 0, 1, 1, 1, 1, 0, 0, 0, 3, 1},
  new int[]{1, 0, 0, 0, 0, 0, 0, 0, 0, 0, 0, 0, 0, 0, 0, 0, 0, 1},
```

```
        new int[]{1, 0, 0, 0, 0, 0, 0, 0, 0, 0, 0, 0, 0, 0, 0, 0, 0, 1, 1},
        new int[]{1, 0, 0, 0, 0, 0, 0, 0, 0, 0, 0, 0, 0, 0, 0, 0, 0, 1, 1, 1},
        new int[]{1, 0, 0, 0, 0, 0, 0, 0, 3, 0, 0, 0, 0, 0, 0, 1, 1, 1, 1},
        new int[]{1, 0, 0, 0, 0, 0, 0, 0, 0, 0, 0, 0, 0, 1, 1, 1, 1, 1},
        new int[]{1, 0, 0, 0, 3, 0, 0, 1, 1, 1, 1, 0, 0, 1, 1, 1, 1, 1},
        new int[]{1, 0, 0, 0, 0, 0, 0, 0, 0, 0, 0, 0, 0, 1, 1, 1, 1, 1, 1},
        new int[]{1, 0, 0, 0, 1, 1, 0, 0, 0, 0, 0, 0, 0, 1, 1, 1, 1, 1, 1},
        new int[]{1, 0, 0, 0, 1, 1, 0, 0, 0, 0, 0, 0, 0, 1, 1, 1, 1, 1, 1},
        new int[]{1, 0, 2, 0, 1, 1, 0, 0, 0, 0, 0, 0, 0, 1, 1, 1, 1, 1, 1},
        new int[]{1, 1, 1, 1, 1, 1, 1, 1, 1, 1, 1, 1, 1, 1, 1, 1, 1, 1, 1}
    };
```

8. 유니티 Inspector로 가서 Goal 오브젝트를 같은 이름의 프리팹에 연결한다.

9. 여기까지 끝냈으면 이제 승리를 처리하는 기능을 추가할 차례다. CollectOrb 함수로 가서 모든 구체를 획득하면 Particle System이 시작되게 한다.

```
public void CollectedOrb()
{
  orbsCollected++;
  scoreText.text = "Orbs: " + orbsColl ected + "/" +
  orbsTotal;

  if(orbsCollected >= orbsTotal)
  {
    goalPS.Play();
  }
}
```

10. 이제 골을 위한 스크립트를 생성해보자. Scripts 폴더에 GoalBehaviour라는 새로운 스크립트를 생성한다. 모노디벨롭에서 열어 다음 코드를 입력한다.

```
using UnityEngine;

public class GoalBehaviour : MonoBehaviour
{
  ParticleSystem ps;
```

```
void Start()
{
  ps = GetComponent<ParticleSystem>();
}

void OnTriggerEnter(Collider other)
{
  if(ps.isPlaying)
  {
    print("You Win!");
  }
}
}
```

11. 파일을 저장하고 Goal 프리팹에 첨부한다. 모든 것이 끝났으면 신을 저장하고
　　　Play 버튼을 누른다.

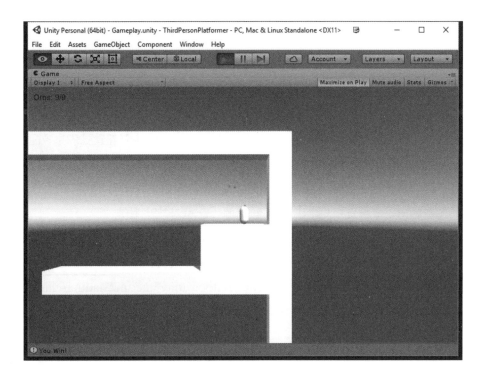

이제 레벨에 배치한 구체를 모두 획득하면 골이 나타난다. 골에 닿으면 게임이 우리의 승리를 알릴 것이다!

요약

이제 독특한 기능들과 GUI를 포함한 횡 스크롤 플랫폼 게임을 만드는 데 필요한 모든 것들을 구현했다. 작업을 진행하면서 3D 게임을 만드는 것이 2D와 크게 다르지 않다는 것도 알게 됐다. 여기서 얻은 지식들이 다음 프로젝트를 진행하는 데 큰 도움이 될 것이다!

도전 과제

이 프로젝트에 대해 추가적으로 작업하고 싶다면 할 수 있는 것들이 무궁무진하다. 특히 이 책을 모두 끝내고 난 후라면 더 많을 것이다. 다음은 생각해볼 수 있는 몇 가지 아이디어들이다.

- 사운드와 배경 음악을 추가하고 GUI를 좀 더 커스터마이즈해본다.
- 레벨을 직접 디자인해본다! 대니 콜레리Danny Calleri는 웹 브라우저에서 그래픽을 사용하는 Toast Editor라 불리는 편리한 레벨 에디터를 개발했으며, 이를 사용하려면 http://dannycalleri.github.io/toasteditor/index.html로 가면 된다. 내보낼 때는 C++ 옵션을 사용한 후 최상단 라인을 우리의 레벨 라인으로 교체하고, 각 배열array 라인 앞에 `new int[]`를 추가하면 된다.
- 한 단계 더 나아가자면, 레벨을 만들 때 배열을 사용하지 않고 텍스트 파일을 유니티로 불러올 수 있다. 파일 안에 있는 레벨을 불러들이는 것이다. Text Assets에 대해 더 알고 싶다면 http://docs.unity3d.com/Manual/class-TextAsset.html을 둘러보길 바란다.
- 지금은 플레이어가 구체에 닿으면 다시 점프할 수 있게 된다. 이런 현상을 방지하고 싶으면 Raycast 함수에 파라미터를 추가해서 문제를 해결하고 싶은 오브젝트의 **Tag**를 사용하면 된다.

7

일인칭 슈터 파트 1: 외부 환경 만들기

지금까지 2D와 3D 게임 제작에 필요한 여러 부분을 경험했으니 이제부터 몇 장에 걸쳐 다양하고 온전한 기능을 탑재한 게임을 만들어볼 예정이다. 만들 게임은 일인칭 슈팅 게임first-person shooter으로서, 총으로 적을 쏴서 피해를 입히는 게임이 아닌 유명한 〈페이탈 프레임Fatal Frame〉 시리즈나 최신 인디 게임 〈드레드아웃DreadOut〉 같은 생존이 달린 공포 환경에서 사진을 찍는 게임이다. 게임 개발의 시작은 레벨을 제작하는 것이며, 특히 이번 장에서는 외부 환경을 먼저 만들 것이다.

게임 업계에서 레벨 제작을 담당하는 사람들은 크게 두 가지 역할로 나뉜다. 환경 아티스트environment artist와 레벨 디자이너level designer다.

환경 아티스트는 환경을 구성하는 데 필요한 애셋들을 만드는 사람이다. 3DS 맥스3DS Max나 마야Maya 같은 툴을 사용해 모델을 만들고, 포토샵 등을 사용해 텍스처와 노멀 맵을 제작한다.

레벨 디자이너는 환경 아티스트가 만든 애셋들을 가지고 플레이어가 즐기는 환경을 구성하는 사람이다. 게임플레이 요소들을 만들고, 미리 계획된 이벤트를 구성하고, 게임플레이를 테스트한다. 일반적으로 레벨 디자이너는 스크립팅과 주어진 툴을 함께 사용해서 작업한다. 우리의 경우 주어진 툴은 유니티다.

한 가지 알아두면 좋은 사실은 회사들마다 각 역할의 의미를 조금씩 다르게 정의하고 있다는 것이다. 레벨 디자이너가 애셋을 만들어야 할 때도 있고, 환경 아티스트가 레벨 레이아웃을 제작할 때도 있다. 어떤 곳은 해당 분야에서 매우 뛰어난 조명(lighting) 전문가, 메시(mesh) 배치 전문가(mesher라 부른다.)를 따로 고용하는 경우도 있다.

프로젝트 개요

이 장에서 우리의 역할은 야외 환경을 만드는 환경 아티스트다. 예제 코드에 들어있는 애셋들과 유니티에서 기본적으로 제공하는 애셋들을 사용해 메시를 배치할 예정이다. 또한 제작 과정을 거치면서 레벨 디자인에 필요한 팁과 트릭들을 배울 것이다.

목표

이 프로젝트는 여러 개의 작업으로 나뉘어 있으며, 처음부터 마지막까지 한 단계씩 밟아나가면 된다. 해야 할 작업은 다음과 같다.

- 야외 환경 만들기: 터레인terrain
- 환경을 아름답게 만들기: 물, 나무, 풀 추가하기
- 분위기 구성하기
- 레벨 레이아웃과 배경 디자인하기

시작 전 필수 사항

1장, '2D 트윈 스틱 슈터'를 진행했을 때처럼 컴퓨터에 유니티가 설치돼 있어야 하며, 프로젝트를 처음부터 구성해나갈 것이다.

이 장에서 필요한 그래픽 애셋들은 팩트출판사 홈페이지에서 다운로드할 수 있다.

https://www.packtpub.com/books/content/support

또한 궁금한 부분의 해결과 명확한 이해를 위해 완성된 프로젝트와 소스 파일들도 같은 곳에 들어있다.

프로젝트 구성

유니티가 이미 설치돼 있고 실행 중이라 가정하겠다.

1. File ❯ New Project로 간다.

2. 원하는 하드 드라이브 위치에 Project Location을 선택한 후 기본 설정이 3D로 돼 있는지 확인한다. 그런 후 프로젝트 이름을 입력한다(나는 First Person Shooter를 사용했다).

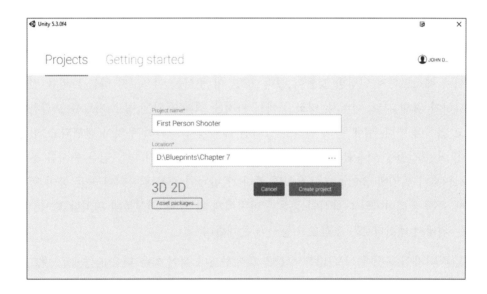

3. 위 작업이 끝났으면 Create Project를 클릭한다. Welcome to Unity 팝업은 사용할 필요가 없으니 나오면 닫아버리자.

레벨 디자인의 기본: 계획하기

이전 장들에서는 유니티로 바로 뛰어들어 작업을 시작했지만, 이번에는 게임 업계에서 레벨 디자인을 할 때 거치는 과정을 짚고 넘어가는 것이 매우 중요하다. 레벨 디자이너는 시작부터 에디터를 켜고 바로 작업할 것 같지만, 현실에서는 에디터를 켜기 전에 엄청난 양의 사전 계획을 한 후 본 작업에 들어간다.

일반적으로 레벨 디자인은 아이디어에서부터 시작한다. 영감은 어디서나 올 수 있다. 독특한 느낌을 주는 멋진 빌딩이나 사진을 인터넷에서 봤을 수도 있고, 플레이어에게 새로운 게임플레이 매커닉mechanic을 가르쳐주고 싶을 수도 있다. 이런 아이디어를 레벨을 통해 구현하는 것이 레벨 디자이너가 하는 일이다. 레벨 디자이너는 아이디어를 모아 레벨의 시작부터 마지막까지 무엇을 이룰 것인가를 설명하는 레벨 디자인 문서를 만든다.

레벨 디자인 문서는 레벨 안에 들어있는 모든 요소들을 설명한다. 플레이어가 마주칠 모든 상황, 퍼즐은 물론이고 플레이어가 완료해야 할 모든 것들과 선택적인 서브 퀘스트까지 다양한 것들이 있다. 또한 이 문서는 이루고자 하는 느낌을 전달하기 위해 지도, 이미지, 영화 등에서 가져온 최대한 많은 참고 자료를 포함하고 있어야 한다. 팀에 속해 일하고 있다면 레벨에서 정확히 무엇이 진행되고, 팀이 어떤 것들을 이용할 수 있고, 상황들이 얼마나 어려울지 등을 담은 문서를 웹사이트나 위키에 올려놓고 공유하면 좋다. 일반적인 경우 컴퓨터나 눈금 종이 위에 만든 플레이어의 대략적인 동선과 마주치게 될 상황, 미션들의 위치를 보여주는 위에서 내려다보는 조감도가 동시에 존재한다.

물론 디자인 문서에 너무 많은 시간을 할애하거나 적어 놓은 내용에 종속될 필요는 없다. 플레이 테스트를 하면서 으레 바뀌기 마련이다. 하지만 문서 작업은 아이디어를 구체화하고, 실질적인 작업을 진행하는 좋은 기반이 된다.

레벨 디자인 문서 예제가 보고 싶다면 아담 레이놀즈Adam Reynolds(〈홈프론트Homefront〉와 〈콜 오브 듀티: 월드 앳 워Call of Duty: World at War〉의 레벨 디자이너)의 문서들을 http://wiki.modsrepository.com/index.php?title=Level_Design:_Level_Design_Document_Example에서 둘러볼 수 있다.

레벨 디자인을 좀 더 배워보고 싶다면 존 페일(John Feil)(나의 스승), 마크 스캐터굿 (Marc Scattergood)이 센게이지 러닝(Cengage Learning) PTR 출판사를 통해 출간한 『Beginning Game Level Design』[1]을 추천한다. 게임 디자인 전반에 대한 입문서가 필요하다면 와일리(Wiley)에서 출간한 스콧 로저스(Scott Rogers)의 『Level Up!: The Guide to Great Video Game Design』과 CRC 프레스(CRC Press)에서 출간한 제시 셸(Jesse Schell)의 『The Art of Game Design』을 추천한다.[2]

유니티에 대한 자료는 아니지만 온라인에서 얻을 수 있는 훌륭한 레벨 디자인 자료는 스콧이 GDC에서 강연한 'Everything I Learned About Level Design I Learned from Disneyland'(http://mrbossdesign.blogspot.com/2009/03/everything-i-learned-about-game-design.html)와 'World of Level Design'(http://worldofleveldesign.com/)을 추천한다.

터레인 소개

터레인terrain이란 간단히 말해서 언덕, 사막, 산과 같이 사람이 인위적으로 만들지 않은 지형을 말한다. 유니티 엔진은 터레인을 다루는 방식이 다른 여타 엔진들과는 조금 다른데, 지형을 만들 때 두 가지 방식을 사용하기 때문이다. 하나는 하이트 맵height map을 이용하는 방식이고 다른 하나는 처음부터 조형해나가는 방식이다.

하이트 맵

하이트 맵은 여러 게임 엔진들이 터레인을 지원할 때 흔히 사용하는 방식이다. 레벨에서 직접 터레인을 제작하는 툴을 제공하기보다는, 그래픽 소프트웨어를 이용해 만든 회색 톤graysclae 이미지를 통해 색깔의 차이가 높이의 차이로 변환되는 방식이다. 이런 과정 때문에 하이트 맵이라 불린다. 색깔이 짙을수록 낮은 지역이다. 검정이 제일 낮은 부분을 나타내고, 흰색이 가장 높은 부분을 나타낸다.

---

1. 한국어판으로 출간되지 않은 책이다. – 옮긴이
2. 스콧 로저스와 제시 셸의 책은 『게임 디자인 레벨업 가이드』와 『THE ART OF GAME DESIGN』이라는 이름으로 에이콘출판사에서 번역 출간했다. – 옮긴이

터레인의 Terrain Height 속성은 흰색이 검정색과 비교해 얼마나 높은지를 설정할 수 있는 속성이다.

터레인 오브젝트에 하이트 맵을 가져오려면 오브젝트의 Terrain 컴포넌트의 Settings 버튼을 클릭하고 Import Raw… 부분으로 가면 된다.

 유니티의 하이트 툴에 대한 더 많은 정보가 필요하다면 http://docs.unity3d.com/Manual/terrain-Height.html을 둘러보길 바란다.

포토샵을 활용해서 하이트 맵을 만드는 법을 알고 싶다면 http://worldofleveldesign.com/categories/udk/udk-landscape-heightmaps-photoshop-clouds-filter.php를 둘러보길 바란다. UDK(Unreal Development Kit)에 관련된 튜토리얼이지만 포토샵에 관련된 부분은 똑같이 적용된다.

Terragen과 같은 하이트 맵 전용 프로그램을 사용하는 경우도 있다. 좀 더 알고 싶다면 http://planetside.co.uk/products/terragen3를 둘러보길 바란다.

손으로 조형하기

터레인을 만드는 또 다른 방법은 손으로 직접 만드는 것이다. 모든 부분을 우리가 원하는 대로 만들 수 있고, 이 장에서 사용할 방법이다.

외부 환경: 터레인

외부 환경을 만들 때 고도화된 도시 같은 특수한 경우를 제외하면 평평한 바닥을 사용할 곳은 많지 않다. 우리 게임은 근방에 아무것도 없는 버려진 집을 배경으로 하기 때문에 자연적인 지형을 만들어야 한다. 유니티에서 자연적인 지형을 만드는 데 가장 효과적인 툴은 터레인 툴이다. 유니티의 터레인 시스템은 지형은 물론 풀, 나무, 땅의 머티리얼까지 추가할 수 있게 해준다.

터레인 툴을 사용하는 것이 얼마나 쉬운지 보여주고 싶으니 바로 뛰어들어보자.

가장 처음에 할 것은 월드에 배치할 터레인을 생성하는 것이다. GameObject ➤ 3D Object ➤ Terrain을 선택해서 터레인을 만들어보자.

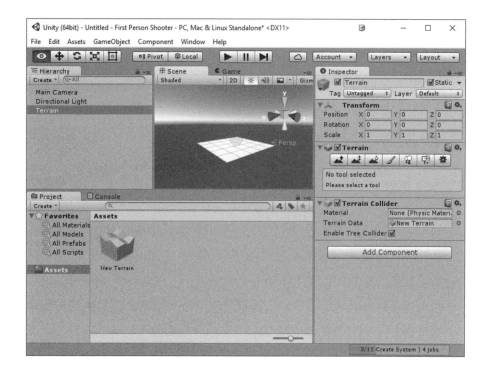

이제 스크린에 터레인이 보일 것이다.

 터레인 오브젝트가 보이지 않을 경우 Hierarchy 탭으로 가서 터레인 오브젝트를 더블 클릭하면 카메라가 오브젝트로 이동한다.

지금은 평평한 바닥이지만 이제 곧 미려하게 바꿔줄 것이다. 터레인 오브젝트를 선택하고 오른쪽을 보면 터레인 수정 툴들이 보인다(왼쪽부터 오른쪽 순서로).

- Raise/Lower Height: 언덕, 강 등을 만들 수 있게 특정 반경의 터레인을 올리거나 내릴 수 있게 해준다.
- Paint Height: 터레인이 얼마나 높아야 할지 정확히 알고 있다면 해당 위치의 높이를 정확히 맞춰준다.
- Smooth Height: 해당 영역의 높이를 평균화시키고 부드럽게 만들어서 지형의 급격한 변화를 줄여준다.
- Paint Texture: 터레인의 표면에 텍스처를 입힐 수 있게 해준다. 다중 텍스처를 겹겹이 칠할 수 있다는 것이 이 기능의 장점이다.
- Place Trees: 환경의 표면에 오브젝트를 광범위하게 배치할 수 있게 해준다. 유니티는 무성한 숲을 구현함과 동시에 프레임레이트$^{frame\ rate}$가 떨어지지 않게 하는 방법으로 빌보드^{billboarding} 기법을 사용한다. 빌보드 기법은 오브젝트를 매우 심플하게 변형한 후 보이는 면이 카메라의 위치에 맞춰 움직이면서 항상 앞을 보게 만드는 것이다.
- Paint Details: 나무 외에도 돌이나 풀 같이 표면을 덮는 작은 것들을 배치할 수 있게 해준다. 덩어리를 묘사하는 2D 이미지와 무작위처럼 보이는 약간의 조절이 합쳐져 자연스러운 느낌을 낸다.
- Terrain Settings: 터레인 전체적으로 영향을 미치는 설정들이다. 터레인의 전체 사이즈나 바람 같은 것들이다.

터레인은 기본적으로 가장 밑바닥으로 설정돼 있지만 나중에 호수 등을 만들기 위해 높은 곳과 낮은 곳이 공존할 수 있게 만들어보자.

1. 터레인 오브젝트를 선택한 상태에서 터레인 컴포넌트의 왼쪽에서 두 번째 버튼(Paint height 모드)을 클릭한다. Settings 아래의 Height 값을 100으로 설정하고 Flatten 버튼을 누른다. 이제는 바닥 자체가 높아져서 모든 것이 이전보다 위에 위치한 것을 알 수 있다.

2. 그다음에는 표면을 '칠해보면서' 흥미로운 모양들을 만들어보자. 터레인 오
   브젝트가 선택된 상태에서 터레인 컴포넌트의 왼쪽에서 첫 번째 버튼(Raise/
   Lower Terrain 모드)을 클릭한다. 이제 선택 가능한 브러시와 모양들이 보일 것
   이다.

우리가 터레인을 사용하는 이유는 배경에 언덕들을 만들어 세계가 평평하게 보
이지 않도록 하는 것이다.

1. Settings 아래 브러시의 Brush Size와 Opacity를 100으로 설정하고 세계의 가
   장자리를 둘러가며 클릭해서 언덕들을 만든다. 이전에 만든 언덕을 중복적으
   로 클릭하면 언덕의 높이를 더 높일 수 있다.

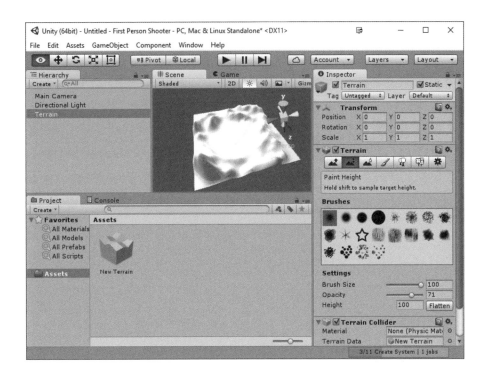

언덕이 너무 높거나 너무 낮지 않도록 다양한 각도에서 보면서 만들어나가는 것이 좋다. 보통 멀리 있는 언덕일수록 높게 만드는 것이 좋다. 멀리 있는 낮은 언덕들은 시야에 가려져 안 보이기 때문이다.

Scene 뷰에서 카메라를 움직이려면 우측 상단에 있는 툴바나 오른쪽 마우스 버튼을 누른 상태에서 카메라가 움직였으면 하는 방향으로 끌어당기면 된다. W, A, S, D 키로 팬(pan)할 수 있다. 추가적으로 가운데 마우스 버튼을 누른 상태에서 끌어 카메라를 움직일 수도 있다. 마우스 휠은 카메라의 위치에서 줌인하거나 줌아웃할 때 사용할 수 있다.

레벨을 만들기에 앞서 종이 같은 곳에 미리 레벨의 모습을 계획해야 하지만, 그것만 맹신하고 레벨을 만드는 것은 피해야 한다. 플레이어는 새의 눈(bird's eye view)으로 레벨을 보는 일이 거의 없기 때문이다. 게임 캐릭터의 눈으로 레벨을 바라보는 것이 멋진 레벨을 만드는 좋은 방법이다.

동시에 여러 각도에서 보고 싶을 경우 4 Split과 같이 신을 다각도에서 바라보는 레이아웃을 선택하면 좋다.

2. 지형 작업을 끝냈으면 나중에 물로 채울 구멍을 만들 차례다. 이런 지형들은 플레이어가 지나갈 수 없다고 느끼는 자연적인 장애물 역할을 할 것이다. Brush Size를 50으로 설정하고, Shift 키를 누른 상태에서 마우스 왼쪽 버튼을 클릭해서 레벨의 중심에 첫 번째 연못을 만들어보자.

이런 경우 Top 뷰를 이용해도 좋다. 다음 스크린샷에서 보는 것처럼 이와 같은 지형들은 나중에 물로 채워져서 호수, 강 등이 된다는 것을 잊지 말자.

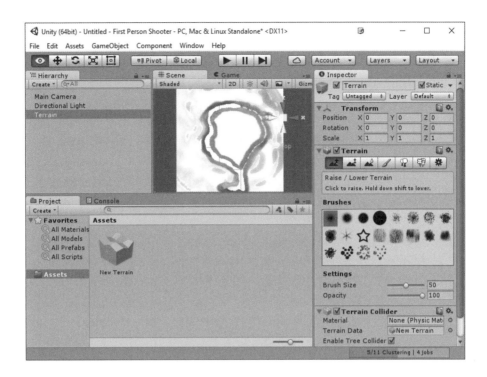

작업 중 결과물이 좀 더 잘 보이게 하기 위해 Scene 탭의 태양처럼 생긴 아이콘을 클릭해서 라이팅^{lighting}을 끄는 것도 좋은 방법이다.

지금까지 한 작업을 업계에서는 흔히 '그레이박싱(grayboxing)'이라 부른다. 실질적인 아트 작업을 시작하기 전에 엔진에서 레벨을 최대한 심플하게 만드는 작업이다(회사에 따라 '화이트박싱'이나 '오렌지박싱'이라 부르는 곳도 있다).

일반적인 경우 개발사에서는 이 시점의 레벨을 아티스트에 넘겨 멋지게 만들기 전에 레벨의 플레이 테스팅에 시간을 쏟는다. 하지만 우리는 프로젝트를 최대한 빨리 끝내고 싶으므로 계속 진행하겠다. 독자적으로 게임을 만들 때는 꾸미기 전에 미리 레벨을 꼭 플레이해보길 바란다.

그레이박싱에 대한 더 많은 정보가 필요하다면 http://www.worldofleveldesign. com/categories/level_design_tutorials/art_of_blocking_in_your_map.php를 둘러보길 바란다.

그레이박싱과 작업이 끝난 레벨의 차이를 보여주는 이미지가 보고 싶다면 「PC Gamer」에 좋은 기사(http://www.pcgamer.com/2014/03/18/building-crown-part-two-layout-design-textures-and-the-hammer-editor/)가 있다.

터레인에 색깔 입히기: 텍스처

지금까지도 충분히 흥미로웠겠지만 모든 것이 하얀 세상은 금방 지루해진다. 다행스럽게도 텍스처^{texture}를 입히는 작업은 매우 쉽다. 하지만 그 이전에 칠할 때 필요한 텍스처들을 미리 설정해야 한다. 이번 경우에는 유니티에서 무료로 제공하는 애셋을 사용해본다.

1. Assets ➤ Import Package ➤ Environment로 간다.

2. Environment를 제외한 모든 체크를 해제한 후 Import를 누른다.

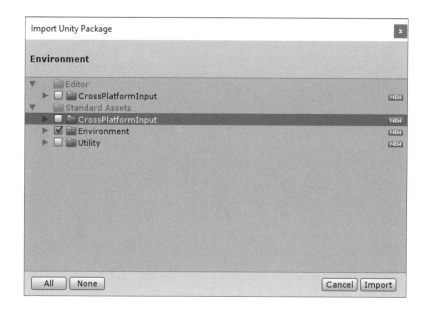

3. 가져오기가 끝나면 'SpeedTree materials need to be regenerated'라는 에러가 나올 수도 있다. 에러를 체크해보려면 Console 탭을 클릭해서 열어본다.

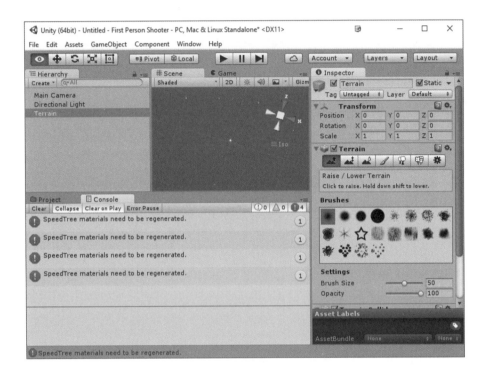

아직 나무를 사용하지는 않지만 에러가 나오는 것이 싫으니 지금 고쳐보자.

4. Project 탭으로 가서 Standard Assets\Environment\SpeedTree 폴더를 연다. Broadleaf 폴더 안에 `Broadleaf_Desktop`과 `Broadleaf_Mobile`이라는 두 개의 오브젝트가 보일 것이다. Inspector에서 **Apply & Generate Materials** 버튼을 누른다. 그 후에 `Conifer_Desktop`과 `Palm_Desktop`에도 똑같이 적용한다. 이제 에러가 안 나온다!

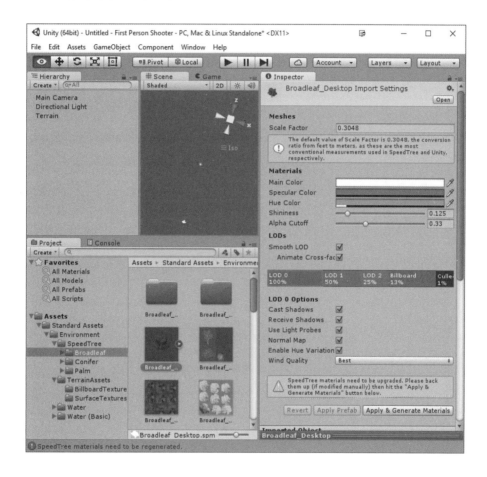

5. Project 탭으로 가서 Standard Assets\Environment\TerrainAssets\ SurfaceTexture 폴더를 연다. 여기서 터레인을 칠할 이미지들을 확인할 수 있다.

6. Terrain 오브젝트를 선택하고 왼쪽에서 네 번째 버튼(페인트 브러시처럼 보이는)인 Paint Texture 버튼을 클릭한다. 이전 섹션에서 보던 모습과 매우 비슷한 모습이 보일 것이다. 하지만 여기에는 Textures 섹션이 존재하며, 지금은 'No terrain textures defined'라고 나올 것이다. Edit Textures 버튼을 누르고 Add Texture를 클릭한다.

7. Add Terrain Texture 팝업이 보일 것이다. Texture 변수에 GrassHillAlbedo 텍스처를 위치시키고 Add 버튼을 누른다.

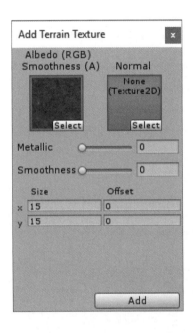

지형을 원거리에서 보고 있다면 월드 전체가 초록색으로 변한 것을 알 수 있다. 줌인을 해보면 지형 전체가 GrassHillAlbedo 텍스처를 사용하고 있음을 볼 수 있다.

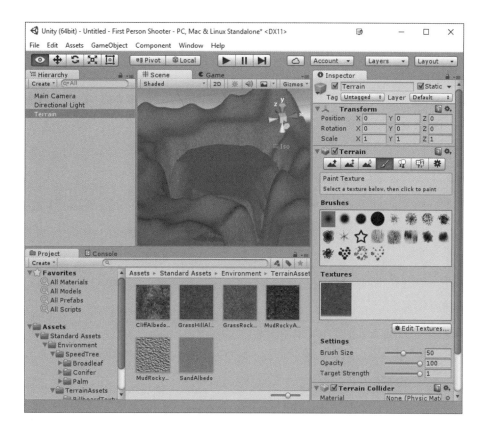

지형에 복수의 텍스처 적용하기

월드 전체가 풀로 뒤덮이는 것을 원하지는 않으므로 물이 있는 가장자리 부근에 절벽을 추가해보자.

1. 이 작업을 위해 Edit Textures... ▶ Add Texture로 가서 새로운 텍스처를 추가해 보자. CliffAlbedoSpecular를 새로운 텍스처로 선택한 후 Add를 선택한다. 이제 터레인을 선택하면 두 개의 텍스처가 보일 것이다. CliffAlbedoSpecular 텍스처를 선택하고 마우스를 클릭한 상태로 물의 가장자리를 칠한다. 필요에 따라 Brush Size 값을 변경한다.

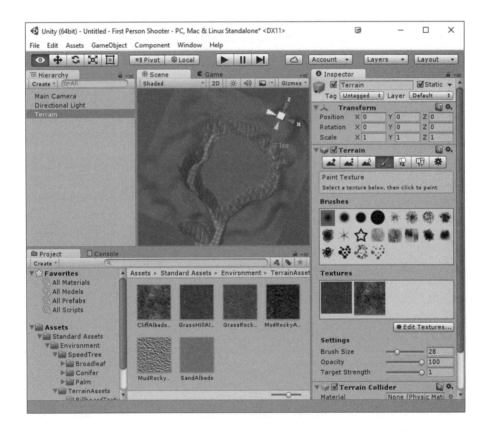

2. 이제 플레이어가 다닐 길을 만들어보자. SandAlbedo 머티리얼을 사용해서 새로운 텍스처를 생성하자. 이 길은 플레이어가 다닐 수 있는 길이므로 Brush Size 값을 8로, Opacity 값을 30으로 설정하고 살짝 덜 연해 보이는 왼쪽에서 두 번째 브러시를 선택한다. 한 가지 염두에 둘 점은 플레이어가 보상을 받기 위해 갔던 길을 다시 돌아와야 하기 때문에 이동 거리를 너무 멀게 하면 안 된다는 것이다. 다음 스크린샷은 작업한 길을 보여준다.

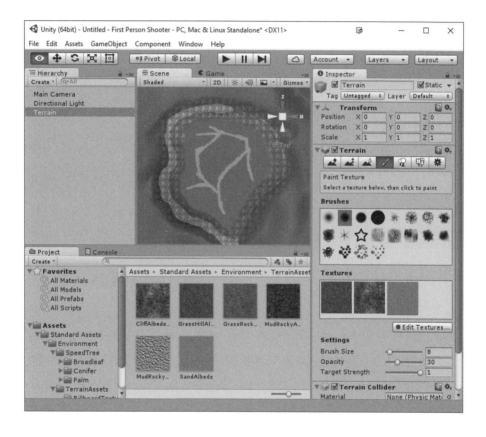

이제 점점 멋지게 변하고 있다. 하지만 게임을 실행해서 바닥이나 먼 곳을 바라보면 텍스처의 반복 현상을 확인할 수 있다. 이런 현상은 평평한 바닥에서 특히 두드러진다.

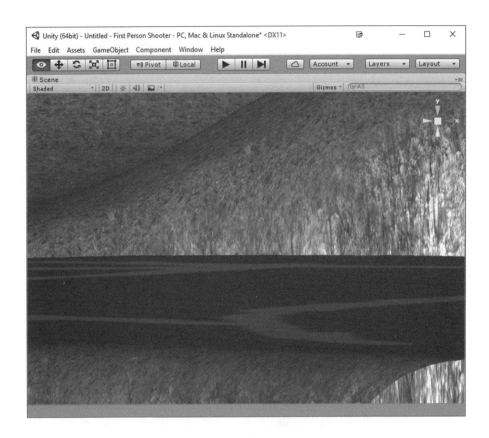

다행히도 유니티는 이 단조로움을 해결할 수 있는 방법을 제공하고 있다. 텍스처를 섞어보자.

3. 텍스처가 반복되는 현상을 줄이기 위해 매우 가벼운 투명도를 가진 새로운 머티리얼을 만들어 단순하고 평평한 땅에 부분적으로 배치하면 된다. 예를 들면 GrassRockyAlbedo 텍스처를 사용해서 새로운 텍스처를 생성하자. Brush Size는 16으로 설정하고 Opacity 값은 매우 낮은 6 정도로 설정한 후 반복 현상이 두드러지는 곳에 칠해보자. 좀 더 부드러운 적용을 위해 첫 번째 브러시를 선택해도 좋다.

4. 만들어진 레벨에 캐릭터의 시점으로 줌인을 해보면 첫 번째 풀밭 텍스처가 환경에 비해 너무 크게 보이지만 쉽게 바꿀 수 있다. 텍스처에 더블 클릭해서 Size 값을 (8, 8)로 변경한다. 이렇게 하면 텍스처의 사이즈를 줄여 반복 주기를 늘릴 수 있다. 사이즈에 따라 다른 텍스처를 사용해서 각 텍스처가 겹치는 부분이 보이지 않도록 하는 것이 좋다. 다음 스크린샷은 사이즈 옵션을 보여준다.

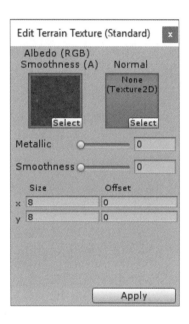

5. 위에 했던 변경 작업을 모래 텍스처에도 똑같이 Size (8, 8)로 적용한다.

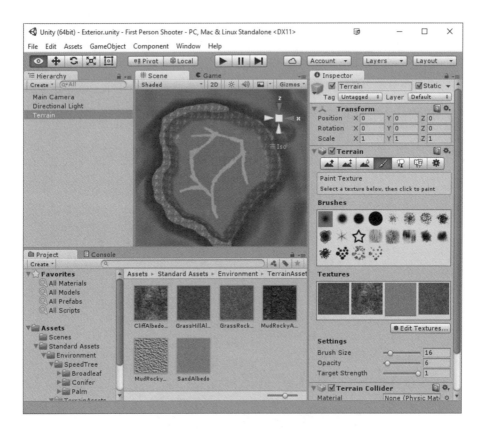

벌써 그럴듯해 보이는 레벨을 만들었다! 하지만 지금은 그냥 언덕들일 뿐이다. 수준 높은 게임을 만들기 위해서는 환경을 좀 더 아름답게 만들기 위한 추가 작업이 필요하다.

물 추가하기

위에서 물이 있을 곳을 위해 레벨에 저지대를 만들었었다. 캐릭터가 수영을 할수 없는 경우 물은 레벨 디자이너가 캐릭터가 갈 수 없는 곳을 지정할 때 유용하게 사용하는 도구다. 다행히도 물은 유니티에 이미 포함돼 있어서 굳이 애셋 스토어Asset Store에 가지 않아도 쉽게 추가할 수 있다.

1. Project 탭의 Standard Assets/Environment/Water/Water/Prefabs 폴더로 가서 `WaterProNighttime` 프리팹을 신으로 끌어다 놓는다.

2. 신에 놓여졌으면 오브젝트의 Position을 250, 90, 250으로, Scale을 250, 1, 250으로 설정해서 전 지역을 커버하게 만들자. 이후 Inspector 탭의 Water Script 컴포넌트에서 Water Mode를 Reflective로 변경한다. 이렇게 하면 물 안이 비쳐 보이지 않고 주위 환경을 반사해서 보여주게 된다.

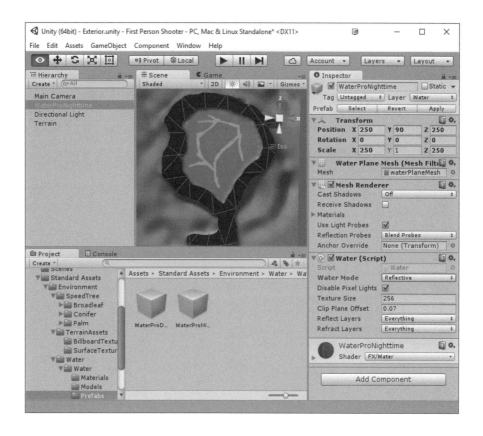

3. 지금까지 꽤 많은 작업을 했으니 File ❯ Save Scene으로 가서 Scenes라는 새로운 폴더를 만든 후 Exterior라는 이름으로 저장한다.

나무 추가하기

보통 언덕은 풀만으로 덮여 있지 않다. 초목들은 플레이어의 시야를 가림과 동시에 수준 높은 환경을 만들어낸다.

1. Terrain 오브젝트로 돌아가서 Place Tree 모드 버튼(두 개의 나무처럼 생긴)을 클릭한다.

 각 버튼의 이름을 알고 싶을 때 이미지 위에 마우스를 1초 정도 올려놓으면 버튼의 이름이 나타난다.

2. 텍스처 작업 때와 마찬가지로 현재는 기본으로 설정돼 있는 나무가 없다. Edit Trees… > Add Tree를 클릭한다.

3. 윈도우 팝업이 열리면 Tree Prefab을 설정하기 위해 Project 탭으로 가서 Standard Assets\Environment\SpeedTree\Broadleaf에 있는 Broadleaf_Desktop를 선택한 후 Add를 누른다.

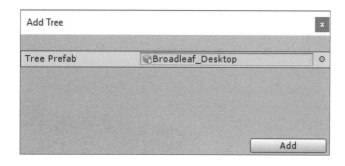

4. 그런 후 Settings에서 Tree Density를 15로 설정하고, 새로 생성한 나무가 선택된 상태에서 나무가 있어야 될 것 같은 위치에 나무를 칠한다. 전체를 나무로 칠한 후 길이 있는 곳의 나무들을 제거하는 방법도 있다.

   칠할 때 Shift 키를 누르고 있으면 나무를 배치하지 않고 제거한다.

5. 레벨을 저장하고 게임을 실행하자!

차이가 느껴질 만큼 보기 좋아졌다!

 레벨에 좀 더 많은 디테일을 넣고 싶다면 상식에 어긋나지 않는 선(물에 나무를 넣는 것 등)에서 추가적으로 나무나 머티리얼 등을 더해도 좋다.

유니티에 포함돼 있는 Speed Tree를 사용해 직접 나무를 만들 수도 있다. 좀 더 많은 정보가 필요하다면 http://docs.unity3d.com/Manual/tree-FirstTree.html을 둘러 보길 바란다.

유니티의 터레인 엔진에 대한 더 많은 정보가 필요하다면 http://docs.unity3d.com/Manual/script-Terrain.html을 둘러보길 바란다.

디테일 추가하기: 풀

Paint Details 툴을 이용해 어떻게 하면 맵에 좀 더 많은 디테일을 추가할 수 있는지 알아보자.

1. 제일 먼저 할 것은 풀 이미지를 찾는 것이다. Project 탭에서 Standard Assets\TerrainAssets\BillboardTextures 폴더를 연다. 그 안에 있는 두 이미지를 사용할 텐데, 하지만 가장자리가 모두 초록색이다. Inspector에서 Alpha Is Transparency 옵션을 체크하고 Apply 버튼을 누른다.

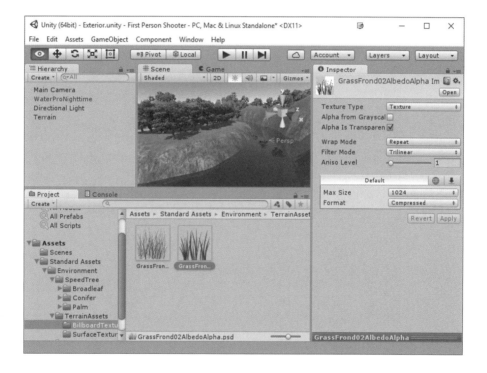

2. Hierarchy 탭으로 돌아가서 Terrain 오브젝트를 선택한다. Plant Trees 모드 오른쪽에 있는 모드가 Paint Details 모드다.

3. 그곳을 클릭하고 Edit Details··· 버튼을 클릭한다. 그리고 Add Grass Texture를 선택한다.

4. Detail Texture를 위해 위 두 개의 텍스처 중 하나를 선택한다. 그런 후 Health Color와 Dry Color를 스포이드^{eyedropper} 툴을 사용해서 텍스처와 비슷한 색깔로 설정한다. 모든 설정이 끝나면 Apply를 클릭한다.

5. 다 만들어졌으면 텍스처를 칠했듯이 레벨에 풀을 칠한다. 배치한 풀이 보이지 않는다면 보일 때까지 줌인한다.

끝으로, 현재 섬은 매우 평평하다. 도시의 경우에는 문제가 없지만, 자연은 평평하지 않다. Height Raise/Lower 툴로 가서 영역들을 조금씩 높이거나 낮추면서 레벨의 깊이를 준다. 땅을 올리거나 낮추면 나무와 풀도 따라서 움직이는 것을 눈여겨보자.

6. 모든 것이 끝났으면 레벨을 저장하고 게임을 실행해보자!

 지금까지 진행한 레벨 작업은 시간이 오래 걸릴 뿐 사실 어려운 것은 아니다. 하지만 이런 디테일들이 다른 타이틀과 차별화를 만드는 데 매우 중요한 역할을 한다. 일반적인 경우 충분한 플레이 테스트를 통해 레벨이 재미있는지 확인하고 꾸미기 시작하겠지만, 미래를 위해서라도 위 작업들을 어떻게 하는지 미리 알아두는 것이 중요하다고 생각한다.

분위기 만들기

이제 월드의 기본이 만들어졌으니 시각적으로 좀 더 매력적이게 느낄 수 있도록 다양한 효과들을 넣어보자. 게임이 주고자 하는 생존에 따른 공포감이 들도록 말이다.

유니티 5에서 3D 프로젝트용으로 기본 제공하는 스카이박스^{skybox}는 화창하고 밝은 날을 위한 것이며 공포 게임에는 어울리지 않는다. 그러므로 스카이박스를 바꿔보자. 스카이박스는 배경이 실제보다 더 크게 느껴지도록 만들고 싶을 때 사용된다. 지금 연한 파란색으로 채워져 있는 영역에 이미지를 넣어서 그 느낌을 구현한다. 스카이박스는 움직이지 않는데, 현실에서도 하늘은 너무 멀어서 움직이지 않는 것처럼 보이기 때문이다.

스카이박스를 스카이박스라고 부르는 이유는 정육면체 안쪽을 구성하는 여섯 개의 텍스처(각 안쪽 면에 하나씩)로 이뤄져 있기 때문이다. 언리얼 같은 엔진은 스카이돔^{skydome}을 쓰는데, 역할은 똑같지만 정육면체 대신에 반구를 사용하는 것이 다를 뿐이다. 공포 게임의 분위기를 만들기 위해 다음 단계들을 진행해보자.

1. 스카이박스를 추가하기 위해 먼저 이번 장의 예제 코드 폴더에서 Art Assets\Skybox를 연다. 폴더 안에 몇 개의 이미지들이 보일 텐데, 이 폴더를 프로젝트로 끌어온다(끌어오기 전에 압축을 해제해야 한다).

2. Project 탭에서 Create ➤ Material을 클릭한 후 이름을 `Nightsky`로 입력한다. 새로 생성된 머티리얼을 선택하고 Inspector 탭의 Shader 섹션에서 속성을 Skybox ➤ 6 Sided로 변경한다. 그런 후 Inspector 안의 각 여섯 개의 이미지를 Skybox 폴더에 있는 알맞은 이미지로 채워 넣는다. 작업이 끝났으면 다음과 같은 모습일 것이다.

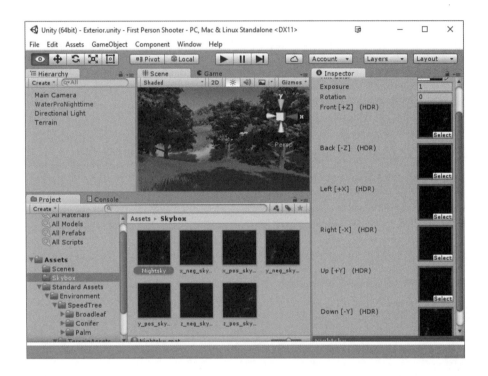

3. 모두 적용했으면 Window ➤ Lighting으로 간다. Scene으로 가서 Skybox 옵션을 Nightsky 스카이박스로 설정한다.

게임으로 돌아가면 스카이박스를 추가한 덕분에 이미 레벨이 훨씬 좋아진 것을 확인할 수 있다. 하지만 하늘은 저녁이지만 월드는 대낮이다. 이 부분을 고쳐보자.

4. 곧 적용할 변경 사항을 쉽게 확인할 수 있도록 Game 탭으로 전환하자. RenderSettings 메뉴에서 Fog 속성에 체크해 안개를 활성화하고, Fog Color 값을 검은색으로 설정한다. 주위 색깔이 매우 어두워진 것을 확인할 수 있다. 플레이어의 가시거리를 고려해서 적당하다고 느낄 때까지 Fog Density 값을 조절한다. 나는 0.005를 사용했다.

안개는 멀리 있는 오브젝트를 가려준다. 안개는 분위기를 더해줌과 동시에 렌더링에 소요되는 자원을 아껴주기도 한다. 안개가 짙을수록 공포 게임에 더 어울리는 분위기가 될 것이다. 〈사일런트 힐Silent Hill〉 시리즈의 첫 번째 게임은 비교적 성능이 낮은 플레이스테이션에서 넓은 3D 환경을 표현하고 게임을 즐길 만한 프레임레이트framerate를 유지하기 위해 안개를 사용했다. 이런 구성이 플레이어에게 공포를 심어주는 데 주효한 역할을 했기 때문에 시리즈 이후 게임들은 하드웨어의 발전에 따라 성능이 충분히 뒷받침되는 데도 불구하고 안개를 지속적으로 사용했다.

이제는 라이팅lighting을 조절해서 플레이어가 돌아다닐 환경이 좀 더 밤처럼 느껴지게 하자.

5. DirectionalLight 속성으로 가서 Intensity 값을 0.05로 변경한다. 다음 스크린샷에서 보는 것처럼 좀 더 어두워진 것을 확인할 수 있다.

 만일 레벨을 칠흑같이 어둡게 만들고 싶다면 RenderSettings 섹션에서 Ambient Light 속성을 검정으로 조절해야 한다. 기본 설정은 짙은 회색이며, 이로 인해 레벨에 라이트가 전혀 없어도 물체들이 보이는 것이다.

 위 예제의 경우 독자들이 눈으로 더 쉽게 확인할 수 있도록 Intensity 값을 조금 올려 설정했다. 하지만 실제 프로젝트에서는 플레이어가 먼 곳을 선명하게 볼 수 있는 상황을 피하는 것이 좋다.

이제 공포 게임에 썩 어울리는 저녁의 외부 환경이 만들어졌다!

요약

이로써 게임에 어울리는 멋진 야외 환경을 가진 레벨이 만들어졌다! 추가적으로 이후 독자적인 프로젝트를 개발할 때 유용하게 쓰일 수 있는 여러 가지 유니티 제공 기능들도 다뤄봤다. 다음 장에서는 내부 환경을 구성할 수 있는 방법을 배워보자!

도전 과제

이 프로젝트에 대해 추가적으로 작업하고 싶다면 할 수 있는 것들이 무궁무진하다. 특히 이 책을 모두 끝내고 난 후라면 더 많을 것이다. 다음은 생각해볼 수 있는 몇 가지 아이디어들이다.

- 나무와 텍스처들을 더 추가해서 레벨을 좀 더 현실감 있게 구성해보자.
- 완성도를 높이고 분위기를 더 살려주는 다른 방법은 유니티의 Image Effect를 이용하는 것이다. 이에 대한 좀 더 많은 정보는 http://blog.teamtreehouse.com/use-image-effects-unity에서 확인할 수 있다.
- 플레이어 캐릭터를 추가하고 나면 주위 사람들에게 게임을 시켜보고, 구성한 환경 속에서 기획 의도대로 행동하는지 확인하자.
- 이벤트를 만드는 방법을 배우고 나면, 추가적인 전투 경험을 넣어본다.
- 이전의 플랫폼 게임에서 배웠던 것을 활용해 플레이어가 수집할 수 있는 수집물들을 레벨에 배치해 보상받을 수 있게 만들어보자.

8

일인칭 슈터 파트 2:
내부 환경 만들기

자연은 무질서하기 때문에 이전 장에서 다룬 터레인 툴을 쓰면서 자연과 비슷한 모습으로 규칙 없이 오브젝트를 배치하며 꾸미는 것이 어울린다. 하지만 모든 사물이 이렇게 구성되지는 않는다. 빌딩, 돌 기둥, 바닥 타일 등 인간이 만든 구조물들은 서로 비슷비슷하게 보인다. 따라서 빌딩의 모든 벽을 따로따로 모델링하는 것이 아니라 만든 것을 다시 사용할 수는 없을까?

6장, '횡 스크롤 플랫폼 게임'에서는 몇 개의 오브젝트들만 가지고 타일 개념을 사용해 레벨을 구성하고, 필요에 따라 복제해가면서 환경을 만들어냈다. 이번 장에서는 그와 같은 개념을 3D 환경에 적용하는 모듈화 레벨 디자인modular level design을 사용해본다.

모듈화 레벨 디자인이란 AAA('트리플 에이'라고 읽음) 개발사(높은 개발 비용과 광고비를 들여 개발하는 회사)들이 최대한 빠른 시간 안에 멋진 레벨을 만들어내기 위해 사용하는 방법이다. 빌딩 전체를 모듈별로 구분한 후 레고 블록들처럼 다시 끼워 맞춰 건물 전체를 구성한다. 이 방식은 레벨 전체를 처음부터 모델링하는 것보다 훨씬 쉽게 레벨을 만들어낼 수 있고, <폴아웃 4Fallout 4>와 같은 대규모 오픈 월드 게임에서 그 진가를 발휘한다.

프로젝트 개요

환경 아티스트 역할을 했던 이전 장과는 다르게 이번에는 레벨 디자이너의 역할을 맡아보자. 환경 아티스트가 제작한 애셋들을 가지고 내부 환경을 구성해볼 것이다. 메시^{mesh} 배치를 위해 이미 제공된 애셋들은 물론 유니티에서 제공하는 애셋들도 활용한다.

목표

이 프로젝트는 여러 개의 작업으로 나뉘어 있으며, 처음부터 마지막까지 한 단계씩 밟아나가면서 진행하면 된다. 해야 할 작업은 다음과 같다.

- 애셋 가져오기
- 타일 생성하기
- 그리드 스내핑^{grid snapping}으로 타일 배치하기
- 프롭^{prop} 생성과 배치
- 빠른 라이트매핑과 필수 사항들

시작 전 필수 사항

이번 장에서는 이전 장에서 작업했던 프로젝트를 이어서 진행할 것이다. 이전 장의 프로젝트를 가져와도 되고, 팩트출판사 홈페이지(https://www.packtpub.com/books/content/support)에서 다운로드할 수 있는 예제 코드와 애셋 안에 들어있는 복사본을 사용해도 좋다.

또한 궁금한 부분의 해결과 명확한 이해를 위해 완성된 프로젝트와 소스 파일들도 같은 곳에 들어있다.

프로젝트 구성

유니티가 이미 실행 중이며, 이전 장에서 작업한 프로젝트가 열려 있다고 가정하겠다.

File ➤ New Scene으로 가서 새로운 신을 생성한다.

건축물 구성 개요

레벨 디자이너로서 가장 시간을 많이 소요하는 부분은 환경을 구성하는 일이다. 레벨을 만드는 방법은 여러 가지다. 유니티에서 기본적으로 제공하는 기본 메시들(Box, Sphere, Cylinder)을 사용할 수 있는데, 관리를 잘못하면 순식간에 어수선해질 수 있다. 따라서 레벨 작업을 시작하기 전에 여타 유니티를 사용하는 게임들이 레벨을 구성할 때 사용하는 인기 있는 방법들을 빠르게 짚고 넘어가보자.

3D 모델링 소프트웨어

많은 수준 높은 개발사들이 3D 모델링 소프트웨어를 사용해서 건축물을 구성한다. 환경을 구성하는 데 최대한의 자유를 보장해주며, 모든 부분을 원하는 대로 만들 수 있기 때문이다. 하지만 이 방법은 해당 툴(마야, 3Ds 맥스, 블렌더 Blender(blender.org에서 다운로드 가능))을 매우 잘 다뤄야 하고, 다 만든 모델은 내 낸export 후에 유니티로 다시 가져와야 한다.

유니티는 여러 가지 3D 모델 포맷을 지원하고 있지만, 3D 모델링 소프트웨어를 쓸 때 고려해야 할 갖가지 사항들이 있다. 아트 애셋을 만드는 가장 효율적인 방법에 대한 예제들이 필요하다면 http://blogs.unity3d.com/2011/09/02/art-assets-best-practice-guide/를 둘러보길 바란다.

브러시로 입체물 구성하기

흔히 브러시라 불리는 CSG^{Constructive Solid Geometry}를 사용하는 방식은 게임 내에 레벨 에디터를 포함시켜 사용자들이 레벨을 직접 만들게 하는 방법으로 예전부터 사용돼 왔다. 언리얼 엔진 4, 해머, 레이디언트 같은 다른 수준급 게임 엔진들이 이 방법을 채택해서 사용자들로 하여금 빠르게 레벨을 구성하고 테스트해볼 수 있게 한다. 화이트박싱whiteboxing이라고도 부르는 이 방법은 단순한 모양을 이용하고, 작업물을 매우 빠르게 수정할 수 있다. 하지만 모델링 소프트웨어를 배우는 것과 마찬가지로 브러시를 이용해서 입체물을 구성하는 방법을 배우는 것도 꽤 어려울 수 있다. 그렇지만 여러 종류의 모양이 다른 콘텐츠를 만들어야 하는 게임에는 훌륭한 툴이 될 수 있다.

유니티가 기본 기능으로 지원하지는 않지만, 유니티 애셋 스토어Unity Asset Store에 가면 이 방식을 가능하게 해주는 툴들이 존재한다. 예를 들면 식스바이세븐 스튜디오sixbyseven studio에서 개발한 ProBuilder라는 익스텐션extension이 그중 하나인데, 이 툴은 유니티에서 브러시를 사용해 입체물을 만들 수 있게 해준다. 내가 유니티에서 3D 게임 환경을 구성할 때 주로 사용하는 툴이며, 팩트출판사에서 출간한 나의 또 다른 저서인 『Building an FPS Game with Unity』에서도 사용하고 있다. 하지만 익스텐션의 형태로 애셋 스토어나 개발사로부터 직접 구매해야 하고, 무료가 아니다. ProBuilder에 대한 더 많은 정보가 필요하거나 무료 버전에 대해 궁금하다면 http://www.protoolsforunity3d.com/probuilder/를 둘러보길 바란다.

모듈화된 타일 세트

건축물을 구성하는 또 다른 방법은 아티스트가 만든 타일들을 이용하는 것이다. 레고 조각을 사용하는 것과 비슷한 개념으로 타일들을 사용해서 벽이나 오브젝트를 붙여나가면서 빌딩 따위를 만들 수 있다. 창의적으로 타일을 사용하다 보면 많은 양의 콘텐츠를 최소한의 아트 애셋들로 구성할 수 있다. 레벨을 만드는 데 가장 쉬운 방법이지만 사용하는 타일의 숫자가 많지 않으므로 독특한 모양의 건물을 만들지 못하는 것이 단점이다.

방식의 조합

위에서 언급한 툴들을 조합해 장점만 취하는 방식으로 작업할 수도 있다. 예를 들어 브러시를 사용해서 구성한 후(그레이박싱greyboxing이라 불리는 작업), 타일 세트tileset를 이용해 브러시로 만든 물체들을 세부적인 묘사가 담겨 있는 모델들로 교체한다. 이 방식은 AAA 스튜디오들이 많이 차용하는 방식으로서, 박스는 충돌 체크를 위해서만 사용한다. 타일들을 다 배치하고 나면 레벨이 반복적이고 지루하게 보이는 것을 막기 위해 프롭prop들을 배치한다. 이것이 우리가 해볼 방법이다.

애셋 가져오기

이 장에서는 내부 환경을 구성해볼 것이다. 자연 환경과는 다르게 내부는 평평한 바닥과 벽으로 구성된 좀 더 규칙적인 건축물이며, 3D 모델들을 모듈화해서 환경을 구성할 수 있다!

이제 시작해보자. 다음 단계들을 진행한다.

1. **Project** 탭에서 새로운 폴더 Materials를 생성한다. 폴더 안으로 들어가 **Create > New Material**을 선택해서 두 개의 새로운 머티리얼을 만든다. 한 개는 House, 다른 것은 Props라 이름한다. 둘 다 만들어졌으면 예제 코드 폴더로 가서 이번 장의 Example Code Assets 폴더의 Texture 폴더 안에 있는 2048_House_TEX.jpg와 2048_Props_TEX.jpg를 가져온다. 가져온 텍스처들을 각 머티리얼의 **Albedo** 속성으로 끌어와 설정한다. 모든 작업이 끝났으면 다음과 같은 모습이 될 것이다.

2. Project 탭에서 새로운 Models 폴더를 만든다.

친절하게도 우리의 작업을 위해 존 에스피리투^{John Espiritu}가 모듈화된 모델들을 제공해줬다. 이 모델들을 가져와보자.

 존의 작업물에 대해 궁금하거나 직접 고용하고 싶다면 http://raynehaize.tumblr. com/이나 http://raynehaize.deviantart.com/을 둘러보길 바란다.

3. Models 폴더가 선택된 상태에서 Modular Pieces와 Props 폴더를 끌어서 가져온다. 다음 스크린샷을 보자.

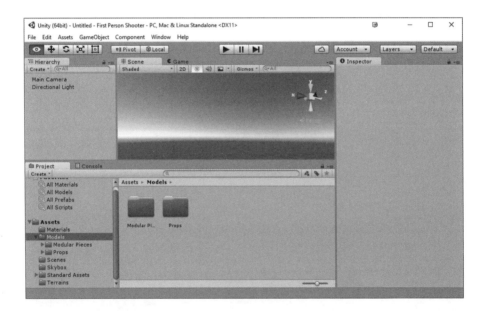

4. 유니티로 돌아가서 Project에 있는 Modular Pieces 폴더로 간다. 제대로 진행했다면 다음과 같은 모습이 돼야 한다.

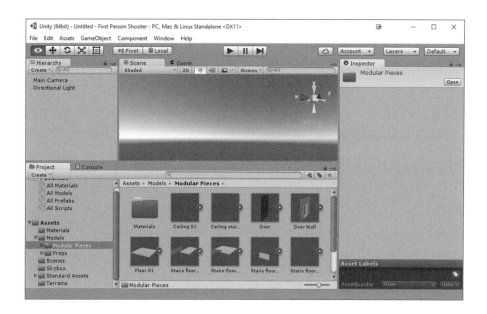

5. 이 과정에서 유니티는 자동으로 갖가지 작업들을 처리한다. 때문에 간단한 환경 구조물만 필요한 이번 같은 경우에 필요 없는 것들이 생긴다. 폴더에 있는 모든 오브젝트들을 선택하기 위해 Ceiling 01 오브젝트를 클릭하고 Shift 키를 누른 상태에서 제일 하단에 있는 Wall Plain 오브젝트를 선택한다. 이렇게 하면 Model Importer가 나온다. Inspector 탭에 보면 다음과 같은 세 개의 탭이 보일 것이다.

  ○ Model: 모델을 가져오는 설정들이 담겨 있다. 좀 더 알고 싶다면 http://docs.unity3d.com/Manual/FBXImporter-Model.html을 둘러보길 바란다.

  ○ Rig: 모델이 애니메이션을 지원할지 아닐지에 대한 설정들이다. 좀 더 알고 싶다면 http://docs.unity3d.com/Manual/FBXImporter-Rig.html을 둘러보길 바란다.

○ Animations: 모델 파일에서 여러 가지 애니메이션들을 가져오는 설정들이다. 좀 더 알고 싶다면 http://docs.unity3d.com/Manual/FBXImporter-Animations.html을 둘러보길 바란다.

6. Model 탭에서 Scale Factor를 2.5로 변경한다.

Scale Factor 속성은 가져온 모델의 스케일을 변경할 수 있게 해준다. 이번 프로젝트에서는 문제가 없지만 일반적인 경우 스케일을 변경하면 리그^{rig}에 영향을 줘서 애니메이션에 문제가 생길 수 있다. 따라서 아티스트가 처음부터 올바른 스케일로 아트를 만들게 하는 것이 중요하다.

7. Materials 섹션에서 Import Models 옵션의 체크를 해제한다. 그리고 Apply 버튼을 누른다.

체크돼 있으면 유니티는 모든 오브젝트에 각각의 머티리얼과 텍스처가 있다고 가정한다. 우리가 사용할 것들은 모두 같은 텍스처를 가지고 있으므로 여러 개의 텍스처가 필요하지 않다.

8. Rig 탭을 선택하고 Animation Type을 None으로 설정한 후 Apply 버튼을 클릭한다.

만일 오브젝트가 애니메이션을 가지고 있다면 아바타^{Avatar} 등을 추가하려고 시도하겠지만 이번 경우에는 필요 없다. 우리는 애니메이션이 없기 때문에 Animations 탭이 회색으로 처리된 것을 눈여겨보자.

9. Modular Pieces 폴더 안에 있는 Materials 폴더를 삭제하자.

> FBX 파일을 내보낼 때는 모델과 함께 UV 좌표도 같이 내보내지만 FBX 파일에 텍스처는 포함돼 있지 않다. 텍스처는 별도로 유니티로 가져와야 하며, 만들어진 머티리얼에 추가하거나 직접 지정할 수 있다.
>
> 현재 버전의 유니티에서는 모델이 머티리얼을 자동으로 생성하는 기능을 끄는 방법이 없으므로 별도로 지워야 한다. 이 모델들에 대한 머티리얼은 프리팹을 만들 때 적용해본다.

10. 5~8단계를 Props 폴더에서도 똑같이 진행한다. 모든 것이 끝났으면 다음 스 크린샷 같은 모습일 것이다.

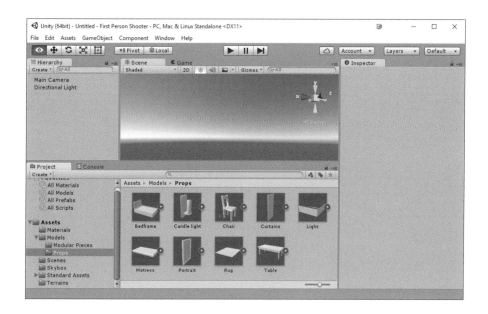

이제 프로젝트를 위한 모델들이 생겼다! 첫 단계를 끝냈지만 모델들이 월드에 존 재하지 않는다면 아무 쓸모가 없다. 이제 실제로 사용해보자.

타일 제작하기

본격적으로 시작하기 전에 오브젝트들이 어떻게 보일지 미리 알아두는 것이 좋 다. 임시 컨트롤러들을 추가해서 확인해보자. 다음 단계를 진행한다.

1. Scene 뷰의 우측 상단을 보면 신 기즈모scene gizmo가 있다. 이 기즈모는 현재의 카메라 방향을 보여주고, 빠르게 시점을 전환할 수 있게 해주며, Perspective 와 Isometric 모드 사이를 쉽게 변경하게 해준다(2D 모드에서는 이 기즈모가 보 이지 않는다. 만일 그런 상황이라면 Scene 툴바에 있는 2D 버튼을 클릭해주자).

2. 이 기즈모의 Y축을 클릭해 카메라를 위에서 내려다보게 만들자. 그런 후 Modular Pieces 폴더로 가서 Floor 01 오브젝트를 월드에 끌어다 놓는다. Transform 섹션에서 Position을 (0, 0, 0)으로 설정한다. Hierarchy 탭에서 해당 오브젝트를 더블 클릭해 오브젝트의 위치로 줌인하자.

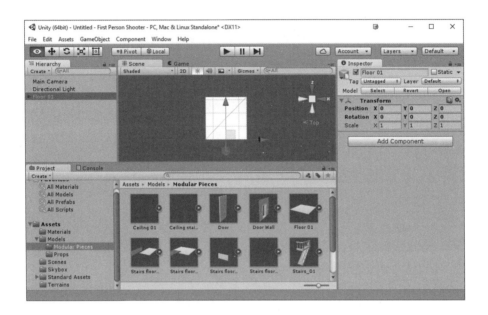

자세히 보면 포지션이 리셋됐을 때 바닥 타일이 월드의 정중앙에 위치하지 않고, Z축이 약간 벗어난 것을 알 수 있다. 이 아트를 제작한 아티스트가 피봇pivot을 이곳에 설정했기 때문인데, Gizmo Display Toggles가 Pivot으로 설정 돼 있다면 확인할 수 있다(툴바의 Transform 위젯의 오른쪽에 있는 버튼). 이 오브 젝트들은 타일 방식으로 배치할 예정이기 때문에 서로 최대한 손쉽게 붙는 것이 목표다. 일반적으로 우리가 원하는 피봇의 위치는 오브젝트의 가장자 리다. 사람에 따라 피봇이 메시의 정중앙에 있는 것을 선호하기도 한다. 현재 Pivot이라고 돼 있는 버튼을 Center로 변경하면 피봇 토글을 Center로 바꿀 수 있지만, 회전이나 스케일링이 복잡하기 때문에 나는 선호하지 않는다. Gizmo Display Toggles에 대한 좀 더 많은 정보가 필요하다면 http://docs.unity3d.

com/410/Documentation/Manual/PositioningGameObjects.html을 둘러 보길 바란다.

3. Floor_01_Modular_pieces_grp 오브젝트를 보기 위해 Floor 01 오브젝트를 연 후 선택한다. 이것이 우리가 직접 작업할 메시다. 선택된 상태에서 Mesh Renderer 컴포넌트로 가서 Materials 섹션을 연다. 그런 후 Element 0를 이전에 생성한 집용 머티리얼로 설정한다. 끌어다 놓거나 오른쪽에 있는 둥근 버튼 을 누르고 리스트에서 선택하면 된다. 마지막으로 Component ➤ Physics ➤ Box Collider로 가서 박스 콜라이더를 추가한다.

   이 콜라이더가 플레이어가 월드에서 충돌할 콜라이더며, 이제 눈에 보이고 충돌도 할 수 있다.

4. 이제 수정된 버전을 만들었으니 Floor_01_Modular_pieces_grp 게임 오브젝 트의 이름을 Floor로 변경하고, Project 탭에서 Prefabs 폴더를 새로이 생성 한다.

5. Floor 오브젝트도 3~5단계를 반복한다.

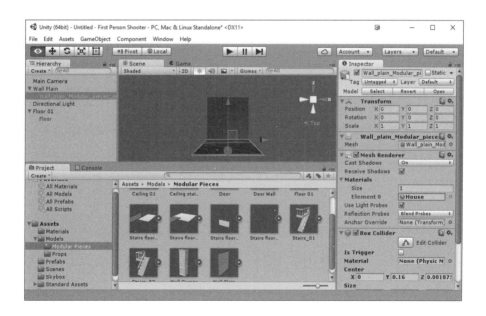

카메라를 움직여보면 붙어있는 두 개의 조각들이 이미 방처럼 보인다. 생각보다 쉽지 않은가?

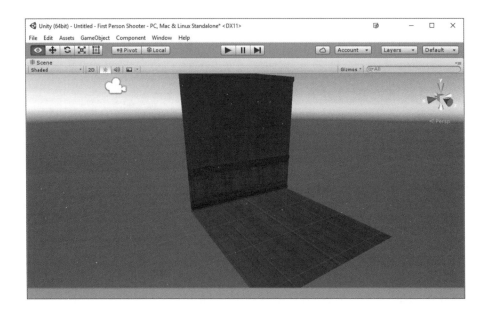

6. 두 개의 프리팹을 지우고 Modular Pieces 폴더에 있는 다른 모델들도 똑같은 과정을 적용한다. 작업하면서 지우고, Door Wall과 Stairs 오브젝트에는 Mesh Colliders를 적용한다.

 이름을 바꾸는 것과 프리팹 폴더로 옮기는 것을 제외하고 모든 작업은 shift 클릭으로 선택해서 한꺼번에 적용할 수 있다.

7. 이제 환경 구성을 위해 사용할 모델들의 수정이 끝났으니 레벨에 배치할 수 있는 타일의 형태로 구성해보자. 빈 게임 오브젝트를 생성하고 Hallway라고 이름을 붙인 후 위치를 리셋시킨다.

모듈화 레벨 디자인^{modular level design}을 할 때 오브젝트의 피봇 위치는 매우 중요하다. 오브젝트를 복사해서 붙이는 작업이 쉬워야 하기 때문이다. 따라서 타일 작업을 하기 쉬운 오브젝트 부분을 제대로 고르면 향후 작업 시간이 크게 단축된다.

 좋은 모듈화 게임 아트 작업에 대해 알고 싶다면 http://www.gamasutra.com/view/feature/130885/creating_modular_game_art_for_fast_.php를 둘러보길 바란다.

8. Floor, Ceiling, Wall 프리팹을 오브젝트의 자식으로 추가한다.

9. Ctrl + D를 눌러 벽을 복제하고 Z축의 Position을 3.2로, Y축의 Rotation을 180으로 설정한다. 다음 스크린샷을 보자.

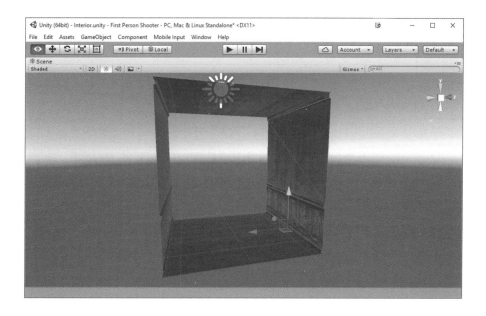

이것이 우리의 첫 기본 블록이 될 것이다. Hallway 오브젝트를 복제하는 것만으로 복도를 만들 수 있다.

10. Prefabs 폴더 안에 Tiles라는 폴더를 생성한다. Hallway를 Tiles 폴더로 끌어다 놓아 프리팹으로 만든다. 다음 스크린샷을 보자.

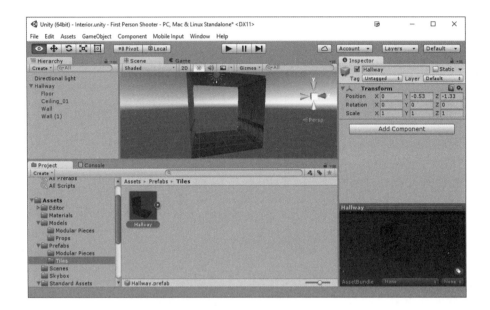

11. Wall 오브젝트 중 하나를 지우자(알림이 나오면 Continue를 클릭한다). 오브젝트가 더 이상 프리팹이 아니고 파란색도 아님을 알 수 있을 것이다. 이제 출입구를 만들 예정이므로 상관없다. Hallway의 이름을 Hall Door로 변경한다. 그런 후 Door 오브젝트와 Door Wall 오브젝트를 Hall Door의 자식으로 추가하고 벽을 없앤 부분에 위치시킨다. 그런 후 Hall Door를 Tiles 폴더에 프리팹으로 추가시킨다.

추후에 문이 동작하도록 만들겠지만 일단 지금은 환경을 구성하는 데 집중하자.

12. 지금까지 만든 타일들 외에 한 개 타일 크기보다 더 큰 방을 만들 필요도 있다. 따라서 다음 스크린샷에서 보이는 것과 같은 아홉 개의 추가 프리팹 타일을 만들어보자.

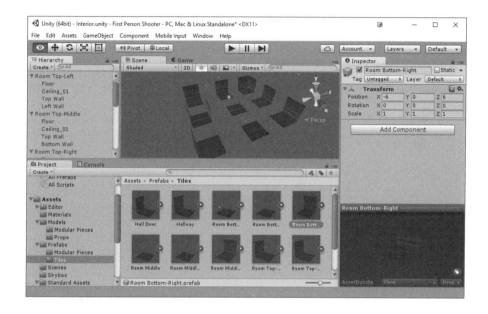

오브젝트의 이름은 다음과 같이 설정했다.

- Room Top-Left
- Room Top-Middle
- Room Top-Right
- Room Middle-Left
- Room Middle
- Room Middle-Right
- Room Bottom-Left
- Room Bottom-Middle
- Room Bottom-Right

13. 이 타일들이 있으면 원하는 크기의 방을 마음껏 만들 수 있다! 새로 만들어진 프리팹들은 Hierarchy에서 지우자.

14. 마지막으로 계단을 만들어보자! 빈 게임 오브젝트를 만들고 이름은 Left Stairs로 입력한다. Modular Pieces 프리팹으로 돌아가서 두 개의 바닥을 하나는 Position (0, 0, 0)에, 다른 하나는 (-3.2, 0, 0)에 붙여놓는다. 그다음 Stairs 1, Stairs Floor 1, 오브젝트들 모두 Position (0, 0, 0)에 위치시킨다. Stair Floor 2를 Position (-3.2, 0, 0)에 추가한다. 마지막으로 두 개의 벽을 첫 번째 바닥(X의 0.0과 -3.2에 위치한 것)에 추가하고, 두 번째 바닥(Y의 4)에도 두 개를 추가한다. 모든 작업이 끝나면 다음 스크린샷과 같은 모습이 될 것이다.

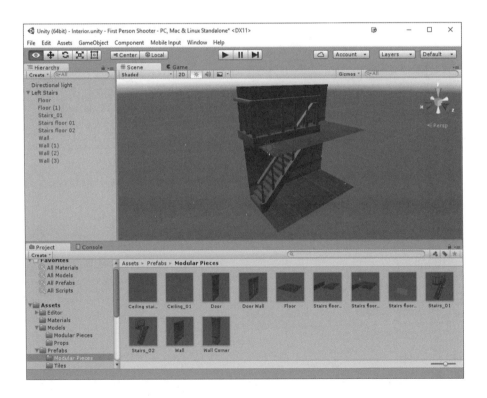

15. 이제 Left Stairs 오브젝트를 Prefabs\Tiles 폴더에 프리팹으로 저장한다. Transform 컴포넌트를 우클릭한 후 Reset Position을 선택해서 GameObject의 위치를 리셋시키는 것을 잊지 말자.

16. Left Stairs 프리팹은 이제 지워버리자. 드디어 모든 타일 세트가 만들어졌다!

그리드 스내핑으로 타일 배치하기

이제 모든 타일들이 만들어졌으니 구성을 시작해보자.

1. 아무 타일 프리팹 중 하나를 골라서 레벨에 끌어다 놓자. Ctrl 키를 누른 상태에서 아무 축이나 잡고 끌어당겨보자. 보통 때는 보지 못했던 작은 스냅이 보일 것이다. 이 현상은 바로 유닛 스내핑unit snapping 때문이다.

2. 그리드 스내핑grid snapping은 유니티에서 구성물을 구축할 때 매우 유용한 툴이다. 숫자를 일일이 입력해서 모든 타일의 위치를 잡는 것보다 Snap 사이즈를 3.2×3.2×3.2로 설정하면 된다.

 움직임뿐만 아니라 스케일과 회전도 스냅할 수 있다.

3. Edit > Snap Settings로 간다. 스냅이 쉬워지도록 Move의 수치를 3.2로, Move Z의 수치를 3.561로 변경한다. Move Z의 수치는 벽의 두께를 감안한 것이다.

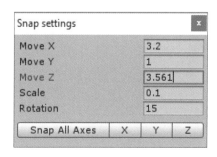

4. 스냅 설정이 올바르게 됐으니 레벨 구성의 시작으로 복도^{hallway}를 배치하고 Position을 (0, 0, 0)으로 리셋한다.

5. Ctrl + D를 눌러 메시를 복제한 후 Ctrl 키를 누른 상태에서 타일을 오른쪽 사이드로 움직여 복도를 연장시킨다.

6. 그런 후 다음 스크린샷처럼 몇 개의 복도를 더 만든 후 두 개의 Hall Door 프리팹을 배치하고 마무리한다.

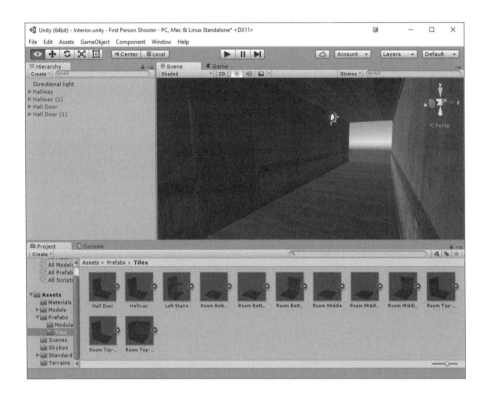

7. 이제 방을 몇 개 만들어보자. 방을 구성할 프리팹을 열고 위에서 아래로 보는 톱 뷰포트^{top viewport}에서 중간 조각들을 끌어다 놓아 배치한 후 포지션을 리셋하고, Ctrl을 누른 상태에서 끌어당겨 각 출입구 앞에 배치한다.

 애셋들을 배치하는 또 다른 방식은 원하는 구조로 바닥들을 먼저 깔아놓은 후 벽을 세우는 것이다.

필요한 Room 타일들을 사용해 원하는 방의 모습을 만들어나간다. 상황에 따라 Top Left, Top, Right 프리팹도 사용한다.

 특정 오브젝트를 처음으로 배치하고 나면 그 후에는 복제하면 된다. 이렇게 하면 매우 빠르게 레벨을 구성할 수 있다.

일반 타일은 3.2이기 때문에 벽 작업을 끝내고 나면 필요에 따라 Z의 Move 값을 3.2나 3.561로 수정하자. 버텍스 스내핑 툴^{vertex snapping tool}을 사용해 타일을 조립할 수도 있다. 메시의 원하는 버텍스를 잡고 마우스로 다른 메시의 버텍스에 붙일 수 있다.

8. 조종하고 싶은 메시를 선택한 후 Transform 툴이 활성화돼 있는지 확인한다. V 키를 누르고 있으면 버텍스 스내핑 모드가 활성화된다. 피봇 포인트로 쓰고 싶은 메시의 버텍스에 마우스를 올려놓는다. 원하는 버텍스에 마우스가 올려졌으면 클릭한 후 누른 상태에서 메시를 끌어당겨 다른 메시의 버텍스로 가져온다. 오브젝트가 입력에 따라 움직일 것이다.

9. 결과가 마음에 들면 V 키와 마우스 버튼에서 손을 뗀다. 이 방법으로 작업하면 다른 방들의 구성도 훨씬 쉬워질 것이다. 하지만 올바른 곳에 배치됐는지 여러 각도에서 확인하는 것을 잊지 말자.

10. 한번 해보는 차원에서 Project 탭에서 Hall Door 프리팹으로 가면 프리팹 이미지 오른쪽 옆에 작은 버튼이 보일 것이다. 버튼을 눌러 모든 자식 오브젝트들이 보이게 한다. Door 오브젝트를 선택한 후 Box Collider 컴포넌트의 체크를 해제한다. 이렇게 하면 문을 통과해서 방을 볼 수 있다. 다음 스크린샷을 보자.

11. 같은 툴을 사용해서 이리저리 만들다 보면 다음 스크린샷과 같은 다양한 변화가 있는 환경을 만들어낼 수 있다.

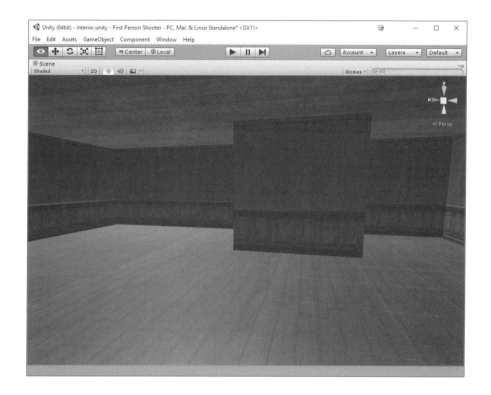

12. 마지막으로 빈 게임 오브젝트를 만들고 Level 01이라 이름을 붙인다. 모든 방들을 이 오브젝트의 자식으로 만든다.

Scenes 폴더에 있는 레벨을 저장하자.

이제 타일과 버텍스 스내핑을 사용해서 방을 만들 수 있게 됐다!

프롭의 제작과 배치

이제 구조가 만들어졌지만 지금은 바닥과 방만 있을 뿐이라서 일인칭 게임이라면 금방 지루해질 수밖에 없다. 다행히 레벨을 꾸미고 디테일을 높일 수 있는 프롭(소도구)들이 준비돼 있다. 다음 단계들을 진행해보자.

1. Level 1 오브젝트를 프리팹으로 만들고 Hierarchy 탭에서 삭제하자.

2. Models/Props 폴더로 가서 모든 모델들을 선택한다. Model 탭에서 Generate Colliders 옵션을 체크하고 Apply를 클릭한다.

   이렇게 하면 우리가 사용할 모든 오브젝트들의 콜라이더^{collider}를 생성하게 된다. 이전 모듈 조각들이 이 과정을 거치지 않은 이유는 방들의 콜라이더를 우리가 직접 만들 것이기 때문이다.

3. Bedframe 오브젝트를 신으로 가져와서 오브젝트의 Transform 섹션의 Position 속성을 (0, 0, 0)으로 설정한다. 오브젝트로 초점을 맞추고 싶으면 Hierarchy에서 오브젝트를 선택하고 F 키를 누른다(신에서 작업하고 있을 때만 동작한다). 아니면 오브젝트에 더블 클릭해도 된다. 포지션을 리셋해서 오브젝트가 월드 중간에 있음에도 불구하고 X축이 조금 어긋나 있는 것이 보일 것이다. 우리에게 제공된 아트가 그렇기 때문이다.

4. 가장 먼저 해야 할 일은 모든 오브젝트에 Props 머티리얼을 적용하는 것이다. 이전과 똑같이 할 수도 있지만 이번에는 각 오브젝트를 (0, 0, 0)에 놓고, Ctrl 키(맥^{Mac}에서는 Command 키)를 누른 상태에서 메시를 직접 선택해 머티리얼을 설정할 것이다.

모델에 머티리얼이 훌륭하게 들어맞는 것을 알 수 있다. 모델을 제작한 아티스트가 엔진으로 하여금 어떻게 머티리얼을 잘라서 오브젝트(꼭지점들)에 배치시켜야 하는지 알려주는 UV 맵을 사용했기 때문이다. 머티리얼에 사용된 텍스처는 올바른 위치에 올바른 부분이 들어갈 수 있도록 그려져 있다. 오브젝트의 UV를 설정하는 일은 3D 모델링 프로그램에서 하는 일이며, 모델 파일을 불러낼 때 모델에 이 정보가 포함돼 있다.

다음 스크린샷을 보자.

 UV 매핑에 대해 더 알고 싶다면 http://en.wikipedia.org/wiki/UV_mapping을 둘러보길 바란다.

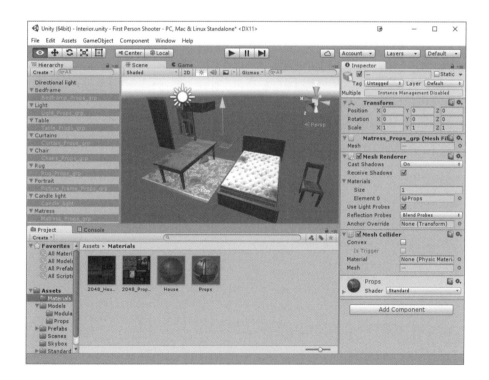

5. 모듈 조각들에 했던 것처럼 다음 스크린샷과 같이 새로운 Props 폴더를 생성하고 각 모델을 프리팹으로 만든다.

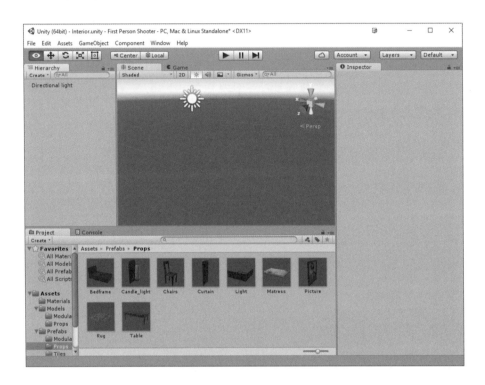

6. 이제 Level 01 프리팹을 레벨로 다시 가져오자. 제일 먼저 가장 단순한 프롭인 의자^{chair}를 배치해보자. 레벨로 chair 오브젝트를 끌어다 놓는다. 피봇이 조금 어긋나 있지만 자동적으로 바닥에 배치되는 것을 알 수 있다.

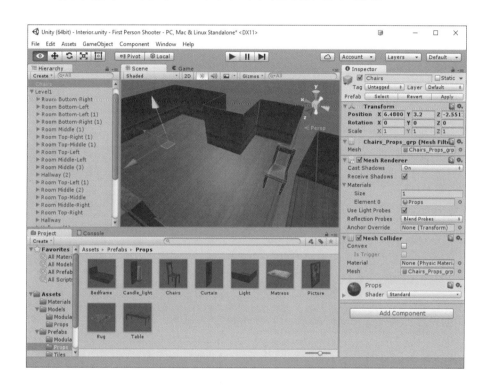

7. 3D 모델링 소프트웨어를 사용해서 이 문제를 수정할 수 있지만, 소프트웨어가 없을 수도 있으니 유니티에서 고치도록 하자. GameObject ➤ 3D Objects ➤ Cube로 가서 정육면체를 생성한다. 정육면체의 Position 속성을 (0, 0, 0)으로, Scale을 (0, 0, 0)으로 변경한다. 그런 후 Vertex Snapping을 사용해서 다음 스크린샷처럼 의자의 다리 밑부분이 (0, 0, 0) 위치에 오도록 이동한다. 작업을 좀 더 편하게 하기 위해 Hierarchy에서 Inspector의 이름 옆 체크박스를 해제해 다른 오브젝트들을 잠시 꺼둬도 좋다.

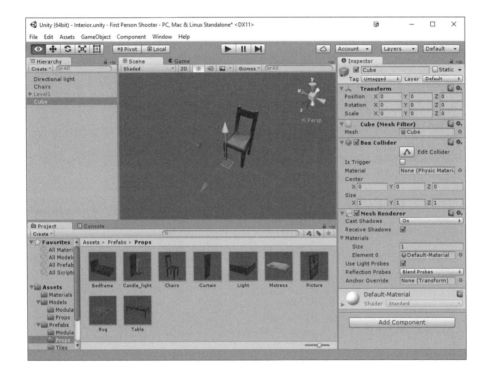

8. 작업이 끝나면 Cube 오브젝트를 삭제한다. GameObject ➤ Create Empty로 가서 빈 게임 오브젝트 FixedChair를 생성한다. 이전 **Chairs**를 새로 생성한 오브젝트의 자식으로 만든다. 그런 후 Prefabs\Props 폴더에 Fixed Chair라는 새로운 프리팹을 만들고 **Hierarchy**에서 삭제한다.

9. 다시 Level 01을 불러낸 후 의자를 가져오자. 이제 의자를 배치하기 훨씬 쉬워졌을 것이다. 다음 스크린샷을 보자.

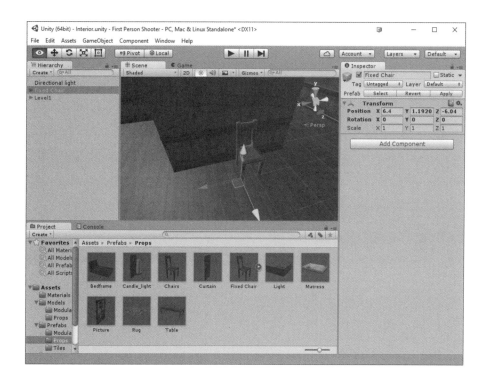

10. Rotation 툴을 사용해서 Chairs를 약간 회전시키고, Ctrl + D로 복제해서 이동한 후 회전시켜 의자들이 대칭으로 보이는 현상을 예방하는 것도 좋다.

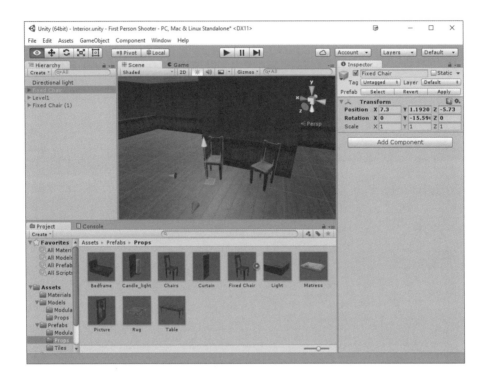

11. 이제 환경을 좀 더 현실적으로 만들기 위해 다른 프롭들도 자유롭게 배치해
보자.

12. 새롭게 추가되는 프롭들이 Level 01 프리팹에 추가됐는지 확인하고 Apply 버
튼을 눌러 모든 변경 사항을 저장한다.

이제 1층을 완성했으니 2층을 만들어보자.

13. 레벨에 빈 공간을 찾아 LeftStairs 오브젝트를 추가한다. 필요하면 벽들도 추가
한다. 그런 후 Level 01에서 했던 것처럼 타일들을 배치한다.

14. 한 번에 한 레벨에 집중하기 위해 알아두면 좋은 점은 다음과 같다. Level 01 게임 오브젝트를 선택하고 이름 옆 체크박스를 해제해서 모든 것들을 꺼버리면 현재 작업하는 레벨에만 신경 쓸 수 있다. 화면에 오브젝트가 너무 많아 원활한 프레임레이트를 유지하기 어려울 때 이 방법을 사용해도 좋다. 다음 스크린샷을 보자.

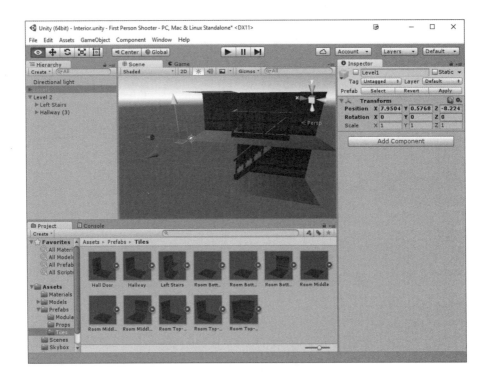

빠르게 라이트매핑하기

라이트매핑Lightmapping은 라이팅의 결과를 미리 계산하고 고정된static 오브젝트의 텍스처에 계산 결과를 미리 입히는 방법이며, 이를 통해 게임이 좀 더 빠르게 실행될 수 있고 자원을 최대한 효율적으로 활용할 수 있다.

일반적으로 라이트매핑은 레벨 전체의 구성을 끝내고 최적화 작업을 할 때 진행되지만, 언급하기에는 지금이 최적의 타이밍이라고 생각한다. 나중에 하고 싶다면 레벨 구성을 모두 끝내고 읽길 바란다. 라이트매핑에 걸리는 시간이 길 수 있기 때문이다.

1. Window ➤ Lighting으로 간다. Scene 탭을 선택하고 Ambient Intensity를 0으로 변경해서 우리가 적용하는 조명들만 영향을 주도록 한다. Skybox 속성에서 Nightsky를 선택하면 월드가 좀 더 어두워진다. House와 Props 머티리얼에 있는 Metallic 속성을 0.75로, Smoothness를 0으로 변경한다.

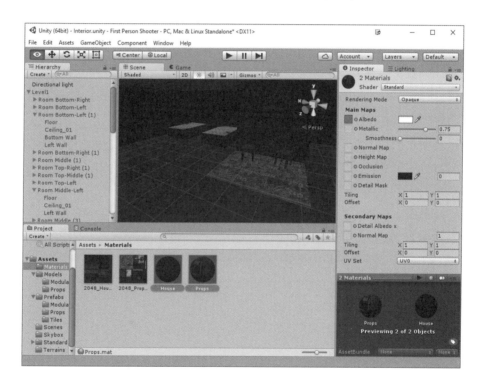

2. 이어서 Models/Props와 Models/Modular Pieces 폴더(프리팹이 아닌)에 있는 모든 모델 파일들을 선택한다. Model 탭의 Generate Lightmap UVs에 체크하고 Apply 버튼을 클릭한다.

3. 라이트매핑은 정적static 오브젝트, 다시 말해 움직이지 않는 오브젝트에 사용할 때 가장 효과적이다. 우리 레벨이 그런 방식이므로 Level 01 부모 오브젝트를 선택하고 Static 옵션을 클릭한다. 자식 오브젝트들에도 변경 사항을 적용할지 물어보면 Yes, change children을 클릭한다. 다음 스크린샷을 보자.

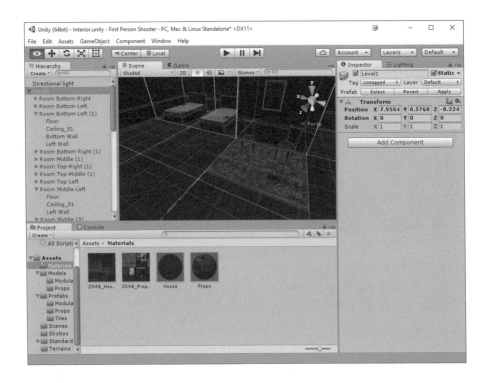

4. Window ➤ Lighting으로 간 후 Lightmap 탭을 선택한다. 오브젝트의 베이크^{bake}
기능과 다른 추가 기능들이 있는 Lightmapping Editor가 열릴 것이다. 기본은
Auto로 설정돼 있는데, 이는 Bake 옵션을 클릭하면 자동으로 진행한다는 뜻
이다. 대규모 프로젝트의 경우 꽤 오래 걸릴 수도 있다. 모든 처리가 끝나고
나면 조명이 제대로 적용됐을 것이다. 다음 스크린샷을 보자.

이제 공포스러운 유령의 집다운 모습이 됐다!

 유니티의 새로운 글로벌 일루미네이션(Global Illumination) 시스템을 통한 라이트매
핑에 대해 더 알고 싶다면 http://docs.unity3d.com/Manual/GIIntro.html을 둘러
보길 바란다.

요약

이제 우리 게임에 멋진 내부 환경이 생겼다! 또한 미래의 본인 프로젝트에 사용할 수 있는 다양한 유니티 기능들도 배웠다. 다음 장에서는 온전한 프로젝트를 만들기 위해 작동하는 게임 메커닉을 만들어본다!

도전 과제

이 프로젝트에 대해 추가적으로 작업하고 싶다면 할 수 있는 것들이 무궁무진하다. 특히 이 책을 모두 끝내고 난 후라면 더 많을 것이다. 다음은 생각해볼 수 있는 몇 가지 아이디어들이다.

- 게임 프로젝트의 레이아웃을 만들어보자. 이벤트가 일어날 수 있는 흥미로운 영역들을 구성해보자.
- 프롭들을 다양하게 배치해서 반복되는 느낌을 없애보자.
- 각 타일에 하나씩 박스 콜라이더box collider를 적용하기보다 같이 붙어있는 벽을 아우르는 박스 콜라이더를 적용하면 훨씬 효율적이다.
- 레벨 디자이너의 주요 툴 중 하나가 라이팅lighting이며 라이팅의 색깔, 강렬함, 혹은 라이팅의 공백까지 활용해 분위기와 느낌을 만들어낼 수 있다. 플레이어는 일반적으로 빛을 따라가기 때문에 플레이어를 이끄는 수단으로 이용할 수도 있다. 이 기술을 이용해 플레이어를 레벨의 끝까지 인도해보자!
- 현재 문은 아무 기능이 없다. 문에 트리거(Is Trigger가 켜진 콜라이더)를 추가해서 플레이어가 문에 가까이 가면 사라지게 만들어보자. 플레이어가 트리거를 벗어나면 다시 보이게 만들자. 또한 문이 사라질 때 사운드를 추가해서 플레이어가 문이 열린 것을 알 수 있게 하자.

9

일인칭 슈터 파트 3:
게임플레이와 AI 적용하기

학생들에게 게임 디자인을 가르칠 때 많이 듣는 질문 중 하나는 '게임이란 무엇인가?'다. 어떤 사람에게는 매우 단순한 카드 게임인 〈워^{War}〉(http://en.wikipedia.org/wiki/War_(card_game))도 게임이다. 이 게임에서 플레이어는 카드를 뒤집는 것 빼고는 아무것도 하지 않기 때문에 게임의 결과는 시작도 하기 전에 이미 정해져 있다.

유명한 프로그래머이자 디자이너인 시드 마이어$^{Sid\ Meier}$는 게임을 '흥미로운 선택의 연속'이라고 말했고, 이는 나도 매우 동감하는 정의다. 내 모교이자 현재 근무 중인 디지펜^{DigiPen}에서는 비디오 게임은 실시간 상호 작용 시뮬레이션$^{real-time}$ $^{interactive\ simulation}$이라 가르친다.

이때까지 구성한 환경은 게임 프로젝트를 만들기 위한 훌륭한 첫 단계임에 틀림없지만, 지금 모습은 실시간 시뮬레이션일 뿐 상호 작용이 없다.

프로젝트 개요

이 장에서는 게임을 게임답게 만들 적과 슈팅 액션 등의 게임플레이를 적용해 상호 작용을 만들어낼 것이다. 또한 게임에서 Xbox 360 컨트롤러를 통해 입력을 받아들이는 방법도 알아본다.

목표

이 프로젝트는 여러 개의 작업으로 나뉘어 있으며, 처음부터 마지막까지 한 단계씩 밟아나가면서 진행하면 된다. 해야 할 작업은 다음과 같다.

- 플레이어 만들기
- 슈팅 비헤이비어^{shooting behavior} 추가하기
- 적 만들기
- 적 움직임 만들기
- 적을 쏘고 죽이기
- Xbox 360 컨트롤러 입력 사용하기
- 다른 레벨로 이동하기

이번 장에서는 이전 장에서 작업했던 프로젝트를 이어서 진행할 것이다. 이전 장의 프로젝트를 가져와도 되고, 팩트출판사 홈페이지(https://www.packtpub.com/books/content/support)에서 다운로드할 수 있는 예제 코드와 애셋 안에 들어있는 복사본을 사용해도 좋다.

또한 궁금한 부분의 해결과 명확한 이해를 위해 완성된 프로젝트와 소스 파일들도 같은 곳에 들어있다.

프로젝트 구성

유니티가 이미 실행 중이며, 이전 장에서 작업한 프로젝트가 열려 있다고 가정하겠다. 다음 단계를 진행해보자.

1. 유니티가 열려 있는 상태에서 이전 장에서 작업한 프로젝트를 연다.

2. Scenes 폴더에 있는 7장, '일인칭 슈터 파트 1: 외부 환경 만들기'에서 작업했던 외부 환경을 더블 클릭해서 연다.

플레이어 만들기

가장 먼저 월드가 플레이어의 눈으로 볼 때는 어떻게 생겼는지 경험할 수 있도록 플레이어를 만들어보자. 감사하게도 유니티 엔진에는 미리 만들어둔 플레이어용 비헤이비어behavior들이 있다.

1. 아직 열려 있지 않다면 야외 레벨을 연다. 좀 더 쉽게 볼 수 있도록 Lighting 탭의 Scene 섹션에서 Fog 속성의 체크를 해제한다.

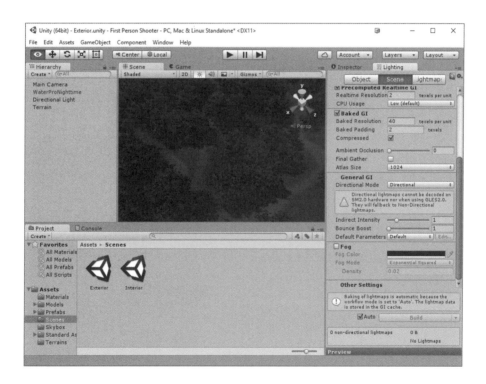

2. Assets ❯ Import Package ❯ Characters로 간다. 여러 가지 다른 애셋들이 포함된 윈도우가 열린다. 이번 경우는 PhysicsMaterials 폴더와, FirstPersonCharacter를 뺀 나머지 Characters 폴더가 필요 없으므로 체크를 해제한다. 펼쳐진 폴더들을 닫으면 다음과 같은 모습일 것이다.

3. 필요한 것들에 대한 선택이 끝났으면 Import 버튼을 클릭하고 가져오기 과정이 끝날 때까지 기다린다.

4. 가져오기가 끝나면 Project 탭으로 가서 Standard Assets/Characters/FirstPersonCharacter/Prefabs 폴더를 연다. FPSController 오브젝트를 신으로 끌어온다.

5. Scene 탭에서 오브젝트에 더블 클릭해 줌인^{zoom in}을 한 후, 지면 위로 올라올 때까지 Y축을 따라 끌어올린다.

6. 이 프리팹은 이미 카메라를 포함하고 있으므로 기본으로 제공됐던 카메라는 이제 필요 없다. Hierarchy 탭으로 가서 Main Camera 오브젝트를 삭제한다.

7. 마지막으로 Lighting 탭으로 돌아가서 Fog 옵션을 다시 체크한다.

8. 레벨을 저장하고 게임을 실행해보자!

이제 캐릭터가 존재하고 WASD 키들을 누르면 걸어다닌다. Esc 키를 누르기 전까지 마우스 입력을 인식하며, Shift 키를 누르고 있으면 달린다. 게임에 어울리는 캐릭터를 위한 좋은 출발점이 마련됐다.

손전등 추가하기

이제 플레이어가 생겼으니 우리에게 맞는 비헤이비어를 추가해보자. 현재 우리 레벨은 짙은 밤이지만 플레이어가 앞에 무엇이 있는지 볼 수 있어야 하므로 손전등이 필요하다. 이를 위해 FPSController 오브젝트를 수정해보자.

1. GameObject ➤ Light ➤ Spotlight로 가서 스포트라이트를 생성한다. 생성됐으면 스포트라이트를 끌어와 FPSController 오브젝트의 자식인 FirstPersonCharacter 오브젝트의 자식으로 만든다.

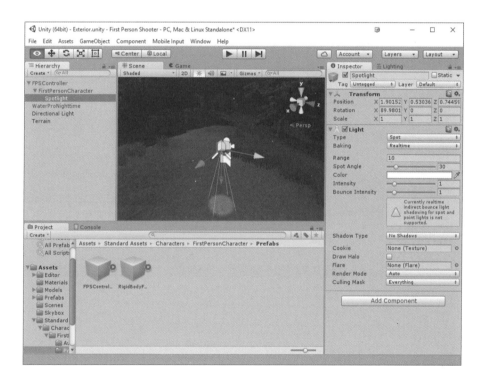

2. Transform Position 값을 (0, -.95, 0)으로 변경한다. 여기서 얘기하는 위치 position는 부모의 위치와 상대적인 것이므로, 라이트는 손전등을 손에 들고 있는 것처럼 카메라 조금 아래에 위치하게 된다. Rotation 값을 (0, 0, 0)으로 변경한다. 빛이 일직선으로 나가는 것이 싫다면 조금 아래를 비추게 해도 좋다.

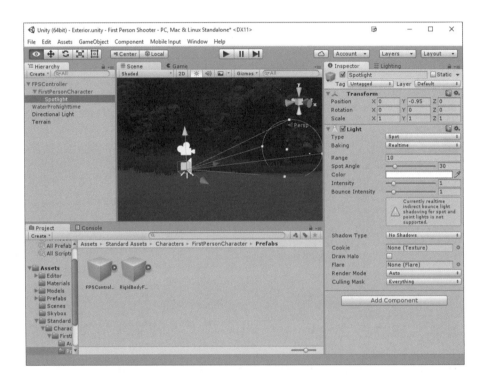

3. 손전등은 멀리 비춰야 한다. Range 값을 1000으로 변경하고, 좀 더 넓게 비출 수 있도록 Spot Angle 값을 45로 바꾼다. 마지막으로 Shadow Type을 Hard Shadows로 변경해서 빛이 닿은 오브젝트 뒤에 그림자가 생기도록 한다. 이 효과는 다음 스크린샷에서 볼 수 있다.

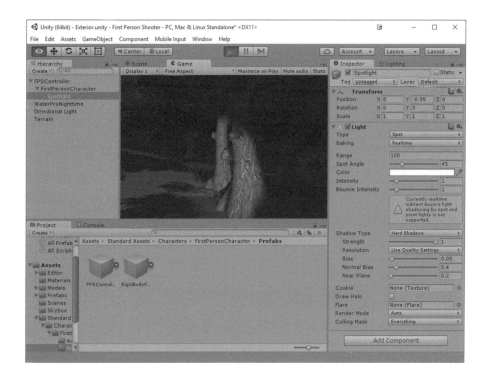

이제 손전등이 생겼으니 플레이어는 전방에 집중할 수 있게 됐다.

무기 만들기

일반적인 일인칭 슈팅 게임에서는 총으로부터 총알을 쏴서 적에게 피해를 입힌다. 하지만 우리는 적을 찍으면 피해를 입히는 카메라를 만들어보자.

카메라 만들기

무언가를 찍으려면 카메라부터 만들어야 한다. 좀 더 줌인된 또 하나의 카메라 오브젝트를 생성하고 테두리를 줘서 좀 더 실제 같은 카메라를 만들자. 다음 단계를 진행해보자.

1. 손전등인 Spotlight 오브젝트로 가서 선택한 후 더블 클릭해 화면의 중심에 둔다.

2. 우리가 사용할 무기 카메라는 FirstPersonCharacter 오브젝트의 자식으로 만들 별도의 오브젝트가 될 것이다. 먼저 FPSController에 있는 FirstPersonCharacter 오브젝트를 선택하고, Hierarchy에서 우클릭해 Create Empty를 선택한다. Inspector 섹션에서 새로 생성한 오브젝트의 위치가 0, 0, 0인지 확인하고, 그렇지 않다면 0, 0, 0으로 변경한다. 오브젝트의 이름을 Photo Camera로 변경한다. 다음 스크린샷을 보자.

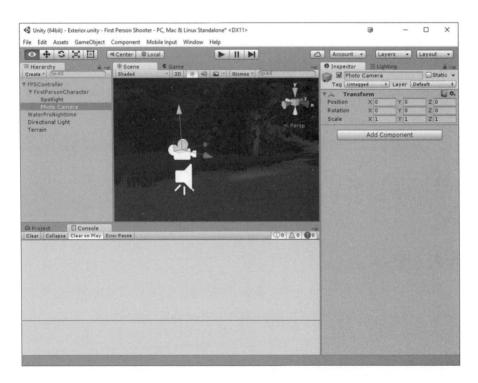

3. Inspector 탭 맨 아래의 **Add Component** 버튼을 누르고, `Camera`를 입력한 후 나오는 선택지를 골라 카메라 컴포넌트를 추가한다.

 상단 메뉴에서 Component ➤ Add…로 가서 추가할 수도 있다.

4. 이 카메라는 기본 카메라보다 더 줌인돼 있어야 하므로 **Field of View** 값을 30으로 변경한다. 이제 **Scene** 탭을 **Game** 탭으로 전환해서 좀 전의 변경 사항이 어떤 영향을 주는지 확인해보자. 이렇게 보면 각 속성이 어떤 영향을 주는지 더 쉽게 이해할 수 있다.

5. 이 카메라가 다른 카메라보다 더 상위에 있어야 하므로 **Depth** 값을 1로 변경한다(값이 높을수록 더 상위에 위치시킨다).

6. 기존 카메라도 뒤쪽으로 잘 보일 수 있도록 중앙에 위치한 새로운 카메라의 **Viewport Rect** 값을 조절해서 기존 카메라의 75% 정도 사이즈가 되도록 설정할 것이다. **Viewport Rect**의 **X**와 **Y** 값을 .125로, **W**와 **H** 값을 .75로 변경한다.

7. 우리 게임에서 카메라는 단순한 카메라가 아니라 테두리를 가진 카메라다. 테두리를 스마트폰으로 만들어보자. 예제 코드의 Chapter 9/Art Assets 폴더에 있는 phone.png 파일을 프로젝트 브라우저의 Materials 폴더로 옮겨온다.

8. 옮겨왔으면 Inspector 탭을 보자. 기본 설정은 3D 프로젝트로 돼 있고, .png 파일은 Texture Type 속성이 Texture로 돼 있을 것이다. Sprite (2D and UI)로 변경하고 Apply를 누르자.

9. 이제는 작은 카메라에 이 텍스처를 붙여보자. GameObject ➤ UI ➤ Panel로 가서 Panel 오브젝트를 생성하자. 캔버스에 맞게 패널의 크기가 자동으로 조절돼 있을 것이다.

10. Panel 오브젝트로 가서 Source Image 슬롯에 아까 생성한 스마트폰 이미지를 끌어다 놓는다. 이미지가 보이지만 반투명일 것이다. Color 속성으로 가서 완전한 하얀색으로 변경한다.

11. 폰의 사이즈가 조금 이상하게 보일 것이다. Preserve Aspect를 체크하면 이미지가 제대로 보이겠지만 뭔가 줌인된 듯한 느낌이다. Set Native Size를 클릭하면 이미지의 사이즈가 다시 재조정된다. 그런 후 Anchors Preset 메뉴로 가서 Shift + Alt를 누른 상태로 가운데-중간 옵션을 선택해 카메라를 월드 정중앙에 위치시킨다.

12. 한 가지 눈에 띄는 부분은 스크린의 상태가 어떠하든 카메라의 사이즈는 변하지 않는다는 것이다. Canvas 오브젝트를 선택하고 Canvas Scaler 컴포넌트의 UI Scale Mode를 Scale with Screen Size로 변경한다.

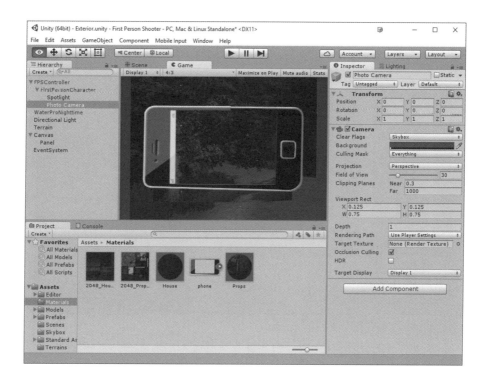

13. Game 탭의 좌측 상단에서 확인할 수 있는 현재의 화면 비율[aspect ratio]은 4:3으로 돼 있다. 이 비율은 오래된 텔레비전이나 모니터에 사용하던 비율이며, 우리 프로젝트는 와이드스크린 모니터에서도 문제없이 동작되며 더 멋있어 보인다. 따라서 화면 비율을 16:9로 변경하자. 4:3 옆에 있는 드롭다운 메뉴를 클릭하고 16:9를 선택하면 된다.

지금 게임을 실행하면 다음 스크린샷과 같은 모습일 것이다.

꽤 멋져 보인다! 하지만 지금은 카메라가 항상 나타나 있다. 카메라는 우클릭해서 줌인했을 때만 보였으면 좋겠다.

14. 새로운 C# 스크립트 PhoneBehaviour를 생성하고 IDE에서 열자.

15. PhoneBehaviour 클래스에 다음 코드를 입력하자.

```
using UnityEngine;
using System.Collections.Generic; // 리스트

public class PhoneBehaviour : MonoBehaviour
{

    public List<GameObject> phoneObjects;
    private bool cameraActive = false;
```

```
void Start()
{
  SetCameraActive(false);
}


// Update is called once per frame
void Update () {
  // 마우스 오른쪽 버튼을 누르고 있는가
  if (Input.GetMouseButton(1) && !cameraActive)
  {
    SetCameraActive(true);
  }
  else if(cameraActive && !Input.GetMouseButton(1))
  {
    SetCameraActive(false);
  }
}


void SetCameraActive(bool active)
{
  cameraActive = active;

  foreach (var obj in phoneObjects)
  {
    obj.SetActive(active);
  }
}
```

위 스크립트는 마우스 오른쪽 버튼을 누르고 있는 동안 phoneObjects에 들어있는 모든 오브젝트가 활성화되게 만들고, 버튼을 떼면 비활성화된다. 매 프레임마다 오브젝트를 활성화하는 작업은 비효율적이기 때문에 상태가 바뀌는 프레임에서만 수행하기 위해 마지막 프레임 상태를 관리하는 불리언^{Boolean}을 추가했다.

FirstPersonCharacter 오브젝트에 PhoneBehaviour 컴포넌트를 추가한다. Phone Objects의 Size를 2로 변경하고 Photo Camera와 캔버스의 Panel을 각 속성에 설정한다.

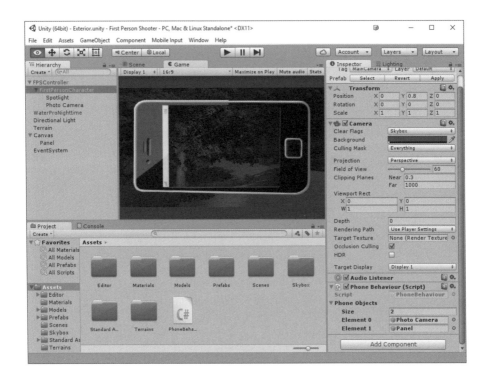

프로젝트를 저장하고 게임을 실행해보자!

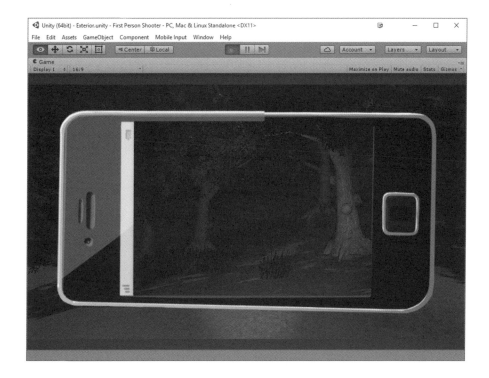

이제 마우스 오른쪽 버튼을 누르고 있으면 카메라가 나타난다! 멋지다! 여타 FPS 게임들의 스나이퍼 라이플 같지 않은가?

카메라로 찍기

이제 카메라로 찍고, 찍을 때마다 화면이 번쩍이게 해보자. 플래시 효과를 만들기 위해 화면 전체를 덮을 이미지를 생성하자. 다음 단계를 진행한다.

1. 작업을 편하게 하기 위해 Photo Camera 오브젝트로 가서 Inspector 탭의 오브젝트 이름 옆 체크박스를 해제해 비활성화한다. 그런 후에 Panel 오브젝트도 똑같이 비활성화하고 이름을 Phone Border로 변경한다.

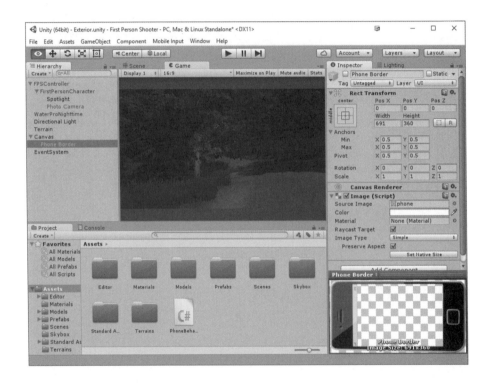

2. 이제 평소의 화면으로 돌아왔으니 플래시 역할을 할 패널을 추가해보자. Hierarchy 탭으로 가서 Canvas 오브젝트를 우클릭한다. UI ▶ Panel을 선택하고 이름을 Camera Flash로 변경한다. 색깔은 코드를 통해 변경할 것이므로 지금은 완전한 투명으로 변경한다.

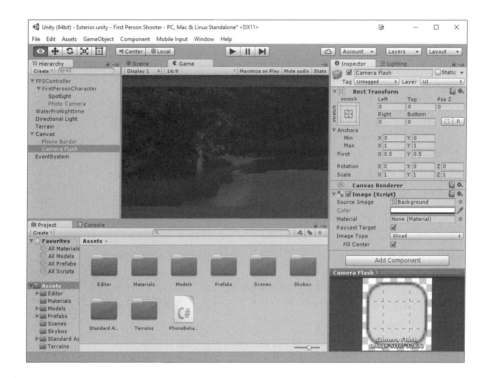

3. PhoneBehaviour 파일로 가서 다음 using문을 추가한다.

```
using UnityEngine.UI; // 이미지
```

4. 그런 후 다음 변수를 추가한다.

```
public Image cameraFlash;
```

5. 플래시 효과는 두 가지 부분으로 돼 있다. 하얀색으로 페이드[fade]되는 부분과 투명하게 페이드하는 부분이다. 두 가지 효과를 처리하는 코드가 매우 비슷하기 때문에 Fade라는 헬퍼[helper] 함수를 만들 것이다.

6. 이 작업을 위해 다음 using문을 추가한다.

```
using System.Collections; // IEnumerator
```

7. 다음 코드를 보자.

```
IEnumerator Fade(float start, float end, float length,
                 Image currentObject)
{
    if (currentObject.color.a == start)
    {
        Color curColor;
        for (float i = 0.0f; i < 1.0f;
             i += Time.deltaTime * (1 / length))
        {
/*
컬러 속성을 직접 조절할 수 없으므로
복사본을 만든다
*/
            curColor = currentObject.color;
/*
투명도의 시작부터 끝의 값을 선형 보간법(linear interpolation)을
사용해서 같은 속도로 변화하게 한다
*/
            curColor.a = Mathf.Lerp(start, end, i);

            // 그런 후 복사본을 원래 오브젝트에 복사한다
            currentObject.color = curColor;

            yield return null;
        }
        curColor = currentObject.color;

/*
페이드가 완전히 끝났는지 확인한다
(반올림 오류 때문에 lerp 결과가 항상 같은 값으로 끝나지 않기
때문이다)
*/
```

```
        curColor.a = end;
        currentObject.color = curColor;
    }
}
```

1장, '2D 트윈 스틱 슈터'에서 했던 것처럼 코루틴[coroutine]을 사용해 함수를 잠시 멈추게 하고, 일정 시간 동안 기다리며 함수를 다시 시작할 수 있다. IEnumerator 클래스는 프로그램의 현재 상태를 저장하고 어디서부터 다시 시작해야 할지 알고 있다. 여기서 사용하는 yield return은 함수를 멈추고 일정 시간 이후 다시 진행하게 만든다.

코루틴은 사실 함수이므로 일반 함수처럼 파라미터를 사용할 수 있다. 이 부분을 이용하면 네스트[nest]를 사용해서 복잡한 상호 작용을 만들 수 있고, 추상적으로 구성한 함수들을 여러 용도로 이용해서 흥미로운 작동 상태들을 만들어낼 수 있다.

8. 다음과 같이 주 함수에서 CameraFlash 함수를 두 번 부른다.

```
IEnumerator CameraFlash()
{
  yield return StartCoroutine(Fade(0.0f, 0.8f, 0.2f,
  cameraFlash));
  yield return StartCoroutine(Fade(0.8f, 0.0f, 0.2f,
  cameraFlash));
  StopCoroutine ("CameraFlash");
}
```

 코루틴을 사용하는 예제들이 궁금하면 http://unitypatterns.com/introduction-to-coroutines/와 http://unitypatterns.com/scripting-with-coroutines/를 둘러보길 바란다.

9. 이 함수는 호출하지 않으면 절대 사용되지 않는다. 따라서 PhoneBehaviour 스크립트의 Update 함수 끝에 다음 코드를 추가한다.

```
if (cameraActive && Input.GetMouseButton(0))
{
    StartCoroutine(CameraFlash());
}
```

10. 파일을 저장하고 유니티 에디터로 돌아간다. 마지막으로 Photo Camera 오브젝트로 돌아가서 Camera Flash 오브젝트를 Camera Flash 변수에 설정한다.

11. 신을 저장(Ctrl + S)하고 Play 버튼을 누른 후 카메라를 사용해보자. 다음 스크린샷을 보자.

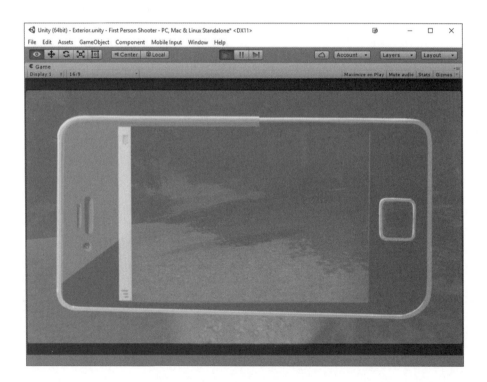

모든 것이 정상적으로 작동한다! 카메라로 주위를 볼 수 있고, 줌인과 줌아웃을 할 수 있으며, 사진을 찍을 수 있다.

적 만들기

이제 사진을 찍을 수 있게 됐으므로 사진을 찍을 적을 만들어보자! 다음 단계를 진행한다.

1. 적을 만드는 가장 첫 단계는 사용할 애셋을 가져오는 것이다. Chapter 9\Art Assets\Ghost Model에서 파일들이 보일 것이다. 폴더를 프로젝트로 끌어다 놓는다.

2. Project 탭에서 Ghost Model 오브젝트를 열고 Ghost_mesh 오브젝트를 선택한다. 선택하면 Inspector 탭이 열릴 것이다. Model 탭의 Scale Factor의 값을 .10으로 변경해 원래 사이즈의 10분의 1로 줄인다. 그런 후 Generate Colliders를 체크하고 Apply를 누른다.

3. Rig 탭 아래의 Animation Type 값이 None인지 확인한다. 이 모델은 애니메이션을 포함하고 있지 않으니 필요할 경우 Apply를 클릭한다.

4. Scene 뷰에서 플레이어와 터레인 근처로 간 후 캐릭터를 끌어다 놓는다. 다음 스크린샷을 보자.

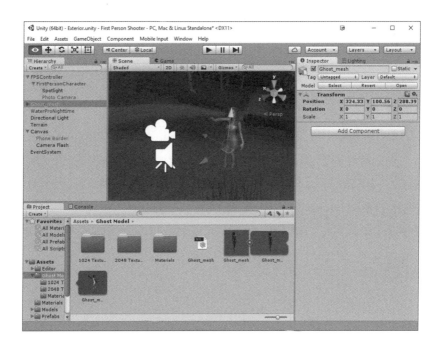

프로젝트를 저장하고 게임을 실행해보자.

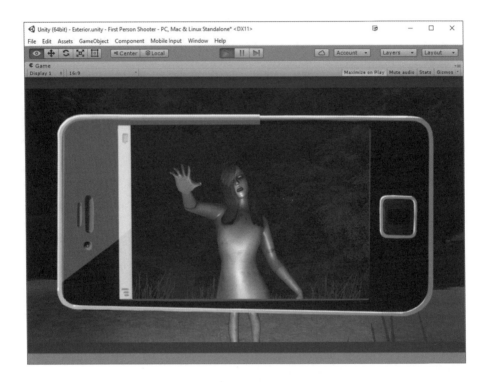

이제 캐릭터가 존재하고 게임 속에서 볼 수 있다. 무섭다!

상태 기계 개요

우리가 일반적으로 작성하는 코드는 시뮬레이션(게임 월드) 안에서 반응하거나
상호 작용을 하기 위한 것들이다(버튼을 누르거나 걷거나 점프하기 등). 실생활에서
흔히 보는 휴대폰이나 토스터 같은 물건들도 잘 보면, 이와 비슷한 반응형 시스
템이라는 것을 알 수 있다. 이 물건들에 어떤 자극이 가해졌느냐에 따라 물건의
상태가 달라진다. 이와 같이 상황에 따라 여러 가지 상태 중 하나로 변화할 수 있
는 것을 상태 기계state machine라 부른다.

우리가 만들어내는 프로그램의 대부분은 일종의 상태 기계라고 볼 수 있다. 기술적인 시각에서 보면 if문을 사용하는 순간 두 가지의 상태를 가지게 되기 때문이다. 하지만 switch문과 if문을 몇 개만 써도 코드가 순식간에 복잡하고 이해하기 어렵게 될 수 있으므로, 프로그래머라면 문제를 분류하고 가장 단순한 상태로 나눈 후 해결해야 한다.

상태 기계에는 여러 가지 종류가 있지만 이번에는 간단한 유한 상태 기계FSM, Finite State Machine를 만들어본다. 유한이란 의미는 각 상태들이 미리 정의됐다는 뜻이다. 유한 상태 기계를 통해 상황에 따라 입력을 다르게 처리하는 상태들을 가질 수 있다.

예를 들어 사다리 위에 있다면 좌우로 움직일 수 없고 위아래로만 이동 가능하게 하는 것이다.

적 움직임

캐릭터가 무서워 보일지 몰라도 지금은 그냥 고정된 메시일 뿐이다. 다가와서 피해를 주지도 않고 피해를 입힐 수도 없다. 상태 기계를 사용해서 움직이게 만들어보자! 다음 단계를 진행한다.

1. 새로운 스크립트 EnemyBehaviour를 생성한다.

   캐릭터에 가까이 가면 플레이어를 따라오고, 플레이어가 너무 멀어지면 그 자리에 그대로 서 있게 만들어보자. 적을 물리치면 움직임을 멈추고 죽어야 한다. 상태 기계를 만드는 첫 번째 단계는 적용 대상이 거쳐야 할 상태들을 파악하는 데 있다. 이번 경우 세 가지 상태가 있다. 멈춤Idle, 따라오기Following, 죽음Death이다. 2장, 'GUI 만들기'에서 다뤘던 이뉴머레이션enumeration이 최적의 도구가 될 것이다.

2. EnemyBehaviour 클래스에 다음 코드를 입력한다.

```
public enum State
{
  Idle,
  Follow,
  Die,
}


// 현재 플레이어의 상태
public State state;
```

현재 상태의 값에 따라 각기 다른 일을 처리할 수 있다. 다음과 같은 코드를 쓰면 된다.

```
void Update()
{
  if(state == State.Idle)
  {
    // 처리 명령
  }
  else if(state == State.Follow)
  {
    // 처리 명령
  }
  // 기타 등등
}
```

이미 느낀 사람들도 있겠지만 위 코드는 매우 지저분하다. 또한 특정 상태로 진입하는 순간에 처리하고 싶은 것이 있으면 어떻게 할 것인가? 상태를 벗어 날 때는? 이런 부분을 고치기 위해 이전에 다뤘던 코루틴 함수를 사용해 각 상태를 담아놓을 것이다.

3. 앞으로 사용할 몇 가지 새로운 변수들을 추가하자. 다음 코드를 입력한다.

```
// 적이 따라가야 하는 오브젝트
public Transform target;

// 적이 얼마나 빠르게 움직여야 하는가?
public float moveSpeed = 3.0f;
public float rotateSpeed = 3.0f;

// 얼마나 가까워야 따라오기 시작하는가?
public float followRange = 10.0f;

// 목표 오브젝트가 얼마나 멀어지면 따라가기를 멈추는가?
// 노트: followRange보다 크거나 같아야 한다
public float idleRange = 10.0f;
```

4. 이제 Idle 상태를 시작으로 각 상태에 따른 코루틴 함수를 추가해보자. 다음 코드를 입력한다.

```
IEnumerator Idle State ()
{
  // 진입할 때
  Debug.Log("Idle: Enter");
  while (state == State.Idle)
  {
    // 업데이트할 때
    if(GetDistance() < followRange)
    {
      state = State.Follow;
    }

    yield return 0;
  }
  // 벗어날 때
  Debug.Log("Idle: Exit");
  GoToNextState();
}
```

위 상태는 플레이어가 충분히 가까워서 자신이 따라가야 하는지(더 이상 State.Idle이 아닌 순간) 지속적으로 체크한다. GetDistance와 GoToNextState 함수를 추후에 만들어야 하는데, 다른 상태들을 끝내고 나서 작업하겠다.

5. 다음과 같이 Following 상태를 작업하자.

```
IEnumerator FollowState ()
{
  Debug.Log("Follow: Enter");
  while (state == State.Follow)
  {
    transform.position =
    Vector3.MoveTowards(transform.position,
                target.position,
                Time.deltaTime * moveSpeed);
    RotateTowardsTarget();

    if(GetDistance() > idleRange)
    {
      state = State.Idle;
    }

    yield return 0;
  }
  Debug.Log("Follow: Exit");
  GoToNextState();
}
```

위 상태는 적을 플레이어에게 끌어옴과 동시에 다시 Idle로 돌아갈 만큼 떨어져 있는지 지속적으로 체크한다. RotateTowardsTarget 함수도 새로 등장하는 함수인데, 추후에 만들겠다.

6. 다음과 같이 Die 상태를 추가하는 것으로 마무리한다.

```
IEnumerator DieState ()
{
  Debug.Log("Die: Enter");

  Destroy (this.gameObject);
  yield return 0;
}
```

위 상태는 스크립트가 첨부된 오브젝트를 삭제한다. 지금은 Inspector 탭을 통해서만 이 상태에 진입할 수 있지만, 나중에 피해 기능을 추가할 때 유용하게 사용될 것이다.

7. 이제 위에서 언급했지만 제작하지 않았던 함수들을 만들 차례다. 먼저 GetDistance와 RotateTowardsTarget 함수부터 시작하자. 제목을 보면 어떤 기능을 하는지 쉽게 알 수 있다. 다음 코드를 입력한다.

```
public float GetDistance()
{
  return (transform.position -
    target.transform.position).magnitude;
}

private void RotateTowardsTarget()
{
  transform.rotation =
  Quaternion.Slerp(transform.rotation,
  Quaternion.LookRotation
  (target.position - transform.position),
    rotateSpeed * Time.deltaTime);
}
```

 Vector3 클래스는 Distance 함수를 포함하고 있다. Vector3.Distance(transform.position, target.transform.position);도 GetDistance 함수와 같은 기능을 하지만 뒤에서 일어나는 수학적 계산을 알아두면 매우 도움이 된다.

8. 이제 다음과 같은 상태를 바꿀 수 있는 기능이 필요하다.

```
void GoToNextState ()
{
    // 호출하기 원하는 함수의 이름을 알아냄
    string methodName = state.ToString() + "State";

    // 클래스에서 해당 상태의 함수를 검색(예를 들어: idleState)
    System.Reflection.MethodInfo info =
    GetType().GetMethod(methodName,
    System.Reflection.BindingFlags.NonPublic |
    System.Reflection.BindingFlags.Instance);
    StartCoroutine((IEnumerator)info.Invoke(this, null));
}
```

위 코드는 상당히 고급 수준이므로 처음 보고 완벽히 이해하지 못해도 괜찮다. 이전에 사용했던 Update 예제를 사용해서 알맞은 코루틴을 호출하는 방식을 사용할 수도 있었다.

하지만 이 코드는 알맞은 함수를 상태의 이름과 State 단어를 붙여서 호출한다. 이런 구성의 장점은 이 함수를 수정하지 않고도 다른 종류의 상태를 추가할 수 있다는 것이다. State 이뉴머레이터^{enumerator}에 아이템을 추가하고 올바른 이름의 함수를 작성하기만 하면 된다!

 GetMethod 함수와 여러 종류의 BindingFlags에 대한 정보가 필요하다면 http://msdn.microsoft.com/en-us/library/05eey4y9(v=vs.110).aspx를 둘러보길 바란다.

9. 이제 상태 기계 전체를 다음 코드로 시작한다.

```
void Start ()
{
  GoToNextState();
}
```

10. 마지막으로, 모든 파일들을 저장하고 유니티 에디터로 돌아가자. Ghost_mesh 오브젝트에 Enemy Behaviour 스크립트를 첨부하고, FPSController 오브젝트를 Target 속성에 지정한다. 다음 스크린샷을 보자.

11. 신을 저장하고 게임을 실행해보자. 다음 스크린샷을 보자.

Inspector 탭에서 적의 현재 상태를 확인할 수 있다. 너무 가까이 가면 돌아서서 다가올 것이다!

고급 FSM

지금까지 제작한 코드는 상태 기계를 처음 접하면서 사용 방법을 익히는 좋은 예제지만, 상태 기계 사용에 대한 정보는 이보다 훨씬 많다. 예를 들어 추상적인 상태 기계에 대한 정보는 http://playmedusa.com/blog/a-finite-state-machine-in-c-for-unity3d/에서 확인할 수 있다.

애셋 스토어에서는 Playmaker라는 꽤 유명한 유료 에드온add-on을 찾아볼 수 있는데, 이는 비주얼 에디터를 통해 상태 기계를 매우 쉽게 추가할 수 있다. Playmaker에 대한 더 많은 정보가 필요하다면 http://www.hutonggames.com/ 을 둘러보길 바란다.

적에게 피해를 입히고 죽이기

적이 우리에게 다가올 수 있게 됐으니, 이제 적에게 피해를 입히고 적을 죽일 수 있는 방법이 필요하다! 다음 단계를 진행해보자.

1. 제일 먼저 해야 할 작업은 모든 적들을 쉽게 참조할 수 있도록 만드는 것이다. 적 오브젝트의 Inspector 탭에서 Tag ➤ Add Tag…로 가서 태그를 추가해보자. Tag & Layer 메뉴가 나오면 Element 0에 Enemy를 입력한다.

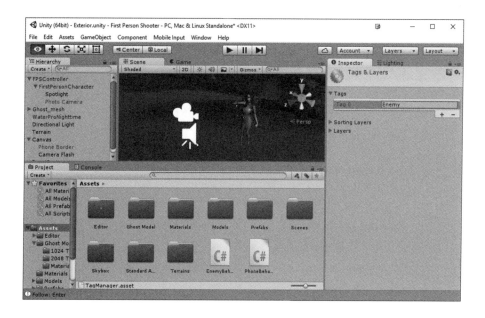

2. 자식 오브젝트인 Ghost_mesh로 돌아가서 Enemy 태그를 추가하고, 부모 오브젝트의 이름을 Ghost로 변경한다.

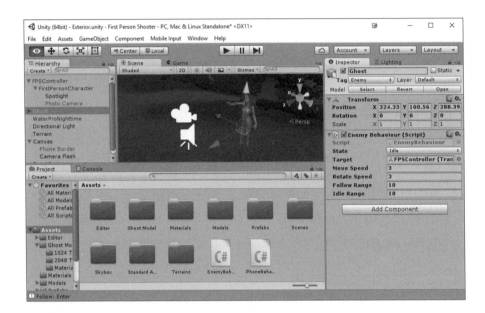

3. 모노디벨롭으로 돌아가서 PhoneBehaviour 스크립트의 Update 함수에 다음의 굵은 글씨로 처리된 코드를 추가한다.

```
// Update is called once per frame
void Update () {
    // 마우스 오른쪽 버튼을 누르고 있는가
    if (Input.GetMouseButton(1) && !cameraActive)
    {
      SetCameraActive(true);
    }
    else if(cameraActive && !Input.GetMouseButton(1))
    {
      SetCameraActive(false);
    }
```

```
    if (cameraActive && Input.GetMouseButton(0))
    {
      StartCoroutine(CameraFlash());

      GameObject[] enemyList =
      GameObject.FindGameObjectsWithTag("Enemy");

      foreach (GameObject enemy in enemyList)
      {
        if (enemy.activeInHierarchy)
        {
          EnemyBehaviour behaviour =
          enemy.GetComponent<EnemyBehaviour>();
          behaviour.TakeDamage();
        }
      }
    }
  }
```

위 코드에서 EnemyBehaviour 클래스에 TakeDamage 함수를 호출하고 있으므로 이 함수를 만들어보자. EnemyBehaviour 클래스를 열고 다음 변수들을 추가한 다.

```
public float health = 100.0f;
private float currentHealth;
```

4. currentHealth 변수를 초기화해야 하니 다음의 굵은 글씨로 처리된 코드를 Start 함수에 추가한다.

```
void Start ()
{
  GoToNextState();
  currentHealth = health ;
}
```

5. 다음과 같이 TakeDamage 함수를 추가하자.

```
public void TakeDamage ()
  {
    // 가까울수록 더 많은 피해를 입힌다
    float damageToDo = 100.0f - (GetDistance () * 5);

    if (damageToDo < 0)
      damageToDo = 0;
    if (damageToDo > health)
      damageToDo = health;

    currentHealth -= damageToDo;

    if(currentHealth <= 0)
    {
      state = State.Die;
    }
    else
    {
      // 죽지는 않았으나 사진을 찍었으므로
      // 적이 우리의 위치를 알고 따라온다
      followRange = Mathf.Max(GetDistance(), followRange);
      state = State.Follow;
    }

    print ("Ow! - Current Health: " +
    currentHealth.ToString());
  }
```

6. 이제 신과 모든 스크립트 파일들을 저장하고 게임을 실행하자! 다음 스크린 샷과 같은 게임 스크린이 나올 것이다.

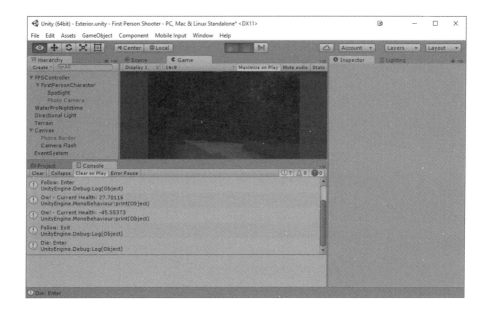

이제 적 사진을 찍으면 플레이어를 따라오고, 둘 사이의 거리가 가까울수록 더 많은 피해를 입힐 것이다(콘솔 창을 보면 알 수 있다)!

컨트롤러 입력 사용하기

유니티를 게임 엔진으로 사용하는 가장 큰 이유 중 하나는 프로젝트를 크게 변경하지 않아도 여러 가지 플랫폼을 지원할 수 있다는 것이다. 지금 당장 Xbox 360 컨트롤러를 컴퓨터에 연결하고 유니티를 재시작한 후 게임을 실행하면, 왼쪽 조이스틱으로 플레이어를 움직일 수 있고 Y 버튼으로 점프시키는 것을 볼 수 있다. 하지만 다른 몇 가지는 작동하지 않으니 제대로 적용시켜보자.

다음 단계를 진행해보자.

1. 가장 먼저 할 일은 새로운 입력 방식을 사용할 수 있도록 유니티를 설정하는 것이다. Edit ➤ Project Settings ➤ Input으로 가자.

2. 프로젝트에 네 개의 새로운 축을 추가하자. 첫 번째는 새로운 횡축이다. Mouse X축을 우클릭하고 Duplicate Array Element를 선택하자.

3. 새로 생성된 Mouse X축을 연 후 `360 Right Horizontal`로 이름을 변경한다. 컨트롤러에서 나오는 출력은 절대로 100% 정확하지 않다. 따라서 Dead 값을 .05로 변경해 -.05와 .05 사이의 값은 무시되도록 한다.

4. Type 값을 Joystick Axis로, Axis 값을 4th axis (Joysticks)로 변경한다.

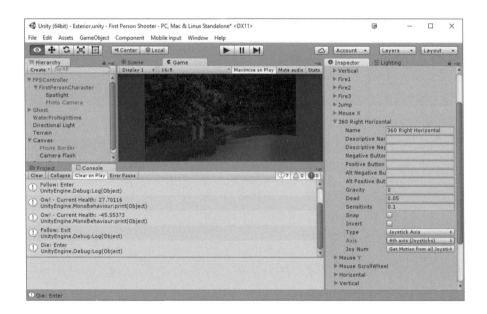

5. Mouse Y축에 대해서도 똑같이 진행한다. 이름은 `360 Right Vertical`로 하고, 5th axis (Joysticks) 옵션을 사용한다. 다음 스크린샷을 보자.

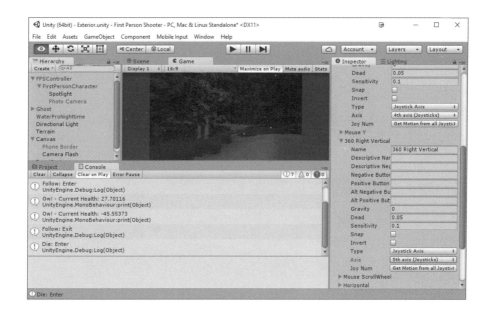

6. 컨트롤러의 트리거도 사용하길 원하므로 Axes의 Size를 22로 변경하고, 남는 두 개의 이름을 `360 Left Trigger`와 `360 Right Trigger`로 변경한다. Positive 와 negative 버튼을 삭제한다. Type을 Joystick Axis로, Axis를 각각 9와 10으로 변경한다.

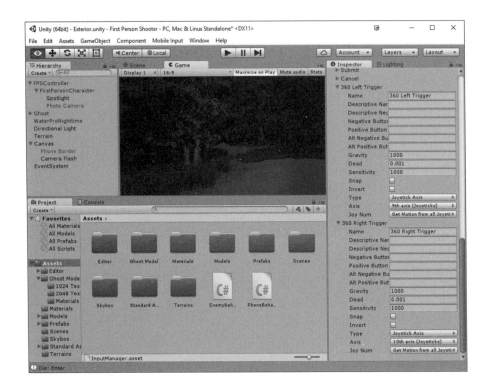

7. 이제 캐릭터 컨트롤러의 MouseLook 스크립트 파일을 수정할 필요가 있다. 이를 더블 클릭해 모노디벨롭에서 연다. LookRotation 함수에 다음의 굵은 글씨로 처리된 코드를 입력한다.

```
public void LookRotation(Transform character, Transform
camera)
{
    float yRot =
    CrossPlatformInputManager.GetAxis("Mouse X") *
    XSensitivity;
    float xRot =
    CrossPlatformInputManager.GetAxis("Mouse Y") *
    YSensitivity;

    float xRot360 = Input.GetAxis("360 Right
    Horizontal") * 15 * XSensitivity;
```

```
float yRot360 = Input.GetAxis("360 Right
Vertical") * 15 * YSensitivity;

yRot += xRot360;
xRot -= yRot360;

m_CharacterTargetRot *= Quaternion.Euler (0f,
yRot, 0f);
m_CameraTargetRot *= Quaternion.Euler (-xRot,
0f, 0f);

if(clampVerticalRotation)
  m_CameraTargetRot =
  ClampRotationAroundXAxis
  (m_CameraTargetRot);

if(smooth)
{
  character.localRotation = Quaternion.Slerp
  (character.localRotation,
  m_CharacterTargetRot,
    smoothTime * Time.deltaTime);
  camera.localRotation = Quaternion.Slerp
  (camera.localRotation, m_CameraTargetRot,
    smoothTime * Time.deltaTime);
}
else
{
  character.localRotation =
  m_CharacterTargetRot;
  camera.localRotation = m_CameraTargetRot;
}

UpdateCursorLock();
}
```

위 코드는 오른쪽 조이스틱으로 플레이어를 회전하게 만든다.

8. 이제 카메라를 찍을 수 있게 만들어보자. PhoneBehaviour 스크립트를 열자. 가장 먼저 할 일은 플레이어가 오른쪽 트리거를 놓았을 때만 다시 찍을 수 있게 새로운 변수를 추가하는 것이다.

```
private bool shotStarted = false;
```

9. 다음 코드와 같이 Update 함수를 변경하자. 굵은 글씨로 처리된 코드에 주목하자.

```
void Update () {
    // 마우스 오른쪽 버튼을 누르고 있는가
    if ((Input.GetMouseButton(1) || (Input.GetAxis("360
    Left Trigger") > 0)) && !cameraActive)
    {
        SetCameraActive(true);
    }
    else if(cameraActive && !(Input.GetMouseButton(1)
    || (Input.GetAxis("360 Left Trigger") > 0)))
    {
        SetCameraActive(false);
    }

    if (cameraActive && (Input.GetMouseButton(0) ||
    (Input.GetAxis("360 Right Trigger") > 0)))
    {
        shotStarted = true;

        StartCoroutine(CameraFlash());

        GameObject[] enemyList =
        GameObject.FindGameObjectsWithTag("Enemy");

        foreach (GameObject enemy in enemyList)
        {
            if (enemy.activeInHierarchy)
            {
                EnemyBehaviour behaviour =
```

396

```
            enemy.GetComponent<EnemyBehaviour>();
            behaviour.TakeDamage();
        }
    }
}

if (Input.GetAxis("360 Right Trigger") == 0)
{
    shotStarted = false;
}

}
```

10. 스크립트를 저장하고 게임을 실행해보자. 다음 스크린샷을 보자.

이제 Xbox 360 컨트롤러를 사용해서 게임을 할 수 있게 됐다!

유니티를 실행하는 플랫폼에 따라 몇 가지 고려 사항이 있을 수 있다. Xbox 360 컨트롤러를 사용하는 방법에 대한 더 많은 정보가 필요하다면 http://wiki.unity3d.com/index.php?title=Xbox360Controller를 둘러보길 바란다.

 입력에 대해 일일이 신경 쓰지 않고 대중적으로 사용되는 컨트롤러 입력 정도만 처리하고 싶다면 Gallant Games' InControl 입력 매니저가 적합하며 현재 좋은 반응을 얻고 있다. 이에 대한 좀 더 많은 정보는 http://www.gallantgames.com/incontrol에서 둘러볼 수 있다.

모든 기능을 담고 있지는 않지만 오픈소스 버전도 http://github.com/pbhogan/InControl에서 찾을 수 있다. 하지만 툴을 사용하고 있거나 쓸 만하다고 느낀다면 개발을 지원하는 의미에서 제품 구매를 추천한다.

다른 레벨로 이동하기

마지막으로, 이 장에서 작업한 모든 사항들이 다른 레벨에서도 적용될 수 있도록 해보자. 다음 단계들을 진행한다.

1. 지금까지 여러 가지 작업을 거친 오브젝트들은 고맙게도 프리팹들이라 다른 레벨에 적용하기 위한 수정이 쉽다. Prefabs 섹션에서 FPSController 오브젝트를 선택하고 Apply 버튼을 눌러서 변경 사항들을 프리팹에 저장한다.

2. Ghost 오브젝트는 단순 모델이기 때문에 프로젝트 브라우저에서 Prefabs 폴더를 열고 오브젝트를 끌어다 놓는다.

3. Camera Canvas도 필요하기 때문에 Camera Canvas로 이름을 변경하고 프리팹으로 만든다.

4. 이제 모든 준비가 완료됐으니 내부 레벨을 열자.

5. 위치는 상관없으니 Camera Canvas를 끌어다 놓는다.

6. FPSController 프리팹으로 가서 월드로 끌어다 놓는다. 그런 후 FPSController 를 열고 FirstPersonCharacter 프리팹을 선택한 후 Phone Behaviour 컴포넌트의 Phone Border와 Camera Flash를 설정한다.

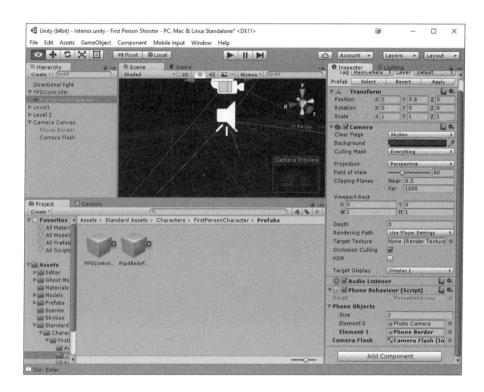

7. 그런 후 Ghost 프리팹을 신 안의 원하는 위치에 끌어다 놓는다. Enemy Behaviour 오브젝트의 Target 속성을 FPSController 오브젝트로 설정한다.

8. 프로젝트를 저장하고 게임을 실행한다. 다음 스크린샷을 보자.

요약

이제 우리 게임을 완성했다! 이 장을 진행하는 동안 캐릭터와 적을 만드는 방법을 배웠고, 360 컨트롤러의 입력을 처리하는 방법도 간단히 살펴봤다. 이제 게임을 완성했으니 다음 장에서는 레벨 에디터를 직접 만들어보면서 좀 더 수준 높은 고급 코딩을 배워보자!

도전 과제

이 프로젝트에 대해 추가적으로 작업하고 싶다면 할 수 있는 것들이 무궁무진하다. 특히 이 책을 모두 끝내고 난 후라면 더 많을 것이다. 다음은 생각해볼 수 있는 몇 가지 아이디어들이다.

- 현재 적들은 플레이어가 나무, 혹은 벽 뒤에 있어도 따라올 것이다. 6장, '횡 스크롤 플랫폼 게임'에서 다뤘던 Raycast 함수를 사용해 플레이어와 적 사이에 충돌이 있는지 확인하고, 충돌이 있는 경우 적의 상태를 Idle로 전환한다.

- 유령 캐릭터에 사운드 효과를 추가해서 플레이어로 하여금 가까이 다가올 때 알 수 있게 해서 게임의 긴장감을 더해보자. 사진 찍는 소리나 플레이어의 걷는 소리도 더욱 분위기를 자아낸다. 사운드 효과를 얻기 좋은 사이트는 https://www.freesound.org/다. 하지만 게임에 좀 더 어울리게 만들고 싶다면 약간의 수정을 거쳐야 한다. 사운드 수정 툴로는 Audacity를 추천하며, http://audacity.sourceforge.net/에서 다운로드할 수 있다.

- 레벨에 다수의 유령을 배치해 플레이어가 좀 더 흥미로운 상황에 처할 수 있도록 해보자.

- 더 빠르거나 더 공격적인 타입의 유령을 추가할 수도 있다. 혹은 유니티의 컬링 마스크^{Culling Mask} 시스템을 사용해 오브젝트를 다른 레이어(http://docs.unity3d.com/Documentation/Components/Layers.html)에 배치하고, 카메라를 들고 있을 때만 유령이 보이게 할 수 있다. 이렇게 되면 각 카메라에 컬링 마스크를 설정해서 원하는 레이어만 보이게 할 수 있다(http://docs.unity3d.com/Documentation/Components/class-Camera.html).

- 마지막 절에서 몇 개의 다른 오브젝트를 사용해 게임의 정상적인 작동을 도모하는 것을 봤을 것이다. 이 방법이 성능 면에서는 가장 효율적이지만, 코드에서 편하게 오브젝트를 얻고 싶다면 GameObject.Find 함수를 쓰는 것도 좋다. 좀 더 많은 정보가 필요하다면 http://docs.unity3d.com/ScriptReference/GameObject.Find.html을 둘러보길 바란다.

10
게임 내장 레벨 에디터 만들기

게임을 작동시키는 게임 메커니즘을 완성하고 나면, 이제는 콘텐츠를 채울 차례다. 유니티 에디터를 사용해 직접 배치할 수 있지만 이전 장에서 봤듯이 상당한 시간이 걸릴 수도 있다. 6장, '횡 스크롤 플랫폼 게임'에서 했던 것처럼 배열을 사용하는 방법도 있지만, 레벨이 스크립트 레벨에서 정의돼 있어야 한다. 또한 작업 편의를 위해 외부 툴을 쓰거나 머릿속에 레벨의 모습을 상상하면서 숫자를 일일이 입력해야 한다.

또 다른 방식은 레벨 파일을 게임이 실행되고 있는 상태에서 저장하고 불러오는 것이다. 이 방식을 사용하면 그 자리에서 제작한 레벨에 대한 테스트 플레이를 해볼 수 있고, 실시간으로 만족스러울 때까지 수정하고 저장할 수 있다. 가장 큰 장점은 레벨의 실제 모습을 만들면서 확인할 수 있다는 것이다.

프로젝트 개요

이 장에서는 이전 장에서 개발한 횡 스크롤 플랫폼 게임에 게임 내장in-game 레벨 에디터 기능을 추가할 예정이다. 이 기능은 추후 다른 프로젝트에서 사용할 수도 있다.

이와 함께 IMGUI^Immediate Mode GUI system를 다뤄볼 것이다. IMGUI는 코드를 기반으로 하는 GUI 시스템이며, 유니티 4.6 버전 이전에는 유니티에서 GUI를 만들 수 있는 유일한 수단이었다. 지금은 툴 제작, 스크립트를 위한 커스텀 인스펙터, 유니티 에디터를 확장하고 싶을 때 사용하는 프로그래머의 도구로 자리 잡았다.

이 시스템의 장점 중 하나는 아트 애셋이 전혀 필요하지 않고, 메뉴 전체를 코드를 통해 만들 수 있다는 것이다. 유니티 4.6 버전 이후에 새로운 GUI 시스템이 포함됐지만, 알아둘 필요가 충분한 시스템이다. 추후 당신의 프로젝트에 어떤 시스템을 사용할지는 당신의 몫이다.

목표

이 프로젝트는 여러 개의 작업으로 나뉘어 있으며, 처음부터 마지막까지 한 단계씩 밟아나가면서 진행하면 된다. 해야 할 작업은 다음과 같다.

- 레벨 에디터: 소개
- 실시간으로 벽을 추가/제거하기
- 에디터와 GUI를 켜고 끄기, 다른 종류의 타일들 선택하기
- 레벨을 파일에 저장하고 불러오기

시작 전 필수 사항

이번 장에서는 6장의 횡 스크롤 플랫폼 게임 프로젝트에 이어서 작업을 진행할 것이다. 이전 장의 프로젝트를 가져와도 되고, 팩트출판사 홈페이지(https://www.packtpub.com/books/content/support)에서 다운로드할 수 있는 예제 코드와 애셋 안에 들어있는 복사본을 사용해도 좋다.

또한 궁금한 부분의 해결과 명확한 이해를 위해 완성된 프로젝트와 소스 파일들도 같은 곳에 들어있다.

레벨 에디터: 소개

파일 저장 기능을 구현하려면 새로운 영역을 배워야 한다. 5장, '슈팅 갤러리: 애니메이션과 트윈 다루기'에서 PlayerPrefs를 배웠지만, 경우에 따라 string, int, float 변수 이상의 것들을 저장하고 싶은 경우가 있다. 복잡한 데이터 타입을 다루고 싶을 때 할 수 있는 방법을 배워보자. 다음 단계를 진행한다.

1. 6장, '횡 스크롤 플랫폼 게임'에서 개발한 3D Platformer 프로젝트를 열고 게임플레이 신을 열자(예제 코드에서는 Gameplay로 저장).

2. 현재는 GameController 스크립트 내부에서 레벨을 생성할 수 있게 돼 있다. 이번 프로젝트에서는 해당 기능을 꺼내서 새로운 클래스로 옮길 것이다. Project Browser에서 Scripts 폴더로 간 후 새로운 C# 스크립트 LevelEditor를 생성한다. 스크립트가 생성됐으면 IDE를 통해 연다.

3. GameController.cs 파일을 클릭하고 level 변수를 하이라이트한 후, LevelEditor 클래스에 잘라내기(Ctrl + X)하고 붙여넣기(Ctrl + V)해서 변수를 선언한다.

4. 그런 후 BuildLevel 함수를 삭제하고, GameController 스크립트의 Start 함수에서 BuildLevel 함수가 호출되는 것을 막는다. 여기서는 그것을 호출하는 대신에 LevelEditor 스크립트에 새로운 버전을 만들 것이다.

   구체를 수집할 때 필요한 파티클 시스템을 참조하기 위해 LevelEditor 클래스 안에서 goalPS 변수에 접근해야 하지만 현재는 private으로 설정돼 있다. 이 변수를 public으로 설정한 후 사용할 수 있지만, 대신 C#의 또 다른 프로그래밍 기능인 properties를 사용하겠다.

 변수를 public으로 선언하고 싶지만 Inspector에서 보이는 것을 막고 싶으면 다음과 같이 코드를 작성한다.

```
[HideInInspector]
public ParticleSystem goalPS;
```

5. goalPS 변수 선언 뒤에 다음 코드를 입력한다.

```
public ParticleSystem GoalPS
{
  get
  {
    return goalPS;
  }

  set
  {
    goalPS = value;
  }
}
```

이렇게 하면 새로 만들어진 GoalPS 변수에 접근해서 goalPS(오리지널 변수)를 수정할 수 있다. set 함수에서 사용된 value가 값 지정에 사용되는 키워드다. 왜 public을 사용하지 않고 이 방법을 쓰는지 궁금할지도 모르겠다. 크게 두 가지 이유가 있다. 첫 번째는 get과 set을 일반 함수처럼 사용할 수 있다는 점이다. 변수에 값을 지정하기 전에 값의 유효성을 체크해볼 수 있으며, 해당 값이 일정한 범위 안의 값임을 확실히 하고 싶을 때 매우 유용하다. 다음 코드를 보자.

```
private int health;
public int Health
{
  get
  {
    return health;
  }

  set
  {
    // 값은 100까지만 가능하다
    health = value % 100;
    if(health <= 0)
```

```
      print ("I'm dead");
    }
}
```

두 번째는 set과 get을 사용하지 않을 때 변수가 클래스 외부에서 변경되거
나 접근될 수 없게 만들 수 있다는 것이다.

properties에 대한 더 많은 정보가 필요하다면 http://unity3d.com/learn/
tutorials/modules/intermediate/scripting/properties를 둘러보길 바란다.

오브젝트를 참조하기 위한 변수들도 더 이상 필요하지 않으므로
GameController 스크립트에서 다음 라인들을 삭제한다.

```
[Header("Object References")]
public Transform wall;
public Transform player;
public Transform orb;
public Transform goal;
```

더 이상 레벨은 GameController를 통해 생성되지 않는다. 이제 LevelEditor
에 이 기능을 집어넣자. 다음 단계를 진행한다.

6. 다음 함수를 추가한다.

```
void BuildLevel()
{

  // 레벨 변수의 각 요소를 체크한다
  for (int yPos = 0; yPos < level.Length; yPos++)
  {
    for (int xPos = 0; xPos < (level[yPos]).Length; xPos++)
    {
      CreateBlock(level[yPos][xPos], xPos, level.Length -
      yPos);
    }
  }
}
```

7. 아직 `CreateBlock` 함수를 만들지 않았기 때문에 빨간색으로 보일 것이다. 하지만 이 함수를 추가하기 전에 다음 변수를 추가하자.

```
int xMin = 0;
int xMax = 0;
int yMin = 0;
int yMax = 0;

public List<Transform> tiles;

GameObject dynamicParent;
```

8. 이제는 `List` 타입이 빨간색으로 보일 것이다. IDE가 `List`의 의미를 모르기 때문이다. 파일 최상단에 다음 `using`문을 입력한다.

```
using System.Collections.Generic; // 리스트
```

리스트

지금까지 이 책에서는 오브젝트를 여러 개 담을 수 있는 배열을 사용해왔다. 배열의 문제점 중 하나는 배열의 사이즈(혹은 몇 개가 담길지)를 미리 알고 있어야 하며 배열의 요소를 추가하거나 제거할 수 없다는 것이다.

일반적으로 리스트[list] 타입은 유동적인 사이즈를 가진 배열로 이해하면 되고, 언제든 요소를 추가하거나 제거할 수 있다. 또한 IndexOf(인덱스 오퍼레이터 []를 사용할 때 유용하게 쓸 수 있는 리스트 요소의 인덱스를 출력한다.)와 같은 유용한 헬퍼 함수를 사용할 수 있다.

 리스트에 대해 좀 더 많은 정보가 필요하다면 http://unity3d.com/learn/tutorials/modules/intermediate/scripting/lists-and-dictionaries를 둘러보길 바란다.

1. 이제 CreateBlock 함수를 다음과 같이 만들어보자.

```
public void CreateBlock(int value, int xPos, int yPos)
{
  Transform toCreate = null;

  // 저장할 때 필요하기 때문에 레벨의 사이즈를 알아야 한다
  if(xPos < xMin)
  {
    xMin = xPos;
  }
  if(xPos > xMax)
  {
    xMax = xPos;
  }

  if(yPos < yMin)
  {
    yMin = yPos;
  }
  if(yPos > yMax)
  {
    yMax = yPos;

  }
  // 값이 0이면 아무것도 생성하지 않는다
  if(value != 0)
  {
    toCreate = tiles[value-1];
  }

  if(toCreate != null)
  {
    // 생성하고 싶은 오브젝트를 생성한다
    Transform newObject = Instantiate(toCreate, new
    Vector3(xPos, yPos, 0), Quaternion.identity) as
    Transform;
```

```
    // 새 오브젝트의 이름을 같게 설정한다
    newObject.name = toCreate.name;

    if(toCreate.name == "Goal")
    {
        // 나중에 파티클 시스템을 참조할 수 있게 한다
        GameController._instance.GoalPS =
        newObject.gameObject.GetComponent<ParticleSystem>();

        // 위를 보도록 파티클 시스템을 이동한다
        newObject.transform.Rotate(-90,0,0);
    }

    // DynamicObjects 변수로 오브젝트의 부모를 설정해
    // Hierarchy가 지저분해지는 것을 막는다
    newObject.parent = dynamicParent.transform;
    }
}
```

2. 마지막으로 모든 변수들을 Start 함수에서 다음과 같이 초기화한다.

```
public void Start()
{
    // 새로 생성할 오브젝트들의 부모 오브젝트를 만들기 위해
    // 이미 신(scene)에 존재하는 DynamicObjects 오브젝트를 얻는다
    dynamicParent = GameObject.Find("Dynamic Objects");
    BuildLevel();

    enabled = false;
}
```

이전에도 사용한 바와 같이 GameObject.Find 함수는 신에 있는 오브젝트들 중에서 Dynamic Objects라는 이름을 가진 오브젝트를 찾는다. 오브젝트를 찾지 못하면 null 을 내보낸다. 때문에 항상 해당 값이 null이 되지 않도록 체크하는 것이 좋다. 그렇지 않 으면 단순한 스펠링 오류 따위의 이유로 코드가 작동하지 않을 때 혼란이 찾아온다. 또 한 DynamicObjects와 dynamicObjects는 전혀 다른 것임을 알아둬야 한다. 조금이 라도 다르면 작동하지 않는다.

```
if(dynamicParent == null)
{
  print("Object not found! Check spelling!");
}
```

GameObject.Find 함수는 매우 느리기 때문에 가끔씩만 사용해야 한다. GameObject.Find에 대한 더 많은 정보가 필요하면 http://docs.unity3d.com/ ScriptReference/GameObject.Find.html을 둘러보길 바란다.

그다음에는 Inspector로 돌아가서 LevelEditor 스크립트를 GameController 오브 젝트에 끌어다 놓고 첨부한다. 그런 후 Tiles 변수를 열어 Size를 4로 변경한다. 그리 고 Prefabs 폴더로 가서 Wall, Player, Collectible, Goal을 Element 0, Element 1, Element 2, Element 3 변수에 각각 끌어다 놓는다.

3. 신을 저장하고 게임을 실행하자! 다음 스크린샷을 보자.

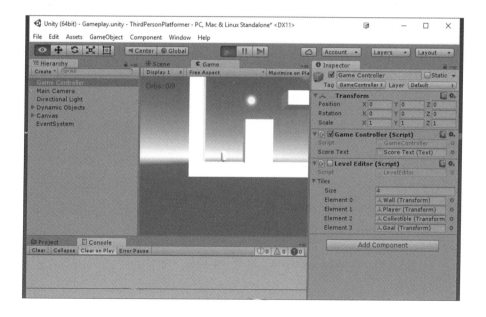

새로 만든 클래스가 레벨을 생성하고 스스로 종료하는 것을 알 수 있다. 레벨 에디터의 좋은 시작이다!

레벨 에디터: 실시간으로 벽을 추가/제거하기

이제 레벨 에디터가 데이터를 불러올 수 있게 됐으니, 화면에 보이는 것들을 수정할 수 있게 만들어보자. 이 기능을 위해 GUI 인터페이스와 필요 기능을 레벨 에디터에 추가해야 한다.

1. 가장 먼저 할 일은 생성하길 원하는 것이 무엇인지 담아놓을 변수를 만드는 것이다.

```
// 생성하길 원하는 오브젝트
private Transform toCreate;
```

2. Start 함수에서 위 변수를 초기화한다.

```
toCreate = tiles[0];
```

3. 이어서 Update 함수를 다음과 같이 수정하고, 어떻게 작동하는지 설명한다.

```
void Update()
{
  // 좌클릭 - 오브젝트 생성
  if (Input.GetMouseButton(0) &&
  GUIUtility.hotControl == 0)
  {
    Vector3 mousePos = Input.mousePosition;

/*
월드에 위치할 수 있도록
카메라의 반대쪽 z축에 위치를 설정해서
ScreenToWorldPoint가 바른 값을 가질 수 있게 한다
*/
    mousePos.z = Camera.main.transform.position.z *
    -1;
```

```
    Vector3 pos =
    Camera.main.ScreenToWorldPoint(mousePos);

    // 마우스가 정확히 블록 위에 있지 않은 경우를 처리한다
    int posX = Mathf.FloorToInt(pos.x + .5f);
    int posY = Mathf.FloorToInt(pos.y + .5f);

    Collider[] hitColliders =
    Physics.OverlapSphere(pos, 0.45f);
    int i = 0;
    while (i < hitColliders.Length)
    {
      if (toCreate.name !=
      hitColliders[i].gameObject.name)
      {
        DestroyImmediate(hitColliders[i].gameObject);
      }
      else
      {
        // 이미 존재하면 새로운 것을 생성할 필요는 없다
        return;
      }
      i++;
    }

  CreateBlock(tiles.IndexOf(toCreate) + 1, posX,
  posY);
}

// 우클릭 - 오브젝트 삭제
if (Input.GetMouseButton(1) &&
GUIUtility.hotControl == 0)
{
  Ray ray =
  Camera.main.ScreenPointToRay
  (Input.mousePosition);
```

```
RaycastHit hit = new RaycastHit();

Physics.Raycast(ray, out hit, 100);

// 플레이어 이외의 것과 충돌했다면
// 삭제해버리자!
if ((hit.collider != null) &&
(hit.collider.name != "Player"))
{
    Destroy(hit.collider.gameObject);
}
  }
}
```

입력을 체크할 때 hotControl을 사용한 것을 볼 수 있다. 이 방식을 사용한 이
유는 플레이어가 마우스를 누르고 있는 상태가 'hot'하기 때문이다. 특정 컨
트롤이 'hot'한 경우에는 다른 모든 컨트롤이 반응하지 않는다.

사용자가 마우스를 놓으면 hotControl은 0으로 설정돼 다른 컨트롤들이 사용
자 입력에 반응할 수 있게 된다. 추후 GUI 시스템을 만들 때 마우스 클릭에
반응해서 무언가가 그려지면 안 되기 때문에 유용하게 쓸 수 있다.

 GUIUtility.hotControl에 대한 더 많은 정보가 필요하다면 http://docs.unity3d.
com/ScriptReference/GUIUtility-hotControl.html을 둘러보길 바란다.

위 코드에 포함된 많은 부분들이 플랫폼 게임 프로젝트에서 배웠던 것들이다. 하
지만 이번에는 같은 함수들을 가지고 월드 안의 마우스 위치와 함께 사용하면서
월드 위치로 변환한다.

ScreenToWorldPoint 함수를 사용해서 스크린 공간의 마우스 위치를 월드 공간으
로 변환하고, Z 위치는 우리가 원하는 위치만큼 카메라에서 떨어져 있다. 월드가
0에 위치해 있기 때문에 카메라의 Z 위치에 상관없이 Z는 음수여야 한다.

ScreenToWorldPoint 함수에 대한 더 많은 정보가 필요하다면 http://docs. unity3d.com/ScriptReference/Camera.ScreenToWorldPoint.html을 둘러보길 바란다.

이 정보를 가지고 블록을 배치하길 원하는 위치를 알아낸다. 그런 후 Instantiate 를 호출해서 무언가를 생성한다. 하지만 한 타일에 하나의 오브젝트만 있어야 하므로 레이캐스트^{raycast}를 사용해서 이미 블록이 있는지 확인하고, 있다면 삭제 한다.

4. 모든 작업이 끝났으면 파일을 저장하고 유니티 에디터로 돌아가 게임을 실행 한다.

5. GameController 오브젝트를 선택하면 LevelEditor 컴포넌트 옆에 있는 체크박 스가 해제돼 있는 것을 알 수 있다. Start 함수에서 비활성화시켰기 때문이 다. 나중에 코드에서 활성화할 예정이지만, 테스트할 겸 체크박스를 클릭해 서 활성화해보자. 그런 후 Game 탭에서 화면을 클릭하고, 레벨 영역을 우클 릭해본다. 다음 스크린샷을 보자.

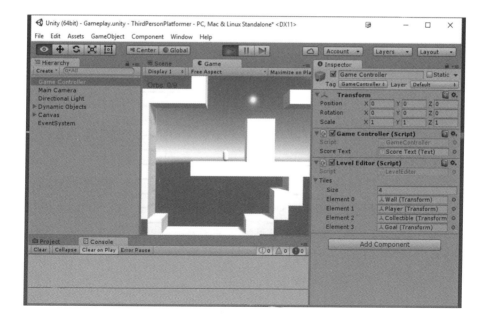

이제 아무 곳에나 벽을 그릴 수 있고, 플레이어를 제외한 것들은 삭제할 수도 있다!

레벨 에디터: 에디터 켜고 끄기, GUI, 다른 타일 선택하기

이제 기본 기능이 적용됐지만, 할 수 있는 것이 벽 추가와 제거뿐이라면 그다지 즐겁지 않다. 그러므로 수집물 생성과 플레이어 시작 지점을 바꿀 수 있는 기능을 만들어보자.

1. 모노디벨롭에서 LevelEditor 클래스를 열고 OnGUI 함수를 추가해서 우리가 생성할 수 있는 종류들을 알려주게 해보자.

```
void OnGUI()
{
  GUILayout.BeginArea(new Rect(Screen.width - 110, 20, 100,
  800));
  foreach(Transform item in tiles)
  {
    if (GUILayout.Button (item.name))
    {
      toCreate = item;
    }
  }
  GUILayout.EndArea();
}
```

2. OnGUI 함수는 GUI의 렌더링^{rendering}과 이벤트 처리를 코드 기반의 GUI 시스템인 IMGUI를 통해 수행한다. IMGUI는 코드를 기반으로 하는 GUI 시스템으로서 유니티 4.6 버전 이전에는 GUI를 만들 수 있는 유일한 수단이었으며, 지금은 툴 제작, 스크립트를 위한 커스텀 인스펙터나 유니티 에디터를 확장하고 싶을 때 프로그래머가 사용하는 도구로 자리 잡았다.

IMGUI 컨트롤의 구조

가장 먼저 이해해야 할 개념은 GUILayout.Button 함수다. GUI 컨트롤이라 부르기도 하며, 추후에 사용할 다른 것들도 많이 있다. 따라서 혼란을 방지하기 위해 먼저 개념에 대해 얘기해보자.

GUILayout 컨트롤의 생성은 다음과 같다.

ControlType(Content)

위 코드에 대한 설명은 다음과 같다.

ControlType

ControlType 함수는 유니티의 GUI와 GUILayout 클래스 안에 존재하는 함수다. 위 코드에서는 GUILayout.Button을 사용했으나 종류는 더 많다.

Content

컨트롤을 위한 변수argument는 사용하고 있는 ControlType을 통해 나타내고 싶은 실제 콘텐츠를 말한다. 지금은 문자열string이지만 이미지, 혹은 다른 컨트롤 같은 것들도 사용할 수 있다. 다른 요소들은 추후에 다시 얘기하겠다.

GUI.Button

가장 흔히 사용되는 UI 요소는 Button 컨트롤이다. 이 함수는 클릭할 수 있는 오브젝트를 렌더링하는 데 사용된다. 위 코드를 보면 버튼이 if문 안에 들어있는 것을 알 수 있다. 버튼이 클릭되고, 버튼이 놓였을 때 함수는 true를 내보낸다. 만일 true라면 toCreate는 오브젝트의 이름으로 설정된다.

GUILayout

GUILayout 클래스의 기본 설정은 버튼을 좌측 상단에 위치시키는 것이다. 하지만 오브젝트들이 그룹으로 묶여 있길 원하므로 BeginArea 함수를 사용해서 메뉴가 위치하길 원하는 영역을 지정했다. EndArea 함수를 호출하기 전에 배치하는 모든 것들이 이곳에 담기며, GUILayout이 최대한 보기 좋게 배치하도록 노력할 것이다.

만약 그려지는 모습과 위치를 세부적으로 조절하고 싶다면 GUI 클래스를 사용할 수 있다. 하지만 수동으로 조절하고 싶지 않고 유니티가 임의로 크기와 위치를 조절해도 괜찮다면 GUILayout 클래스를 사용해도 무방하다.

 IMGUI에 대한 더 많은 정보가 필요하다면 http://docs.unity3d.com/Manual/GUIScriptingGuide.html을 둘러보길 바란다.

1. 그러고 나서 GameController 클래스 안에 다음의 코드를 Update 함수에 추가한다(현재 존재하지 않는다면 예제 코드처럼 함수를 생성해도 좋다).

```
void Update()
{
  if(Input.GetKeyDown("f2"))
  {
    this.gameObject.GetComponent<LevelEditor>().enabled =
    true;
  }
}
```

이제 게임으로 돌아가서 F2 키를 누르면 아이템을 선택할 수 있는 메뉴가 나오는 것을 볼 수 있다. 지금은 벽과 수집물에 관련해 제대로 동작하지만, 플레이어는 문제가 있다. 다음 스크린샷을 보자.

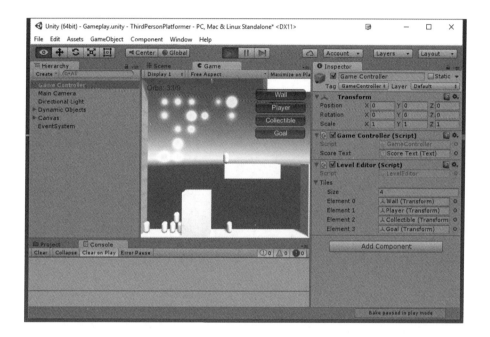

보는 바와 같이 플레이어 입력에 영향을 받는 플레이어들이 여러 개 생성될 수 있고, 화면에 있는 수집물들의 숫자도 텍스트와 맞지 않는다. 두 가지 문제를 동시에 해결해보자. 먼저 PlayerSpawner라는 새로운 오브젝트를 만들어 게임이 시작될 때 플레이어가 시작하는 지점의 역할을 하게 하고, 한 번에 한 개만 존재할 수 있도록 만들어보자.

2. Project Browser에서 Create > New Material을 선택한다. 프로젝트 브라우저에서 머티리얼의 이름을 클릭해 PlayerSpawn으로 변경하고 엔터 키를 누른다.

3. PlayerSpawn 오브젝트가 선택된 상태에서 Rendering Mode를 Transparent로 설정해 머티리얼을 반투명으로 만든다. 그런 후 Main Color 속성을 낮은 알파 값을 가진 빨간색으로 변경한다.
제대로 진행됐으면 다음 스크린샷과 같은 모습일 것이다.

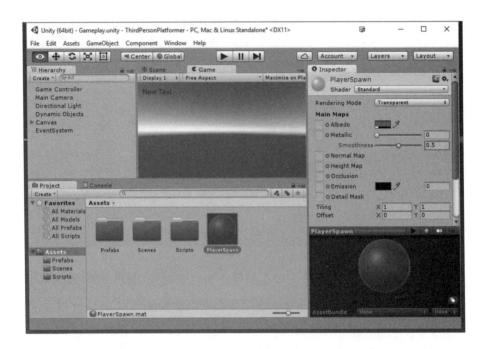

4. 이제 GameObject > 3D Object > Cube를 선택해서 레벨을 시각적으로 보여줄 정육면체를 만들어보자. 오브젝트가 생성되면 PlayerSpawn으로 이름을 변경한다. Scene 뷰에서 새로운 오브젝트를 확인한다.

5. Mesh Renderer 컴포넌트에서 Materials ➤ Element 0 속성을 새로 생성한
PlayerSpawn 머티리얼로 설정한다. 다음 스크린샷을 보자.

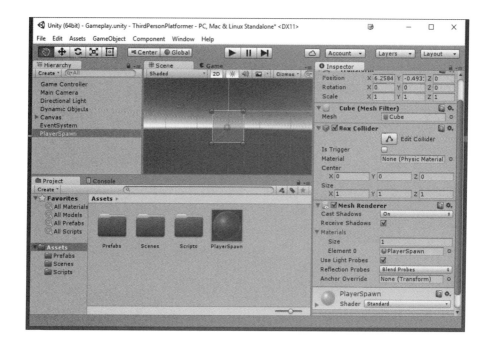

6. 그다음에는 Scripts 폴더로 가서 PlayerStart라는 새로운 C# 스크립트를 생
성한다. 생성됐으면 IDE에서 다음 코드를 입력한다.

```csharp
using UnityEngine;
using System.Collections;

public class PlayerStart : MonoBehaviour
{
    // 플레이어 프리팹을 참조
    public Transform player;

    // 생성(spawn)됐는가?
    public static bool spawned = false;
```

```
public static PlayerStart _instance;

// Use this for initialization
void Start ()
{
  // 만일 다른 PlayerStart가 존재한다면 대체한다
  if(_instance != null)
    Destroy(_instance.gameObject);

  _instance = this;

  // 생성됐는가? 아니면 플레이어를 생성한다
  if(!spawned)
  {
    SpawnPlayer();
    spawned = true;
  }
}

void SpawnPlayer()
{
  Transform newObject = Instantiate(player,
                          this.transform.position,
                          Quaternion.identity) as
                          Transform;
  newObject.name = "Player";
}
}
```

7. 에디터로 돌아와서 새로운 컴포넌트를 Hierarchy의 PlayerStart 오브젝트에 첨부한다. 그런 후 Inspector에서 Player 변수를 Player 프리팹으로 설정한다.

8. 마지막으로 Box Collider 컴포넌트에서 Is Trigger 속성을 체크한다.

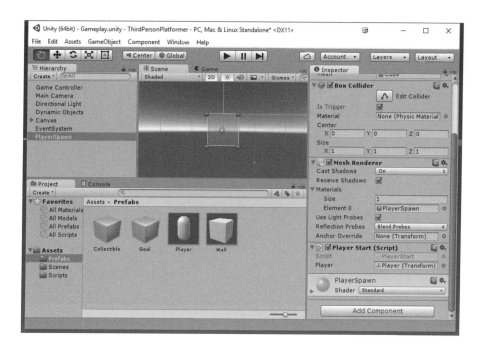

9. Hierarchy에서 PlayerStart 오브젝트를 Prefabs 폴더로 끌어와 프리팹으로 만든다. 그런 후 Hierarchy에서 오브젝트를 삭제한다.

10. 이어서 GameController 오브젝트를 선택하고 PlayerStart 프리팹을 Tiles ➤ Element 1에 설정한다. 신을 저장하고 게임을 실행한다. 다음 스크린샷을 보자.

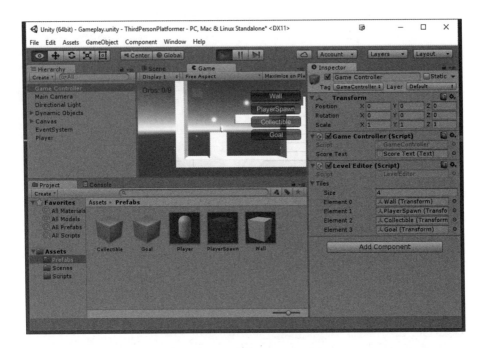

이제 버튼에서 PlayerStart 오브젝트를 선택하고 원하는 곳에 배치할 수 있으며, 언제나 하나만 존재할 것이다. 또한 저장과 불러오기 기능이 생기면 코드가 알아서 PlayerStart 오브젝트가 배치됐던 곳에 플레이어를 생성할 것이다!

11. 레벨에 존재하는 구체의 숫자를 올바르게 업데이트하려면 GameController를 열고 다음과 같은 새로운 함수를 추가한다.

```
public void UpdateOrbTotals(bool reset = false)
{
  if (reset)
  orbsCollected = 0;

  GameObject[] orbs;
  orbs = GameObject.FindGameObjectsWithTag("Orb");
```

```
orbsTotal = orbs.Length;

scoreText.text = "Orbs: " + orbsCollected + "/" +
orbsTotal;
}
```

12. 이제 함수가 만들어졌으니 레벨을 변경할 때마다 이 함수를 호출할 필요가
있다. LevelEditor 클래스로 가서 다음 라인을 Start 함수 끝에 추가한다.

```
GameController._instance.UpdateOrbTotals(true);
```

13. 그런 후 Update 함수에 다음의 굵은 글씨로 처리된 코드를 추가한다.

```
void Update()
{
  // 좌클릭 - 오브젝트 생성
  if (Input.GetMouseButton(0) &&
  GUIUtility.hotControl == 0)
  {
    Vector3 mousePos = Input.mousePosition;

/*
월드에 위치할 수 있도록
카메라의 반대쪽 z축에 위치를 설정해서
ScreenToWorldPoint가 옳은 값을 가질 수 있게 한다
*/
    mousePos.z = Camera.main.transform.position.z *
    -1;

    Vector3 pos =
    Camera.main.ScreenToWorldPoint(mousePos);

    // 마우스가 정확히 블록 위에 있지 않은 경우를 처리한다
    int posX = Mathf.FloorToInt(pos.x + .5f);
    int posY = Mathf.FloorToInt(pos.y + .5f);

    Collider[] hitColliders =
    Physics.OverlapSphere(pos, 0.45f);
```

```csharp
  int i = 0;
  while (i < hitColliders.Length)
  {
    if (toCreate.name !=
    hitColliders[i].gameObject.name)
    {
      DestroyImmediate(hitColliders[i].gameObject);
    }
    else
    {
      // 이미 존재하면 새로운 것을 생성할 필요는 없다
      return;
    }
    i++;
  }

  CreateBlock(tiles.IndexOf(toCreate) + 1, posX,
  posY);

  GameController._instance.UpdateOrbTotals();
}

// 우클릭 - 오브젝트 삭제
if (Input.GetMouseButton(1) &&
GUIUtility.hotControl == 0)
{
  Ray ray =
  Camera.main.ScreenPointToRay
  (Input.mousePosition);

  RaycastHit hit = new RaycastHit();

  Physics.Raycast(ray, out hit, 100);

  // 플레이어 이외의 것과 충돌했다면
  // 삭제해버리자!
  if ((hit.collider != null) &&
```

```
    (hit.collider.name != "Player"))
    {
      Destroy(hit.collider.gameObject);
    }


    GameController._instance.UpdateOrbTotals();
  }
}
```

14. 파일과 프로젝트를 저장하고 게임을 실행한다. F2를 눌러 메뉴를 열고 그려
보자. 다음 스크린샷을 보자.

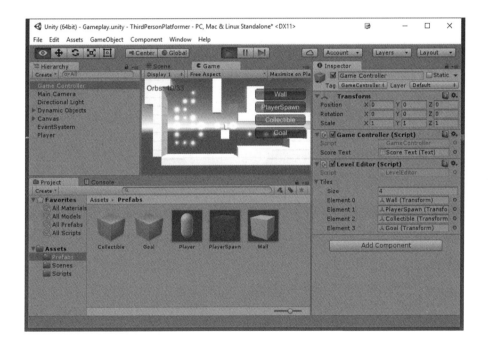

이제 다른 오브젝트 위에 그릴 수 있고, 레벨에 필요한 모든 것을 배치할 수 있다!

레벨 에디터: 레벨을 파일에 저장하기/불러오기

이제 기반 기능이 모두 완성됐으므로 레벨 에디터의 또 다른 중요 기능인 저장하기와 불러오기를 만들어보자. 다음 단계를 진행한다.

1. IDE에서 `LevelEditor` 클래스를 연다. 가장 먼저 할 일은 파일의 시작에 몇 가지 기능들을 추가하는 것이다.

```
// BinaryFormatter를 사용하려면
// 다음 namespaces를 반드시 포함해야 한다
using System;
using System.Runtime.Serialization.Formatters.Binary;
using System.IO;
```

2. 처음에는 다음과 같이 변수를 추가해보자.

```
private string levelName = "Level1";
```

3. 이제는 OnGUI 함수에 다음 코드를 추가하자.

```
GUILayout.BeginArea(new Rect(10, 20, 100, 100));
levelName = GUILayout.TextField(levelName);
if (GUILayout.Button ("Save"))
{
SaveLevel();
}
if (GUILayout.Button ("Load"))
{
  // 이름이 있는 파일이 있다면 불러오자!
  if(File.Exists(Application.persistentDataPath + "/" +
  levelName + ".lvl"))
  {
    LoadLevelFile(levelName);
    PlayerStart.spawned = false;

    // UpdateOrbTotals가 작동하기 전에 한 프레임을
    // 기다려야 한다(구체들에 Tag가 지정돼야 한다)
    StartCoroutine(LoadedUpdate());
  }
```

```
    else
    {
      levelName = "Error";
    }
  }
  if (GUILayout.Button ("Quit"))
  {
    enabled = false;
  }
  GUILayout.EndArea();
```

4. 위에 언급된 몇 개의 함수가 아직 존재하지 않는다. 다음과 같이 SaveLevel로 시작해보자.

```
void SaveLevel()
{
  List<string> newLevel = new List<string>();

  for(int i = yMin; i <= yMax; i++)
  {
    string newRow = "";
    for(int j = xMin; j <= xMax; j++)
    {
      Vector3 pos = new Vector3(j, i, 0);
      Ray ray = Camera.main.ScreenPointToRay(pos);
      RaycastHit hit = new RaycastHit();

      Physics.Raycast(ray, out hit, 100);

      // 거리 .1 이내에 충돌하는 것이 있는지 확인한다
      Collider[] hitColliders = Physics.OverlapSphere(pos,
      0.1f);

      if(hitColliders.Length > 0)
      {
        // 이 오브젝트와 같은 이름을 가진 타일이 있는가?
        for(int k = 0; k < tiles.Count; k++)
```

```csharp
      {
        // 그렇다면 이 문자열을 저장하자
        if(tiles[k].name ==
        hitColliders[0].gameObject.name)
        {
          newRow += (k+1).ToString() + ",";
        }
      }
    }
    else
    {
      newRow += "0,";
    }
  }
  newRow += "\n";
  newLevel.Add(newRow);
}
// 행을 뒤집어서 최종 버전의 오른쪽이 위로 오도록 하자
newLevel.Reverse();

string levelComplete = "";

foreach(string level in newLevel)
{
  levelComplete += level;
}
// 이 데이터를 저장할 것이다
print(levelComplete);

// 파일에 저장하자
BinaryFormatter bFormatter = new BinaryFormatter();
FileStream file =
File.Create(Application.persistentDataPath + "/"+
levelName + ".lvl");
bFormatter.Serialize (file, levelComplete);
file.Close ();
}
```

저장하기 위해서는 레벨 전체를 체크하면서 어떤 위치에 어떤 타일이 있는지 보고, 각 열의 정보를 문자열에 추가한 후 리스트^{list}를 사용해서 각 행을 저장한다. 그런 후 하나의 문자열에 모두 합쳐 PlayerPrefs에 저장할 수 있다.

하지만 이번에는 PlayerPrefs 클래스를 쓰지 않고, FileStream 클래스를 사용해 데이터를 실제 파일에 저장할 것이다.

FileStreams

파일을 어느 곳에 저장할지 판단하기 위해 Application.persistentDataPath를 사용한다. 이 값은 현재 사용하고 있는 플랫폼에 따라 다른 곳을 가리킨다. 예를 들어 윈도우 8에서는 C:\Users\YOUR_USER_NAME\AppData\LocalLow\COMPANY_NAME\PROJECT_NAME에 저장한다. 좀 더 많은 정보가 필요하면 http://docs.unity3d.com/ScriptReference/Application-persistentDataPath.html을 둘러보길 바란다.

FileStreams에 대해 좀 더 많은 정보가 필요하면 마이크로소프트 개발자 네트워크^{Microsoft Developers Network} 페이지인 http://msdn.microsoft.com/en-us/library/system.io.filestream(v=vs.110).aspx를 둘러보길 바란다.

Binary Formatter

게임이 아닌 외부에서 파일이 쉽게 읽히는 것을 피하기 위해 BinaryFormatter 클래스를 사용한다. 우리 오브젝트를 바이트 배열^{byte array}로 변환한 후 바이트 스트림으로 만든다. 이렇게 하면 해커가 읽기 어렵게 만들 수 있다.

BinaryFormatter 클래스에 대해 좀 더 많은 정보가 필요하면 마이크로소프트 개발자 네트워크 페이지인 http://msdn.microsoft.com/en-us/library/system.runtime.serialization.formatters.binary.binaryformatter(v=vs.110).aspx를 둘러보길 바란다.

1. 이제 저장한 데이터를 읽기 위해 다음과 같은 불러오기 함수를 추가해야 한다.

```
void LoadLevelFile(string level)
{
  // 동적으로 생성된 레벨 안의 모든 것을 제거한다
  foreach(Transform child in dynamicParent.transform) {
    Destroy(child.gameObject);
  }

  BinaryFormatter bFormatter = new BinaryFormatter();
  FileStream file =
  File.OpenRead(Application.persistentDataPath + "/"+ level
  + ".lvl");

  // 바이트 배열 파일을 문자열로 변환한다
  string levelData = bFormatter.Deserialize(file) as
  string;

  // 파일은 더 이상 필요하지 않으므로 닫는다
  file.Close ();

  LoadLevelFromString(levelData);

  // 텍스트 오브젝트에 현재 레벨을 설정한다
  levelName = level;
}

  public void LoadLevelFromString(string content)
  {
    // 문자열을 엔터 키를 사용해 새로운 행들로 만든다
    List <string> lines = new List <string> (content.Split
('\n'));
    // 각 블록들을 올바른 x와 y 위치에 배치한다
    for(int i = 0; i < lines.Count; i++)
    {
      string[] blockIDs = lines[i].Split (',');
      for(int j = 0; j < blockIDs.Length - 1; j++)
      {
```

```
        CreateBlock(int.Parse(blockIDs[j]), j, lines.Count
        - i);
      }
    }
  }
```

2. 마지막으로, 다음과 같이 `LoadedUpdate`를 추가해 구체가 생성된 후 `Orbs`가 업데이트될 수 있게 한다.

```
IEnumerator LoadedUpdate()
{
  // 0을 내보내면 1 프레임을 기다리게 만든다
  yield return 0;

  GameController._instance.UpdateOrbTotals(true);
}
```

3. 파일을 저장하고 에디터에서 나온다. 프로젝트를 저장한 후 게임을 실행해보자! 다음 스크린샷을 보자.

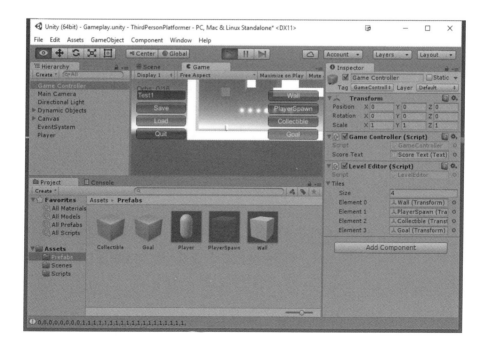

그림과 같이 게임을 실행하면 좌측에 새로운 메뉴가 보일 것이다. 이제 파일에 우리가 원하는 이름을 입력할 수 있고, Save를 눌러 저장한 후 Load를 눌러 레벨 데이터를 불러올 수 있다(존재하는 경우에)! 마지막으로 Quit를 클릭하면 에디터를 빠져나올 수 있다.

다음 스크린샷을 보자.

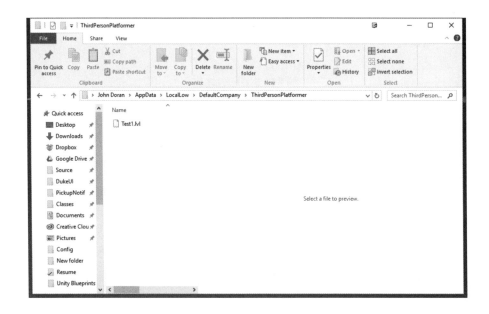

Application.persistentDataPath 위치에 파일이 저장돼 있다(정확한 경로를 알기 위해 출력하자)!

요약

이제 게임 내장 레벨 에디터가 완성됐고, 유니티에서 데이터를 저장할 수 있는 방법 중 몇 가지를 알아봤다! 이 지식과 IMGUI 클래스들에 대한 지식을 합치면, 같은 기능을 본인의 미래 프로젝트들에도 추가할 수 있다!

도전 과제

이 프로젝트에 대해 추가적으로 작업하고 싶다면 할 수 있는 것들이 무궁무진하다. 특히 이 책을 모두 끝내고 난 후라면 더 많을 것이다. 다음은 생각해볼 수 있는 몇 가지 아이디어들이다.

- `PlayerStart`를 하나만 생성할 수 있는 것처럼, 골도 하나만 생성되게 변경해보자! 유사한 방식을 사용해서 게임이 시작되면 플레이어 시작점이 보이지 않게 만들자!
- 우리가 만든 일인칭 슈팅 게임에서, 플레이어의 Position과 Rotation을 저장한 후 게임을 끝내고 다시 시작할 때 마지막에 있던 위치에서 시작하게 하자!
- 이제 레벨 에디터가 완성됐으므로 게임이 시작될 때 배열이 아닌 파일에서 게임을 불러오게 시스템을 변경해보자!
- 몇몇 위치에서 수집물들이 겹쳐 배치된 경우가 보일 것이다. 파일이 저장될 때 한 위치에 하나만 저장되기 때문에 게임을 불러올 때는 문제가 없다. 하지만 이 문제를 고치고 싶다면 수집물을 Sphere Collider에서 Box Collider로 바꾸자. 코너에서는 충돌을 감지하지 못하기 때문이다.
- XML을 사용해서 파일을 저장하는 방법도 있다. 예제를 보고 싶으면 유니티 위키에서 http://wiki.unity3d.com/index.php?title=Saving_and_Loading_Data:_XmlSerializer를 둘러보길 바란다.

11
후반 작업

긴 여정이었다. 하지만 완성된 프로젝트 여러 개가 우리 손 안에 있다! 이 프로젝트들을 개발하는 것만큼 세상으로 내보내는 일도 중요하다. 에디터에서 게임을 해보는 것도 즐거운 경험이지만, 독립적으로 실행되는 게임을 플레이하는 경험은 에디터에서 절대 얻을 수 없다.

게임을 완성하고 나면 .zip 파일로 압축해서 누구에게나 전달할 수 있지만, 게임 개발에 쏟은 정성과 시간을 생각하면 그에 걸맞은 후반 작업도 반드시 필요하다.

사용자들은 인스톨러installer와 같이 게임에 포함된 후반 작업들과 세심한 마무리들을 인식한다. 이러한 작업이 플레이어로 하여금 게임을 진지하게 즐기도록 해주고, 아마추어가 아닌 프로의 작업물로 인식하게 만든다.

프로젝트 개요

이 장에서는 게임을 유니티에서 외부로 내보내는exporting 방법을 배우고, 인스톨러를 만들어 가족, 친구들, 고객에게 전달하기 좋은 모습으로 가꿀 것이다!

목표

이 프로젝트는 여러 개의 작업으로 나뉘어 있으며, 처음부터 마지막까지 한 단계씩 밟아나가면서 진행하면 된다. 해야 할 작업은 다음과 같다.

- 빌드 설정build settings 설정하기
- 플레이어 설정player settings을 통해 내보내는 프로젝트 커스터마이즈하기
- 윈도우용 인스톨러 구성하기

시작 전 필수 사항

이번 장에서는 이전 장에서 작업했던 프로젝트, 그중에서도 1장, '2D 트윈 스틱 슈터'와 2장, 'GUI 만들기'에 걸쳐 제작한 트윈 스틱 슈터를 사용할 것이다. 이전 장의 프로젝트를 가져와도 되고, 팩트출판사 홈페이지(https://www.packtpub.com/books/content/support)에서 다운로드할 수 있는 예제 코드와 애셋 안에 들어있는 복사본을 사용해도 좋다.

또한 궁금한 부분의 해결과 명확한 이해를 위해 완성된 프로젝트와 소스 파일들도 같은 곳에 들어있다.

빌드 설정 설정하기

게임을 개발하다 보면 에디터가 아닌 빌드에서 실행되는 게임의 모습이 궁금할 때가 종종 있다. 그런 모습이 큰 성취감을 안겨주곤 하는데, 나는 빌드를 콘솔 개발 키트에 처음 올렸을 때 그런 느낌을 받는다. 빌드를 만들려면 플랫폼(PC, 맥Mac, 리눅스Linux, 웹 플레이어, 모바일, 콘솔 등)에 상관없이 **Build Settings** 메뉴를 거쳐야 한다. 다음 단계를 진행해보자.

1. 먼저 1장, '2D 트윈 스틱 슈터'와 2장, 'GUI 만들기'에 걸쳐 제작한 Twinstick Shooter 프로젝트를 열어보자. 메인 메뉴 신을 연다(예제 코드에는 Main_Menu로 저장돼 있다). 다음 스크린샷을 보자.

2. Build Settings 메뉴로 가려면 상단 메뉴에서 File ➤ Build Settings로 간다(혹은 Ctrl + Shift + B를 누른다). 다음 스크린샷을 보자.

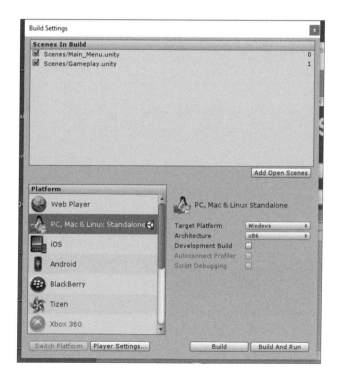

3. 2장, 'GUI 만들기'를 충실히 따라 했다면 Scenes In Build 섹션에 두 개의 아이콘이 보일 것이다. 그렇지 않다면 각 레벨을 열고 Add Open Scenes 버튼을 클릭해도 된다.

 빌드에 레벨을 추가하는 또 다른 방법은 프로젝트 브라우저에서 신을 끌어다 놓는 것이다. 또한 끌어다 놓는 액션을 통해 순서를 마음대로 바꿀 수 있는 점도 기억해두자. 인덱스 0을 가진 레벨이 게임이 시작될 때 실행되는 레벨이다.

4. 준비가 끝났으면 좌측 하단에 있는 메뉴에서 플랫폼을 선택한다. 유니티 로고가 있는 메뉴가 컴파일될 플랫폼을 말해준다. 지금은 윈도우용으로 컴파일할 예정이니 PC, Mac, and Linux Standalone으로 돼 있지 않다면 그곳을 클릭하고 Switch Platform 버튼을 누른다.

5. 위 설정이 모두 끝났다면 Build 버튼을 클릭한다. 게임의 이름 및 저장될 위치를 물어볼 것이다. 나는 TwinstickShooter라 이름을 입력하고, Assets와 Library 폴더가 있는 위치의 Export 폴더에 저장할 것이다. 그런 후 Save를 누른다. 다음 스크린샷을 보자.

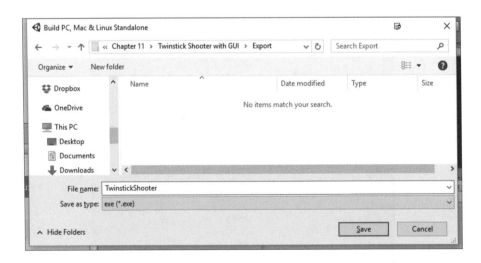

6. 작업이 끝나기를 기다리고 나면 게임이 들어있는 폴더가 열릴 것이다. 다음
스크린샷을 보자.

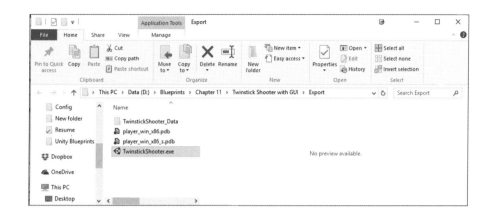

윈도우용으로 빌드를 만들 때는 위 스크린샷에서 보는 것처럼 파일들이 만들어
진다. 실행 파일은 물론 게임을 위한 애셋들이 들어있는 데이터 폴더도 존재한다
(지금은 TwinstickShooter_Data라고 돼 있다). 게임을 배포할 때는 데이터 폴더가 반
드시 포함돼야 하며, 그렇지 않을 경우 게임은 실행되지 않는다. 별도의 데이터
폴더가 번거로울 수 있으니 이 장 후반부에서 모든 데이터가 한꺼번에 설치되는
인스톨러를 만드는 방법을 알아보겠다.

맥용으로 빌드를 만들 경우에는 앱과 데이터가 모두 한곳에 저장된다. 따라서 내
보내기가 끝나고 나면 해당 애플리케이션만 배포하면 된다.

 만일 맥용 게임을 맥 앱스토어(Mac App Store)에 올리고 싶다면 좋은 튜토리얼이 있
으니 둘러보길 바란다.

http://www.conlanrios.com/2013/12/signing-unity-game-for-mac-app-store.html

게임을 실행하기 위해 .exe 파일을 더블 클릭하면 다음 스크린샷과 같은 시작 메뉴가 나온다.

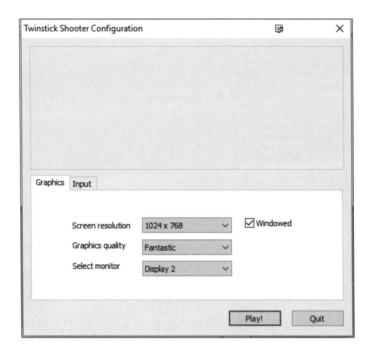

이 메뉴는 플레이어가 Screen Resolution 값과 사용자 입력 버튼 설정 등을 조절할 수 있게 해준다. 개인적으로 이 메뉴는 게임이 전문가의 작업물처럼 여겨지는 것을 방해한다고 생각하기 때문에 메뉴를 제거하는 방법도 추후에 알려주겠다.

이제 Play! 버튼을 누르면 다음 스크린샷과 같이 제대로 된 게임 스크린이 나타
난다.

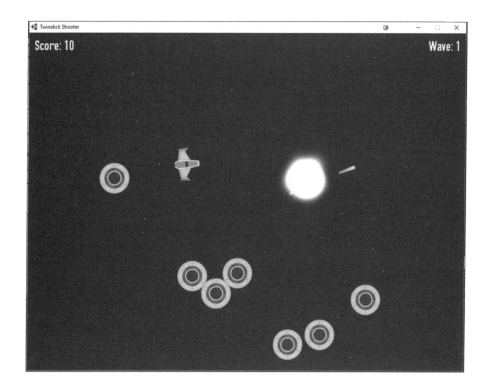

문제없이 잘 실행된다. 원하는 해상도로 실행할 수 있고, 모든 메뉴가 정상적으로
작동한다!

 출시 및 관련된 사항들에 대한 더 많은 정보가 필요하다면 http://docs.unity3d.com/
Manual/PublishingBuilds.html을 둘러보길 바란다.

플레이어 설정을 통해 내보내는 프로젝트 커스터마이즈하기

기본 설정을 사용해서 프로젝트를 내보낼 때의 모습을 알게 됐으니, 이제는 최대한 전문가의 게임처럼 보이도록 커스터마이즈^{customize}할 차례다. PlayerSettings 섹션은 게임을 출시할 각 플랫폼의 여러 가지 파라미터들을 설정할 수 있는 곳이다. 다음 단계를 진행해보자.

1. 플레이어 설정을 열기 위해 Build Settings 메뉴에 있는 Player Settings… 버튼을 누르거나 Edit ➤ Project Settings ➤ Player로 간다. 다음 스크린샷을 보자.

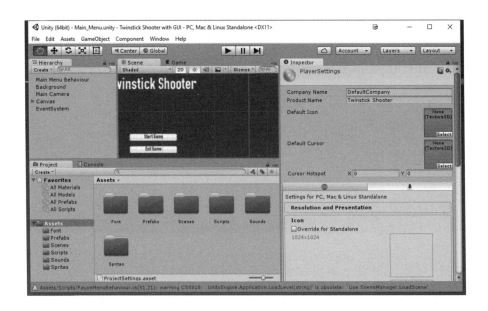

플레이어 설정은 Inspector 탭이 있는 자리에 열린다. 크로스 플랫폼^{cross-platform}(모든 플랫폼을 의미)으로 적용될 중요한 속성들은 상단에 위치해 있다. 이 속성들은 추후에 플랫폼별로 따로 지정하지^{override} 않는 이상 기본값이 된다.

444

2. Example Code 폴더에 보면 cursor_hand 이미지가 있다. 이 이미지를 프로젝트 브라우저의 Assets/Sprites 폴더로 끌어다 놓는다. 그런 후 이미지를 선택하고 Inspector 탭에서 Texture Type 값을 Cursor로 변경한다.

3. PlayerSettings 섹션에서 cursor_hand 이미지를 Default Cursor 속성에, playerShip 이미지를 Default Icon 속성에 끌어다 놓는다. 다음 스크린샷을 보자.

 만일 두 개 이상의 커서를 사용하고 싶거나 실시간으로 커서 모양을 바꾸고 싶으면 Cursor.SetCursor 함수가 유용하다. 좀 더 많은 정보가 필요하다면 http://docs.unity3d.com/ScriptReference/Cursor.SetCursor.html을 둘러보길 바란다.

4. Example Code 폴더에 있는 ConfigBanner 이미지를 Sprites 폴더로 옮겨온다. 그런 후 PlayerSettings에서 Splash Image 섹션을 클릭하고 Config Dialog Banner 속성을 열어 새로이 가져온 이미지를 설정한다.

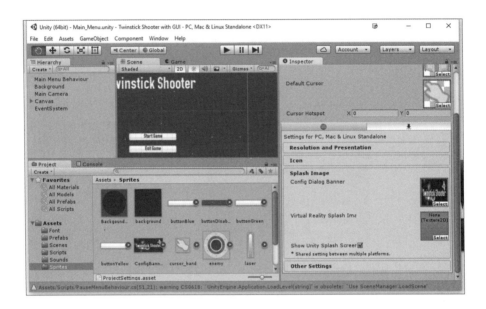

 만일 직접 Config Dialog Banner를 만들고 싶다면 최대 사이즈는 432x163픽셀이다. 스크린에 맞춰 이미지가 커지지는 않으며, 중앙에 위치하면서 필요에 따라 자동으로 잘린다.

5. 이어서 해상도 창을 보여줄지 말지 결정해야 한다. 그대로 놔두고 싶다면 이 단계를 건너뛴다. 없애고 싶다면 Resolution and Presentation 섹션을 열고 Standalone Player Options 아래의 Display Resolution Dialog 값을 Disabled로 설정한다.

6. 위 작업이 끝났으면 File > Save Project로 가서 저장하고, 게임을 다시 빌드하면서 이전에 만든 빌드를 덮어 쓴다. 위에서 적용한 설정에 따라 다음 스크린샷과 같은 메뉴가 나올 것이다.

혹은 바로 게임이 실행될 것이다.

게임이 이전보다 훨씬 세련돼 보인다! 게임이 실행되는 화면 비[aspect ratio]나 해상도를 고정시키고 윈도우 모드나 전체 화면을 강제할 수도 있는 다른 옵션들도 있다. 다음 단계를 진행하기 전에 원하는 옵션을 적용해서 최대한 깔끔하게 만드는 것도 생각해보자!

각기 다른 플랫폼의 속성에 대해 좀 더 많은 정보가 필요하다면 http://docs.unity3d. com/Manual/class-PlayerSettings.html을 둘러보길 바란다.

윈도우용 인스톨러 구성하기

앞에서 언급한 바와 같이 .exe 실행 파일과 Data 폴더가 별도로 존재하는 지금 상태는 꽤 번거로울 수 있다. 사용자에게 .zip 파일을 주면서 압축을 성공적으로 풀고 같은 폴더 구조를 유지하기 바라는 것이 아니라 설치 과정이 자동으로 진행 되는 일반 상용 게임처럼 만들어보자. 다음의 방법을 사용해서 무료로 윈도우용 인스톨러를 만드는 방법을 알아보자.

1. 가장 처음에 할 일은 설치 프로그램을 구하는 것이다. 이번 단계를 위해 조던 러셀Jordan Russell의 Inno Setup 소프트웨어를 사용할 것이다. 브라우저에서 http://jrsoftware.org/isinfo.php로 간 후 Download Inno Setup 링크를 클릭 한다. 다음 스크린샷을 보자.

448

2. 이곳에서 Stable Release 버튼을 클릭하고 isetup-5.5.8.exe 파일을 선택한다. 다운로드가 끝났으면 더블 클릭해서 실행하고 Run 버튼을 누른다. 보안 경고 창이 뜨면 Yes를 클릭해서 변경을 허가한다. 다음 스크린샷을 보자.

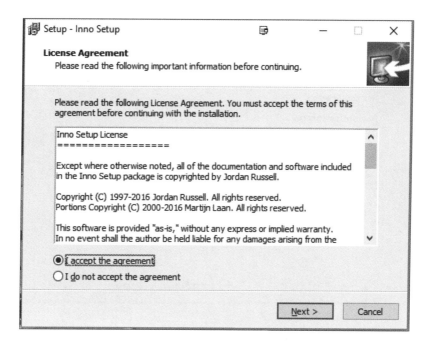

3. 설치 과정을 진행한다. 사용하지 않으므로 Install Inno Setup Preprocessor 옵션 의 체크는 반드시 해제한다. Launch Inno Setup 옵션이 체크돼 있는지 확인하 고 Finish 버튼을 누른다.

4. 프로그램을 열면 다음 스크린샷과 비슷한 모습일 것이다.

5. Create a new script file using the Script Wizard를 선택하고 OK를 클릭한다.

6. Next 버튼을 클릭하면 Application Information 섹션이 나온다. 필요한 정보를 입력하고 Next를 클릭한다. 다음 스크린샷을 보자.

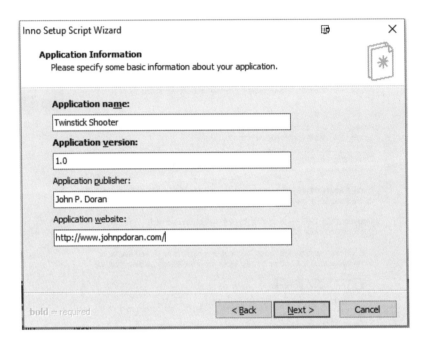

7. 그다음에는 애플리케이션 폴더에 대한 정보가 나올 텐데, 일반적인 경우에는 바꿀 일이 없으므로 Next를 클릭한다.

8. 이제 설치할 파일들을 선택하는 Application Files 섹션이 나온다. Application Main executable file: 섹션에서 Browse를 클릭하고 .exe 파일이 있는 Export 폴더의 위치로 간 후 파일을 선택하고 Open을 클릭한다. 다음 스크린샷을 보자.

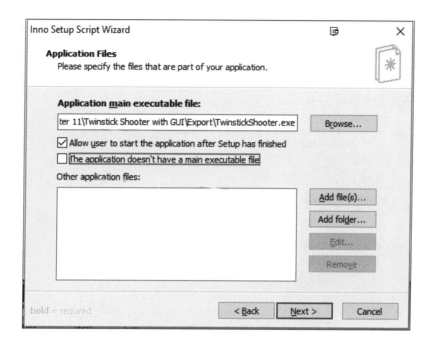

9. 이제 데이터 폴더를 추가하자. Add Folder… 버튼을 클릭한 후 데이터 폴더를
선택하고 OK를 클릭한다. 다음 스크린샷을 보자.

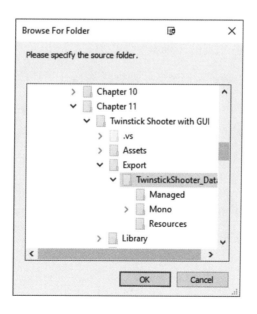

10. 하위 폴더^{subfolder}들도 포함할지 물어볼 것이다. Yes를 선택한다. 그런 후 Other Applications file 섹션에 있는 폴더를 선택하고 Edit 버튼을 클릭한다. Destination subfolder 속성을 게임의 데이터 폴더와 같은 이름으로 설정하고 OK를 클릭한다. 다음 스크린샷을 보자.

11. 마지막으로, Add Files 옵션을 클릭하고 두 개의 player_win_x86 파일들을 선택한다. Open을 선택하고 Next를 클릭한다.

12. 다음 메뉴에서는 원하는 옵션들을 체크한 후 Next를 클릭한다.

13. 이제는 EULA(사용자 동의서), 퍼블리셔가 요구하는 내용, 혹은 설치 전에 사용자에게 알려주고 싶은 사항 같은 라이선스^{license} 파일을 포함할 수 있는 옵션을 제시한다. 사용할 수 있는 포맷은 .txt와 .rtf다. 준비가 끝났으면 Next 버튼을 누른다.

14. 다음으로는 설치 과정에서 보여줄 언어를 지정할 수 있다. 지금은 영어^{English}를 선택하겠지만 필요하면 더 추가할 수 있다. 그런 후 Next를 클릭한다.

15. 마지막으로 설치 파일이 위치할 곳과 아이콘, 암호를 설정해야 한다. 나는 바탕화면에 TwinstickSetup이라는 새 폴더를 생성해서 설정했다. 다음 스크린샷과 같이 설정했으면 Next를 클릭한다.

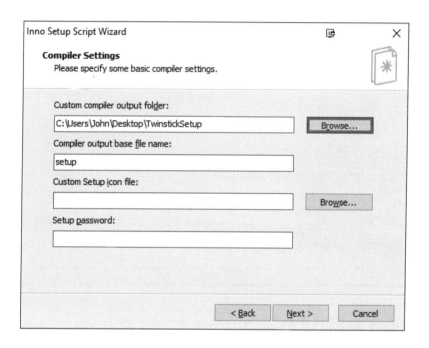

 별도의 아이콘을 포함시키고 싶지만 .ico 파일이 없는 경우에는 http://www.icoconverter.com/을 활용하자.

16. 성공적으로 작업을 완료한 스크립트 위저드 화면[script wizard screen]이 나온다. Finish를 클릭한다. 다음 스크린샷을 보자.

17. 이제 스크립트를 컴파일할 것인지 물어본다. Yes를 선택한다. 스크립트의 저장 여부도 물어볼 텐데, 이것 또한 Yes를 선택한다. 나는 내보내기^{Export} 폴더와 같은 곳에 저장했다. 몇 분 정도 시간이 소요되고 나면 콘솔 윈도우에 Finished 메시지가 출력된다. 이제 준비된 것이다. 다음 스크린샷을 보자.

18. Export 폴더에 가보면 다음 스크린샷과 같이 설치 파일이 보인다.

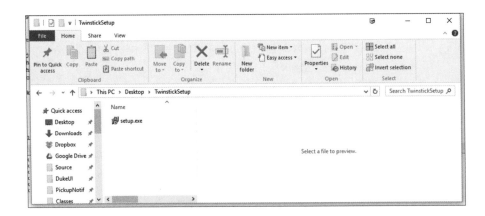

19. 설치 파일을 실행하면 다음 스크린샷과 유사한 화면이 나온다.

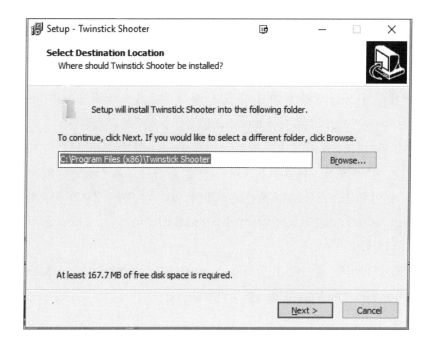

이제 정상적으로 작동하는 설치 파일이 생겼다!

요약

이제 우리 게임은 여러 가지 플랫폼(웹 포함)에서 실행할 수 있게 됐고, 윈도우용 설치 파일을 만드는 방법을 배웠다! 이 지식은 향후 독자적인 프로젝트를 만들고 최대한 많은 사람들에게 배포할 때 큰 도움이 될 것이다!

도전 과제

이 프로젝트에 대해 추가적으로 작업하고 싶다면 할 수 있는 것들이 무궁무진하다. 다음은 생각해볼 수 있는 몇 가지 아이디어들이다.

- 설치 환영 화면 오른쪽에 나오는 이미지의 변경과 같이 Inno Setup을 사용해서 할 수 있는 일이 몇 가지 더 있다. 좀 더 많은 정보가 필요하다면 http://jrsoftware.org/ishelp/에서 Inno Setup 문서를 둘러보길 바란다.

- PC, 맥, 리눅스에 내보내는 방법을 알게 됐으니 안드로이드^{Android}로 내보내기를 시도해보자! Android SDK를 비롯한 몇 가지 고려 사항들이 있지만 그렇게 어렵지는 않다. 안드로이드 개발에 대한 더 많은 정보가 필요하다면 http://docs.unity3d.com/Manual/android-GettingStarted.html을 둘러보길 바란다.

- iOS에 게임을 출시하길 원한다면 http://docs.unity3d.com/Manual/iphone-GettingStarted.html을 둘러보길 바란다.

찾아보기

에이콘출판의 기틀을 마련하신 故 정완재 선생님 (1935-2004)

유니티 5.x 게임 개발의 시작

인기 장르 프로젝트를 통해 배우는 유니티 5.x 게임 개발

발 행 | 2017년 6월 30일

지은이 | 존 도란
옮긴이 | 이 진 오

펴낸이 | 권 성 준
편집장 | 황 영 주
편 집 | 나 수 지
　　　　조 유 나
디자인 | 박 주 란

에이콘출판주식회사
서울특별시 양천구 국회대로 287 (목동)
전화 02-2653-7600, 팩스 02-2653-0433
www.acornpub.co.kr / editor@acornpub.co.kr

한국어판 ⓒ 에이콘출판주식회사, 2017, Printed in Korea.
ISBN 979-11-6175-010-1
ISBN 978-89-6077-210-6 (세트)
http://www.acornpub.co.kr/book/unity5-game-blueprints

이 도서의 국립중앙도서관 출판시도서목록(CIP)은 서지정보유통지원시스템 홈페이지(http://seoji.nl.go.kr)와
국가자료공동목록시스템(http://www.nl.go.kr/kolisnet)에서 이용하실 수 있습니다.(CIP제어번호: CIP2017014476)

책값은 뒤표지에 있습니다.